W0373039

HANS WILHELM HAUSSIG

DIE GESCHICHTE ZENTRALASIENS UND DER SEIDENSTRASSE IN VORISLAMISCHER ZEIT

HANS WILHELM HAUSSIG

DIE GESCHICHTE ZENTRALASIENS UND DER SEIDENSTRASSE IN VORISLAMISCHER ZEIT

WISSENSCHAFTLICHE BUCHGESELLSCHAFT
DARMSTADT

Einbandgestaltung: Neil McBeath, Stuttgart.

Einbandbild: Bodhisattva, auf einem Greifen reitend
(Gilt Bronze Miroku, Fujita Museum of Art, Osaka, Japan).

Die 1. Auflage 1983 ist in der Reihe ›Grundzüge‹
als Band 49 erschienen.

Die Deutsche Bibliothek – CIP-Einheitsaufnahme

Haussig, Hans W.:
Die Geschichte Zentralasiens und der Seidenstraße
in vorislamischer Zeit / Hans Wilhelm Haussig. –
2., durchges. und um einen Nachtrag erw. Aufl. –
Darmstadt: Wiss. Buchges., 1992
ISBN 3-534-07869-1

Bestellnummer 07869-1

Das Werk ist in allen seinen Teilen urheberrechtlich geschützt.

Jede Verwertung ist ohne Zustimmung des Verlages unzulässig.
Das gilt insbesondere für Vervielfältigungen,
Übersetzungen, Mikroverfilmungen und die Einspeicherung in
und Verarbeitung durch elektronische Systeme.

2., durchgesehene und um einen Nachtrag erweiterte Auflage 1992
© 1992 by Wissenschaftliche Buchgesellschaft, Darmstadt
Gedruckt auf säurefreiem und alterungsbeständigem Werkdruckpapier
Satz: Setzerei Gutowski, Weiterstadt
Druck und Einband: Wissenschaftliche Buchgesellschaft, Darmstadt
Printed in Germany
Schrift: Linotype Garamond, 9/11

ISBN 3-534-07869-1

INHALT

VORWORT

Ein Buch über die Seidenstraße zu schreiben, bedeutet, etwas zu unternehmen, das es bisher noch nicht gegeben hat. Das scheint paradox, wenn man bedenkt, daß es eine Reihe von Büchern gibt, die sich mit diesem Thema beschäftigt haben. Enthalten sie etwas anderes, als was jetzt dargestellt werden soll? Zweifellos! Der Unterschied liegt in der Behandlung des Themas. Bisher wurde niemals die Seidenstraße in ihrer Ausdehnung von Europa nach China und in der fast zwei Jahrtausende währenden Dauer ihres Bestehens dargestellt.

Wenn bisher ein Historiker in Tokio eine Geschichte der Seidenstraße schrieb, pflegte er für seine Darstellung die chinesischen Geschichtswerke zu benutzen. Was sie über das Tarim-Becken berichten, ist umfangreich und genau. Das gilt aber nicht für Mittelasien. Hier sind ihre Angaben sporadisch und nicht immer zuverlässig.

Sein Kollege in Europa wird für die gleiche Aufgabe erst die griechisch-römische und später die islamische Überlieferung heranziehen. Bis zum Pamir-Gebirge läßt sie ihn nicht im Stich. Erst jenseits des Gebirges geht die innere Verbindung der Nachrichten verloren und damit der historische Zusammenhang.

Andere Autoren verbinden ihre Darstellungen mit den Aufzeichnungen der buddhistischen Pilger über ihre Reisen aus China nach Indien im fünften, sechsten und siebenten Jahrhundert. Sie können daher nur über einen Teil der Straße und auch nur über die Zeit jener Pilgerreisen schreiben, falls sie sich auf diese Quellen beschränken.

Die letzte Gruppe von Büchern, die eine Geschichte der Seidenstraße behandelt, beschäftigt sich zwar mit dieser Straße in ihrer ganzen Ausdehnung, aber nur für einen Zeitraum von weniger als einhundertfünfzig Jahren, und das auch nur in Beschränkung auf ihre nördliche Route. Ihre Quellen sind die Berichte der Kaufleute und die Aufzeichnungen der Missionare des 13. und 14. Jahrhunderts.

Damit erreicht diese Gruppe der Darstellungen zwar in der Ausdehnung, nicht aber für die Zeit, die nur einen Bruchteil der Geschichte der Seidenstraße umfaßt, das Ziel, eine vollständige Geschichte dieses Weges zwischen China und Europa zu schreiben.

Womit vermag dieses Buch jetzt über seine Vorgänger hinauszukommen, wenn es behauptet, die Straße als Ganzes darstellen zu wollen? Kann es doch auch nur die gleichen Quellen benutzen wie sie. Die Antwort muß hier lauten: durch einen Wechsel in der Methode der Darstellung, durch die Auswertung neuer Nachrichten, durch die Einbeziehung auch der indirekt gegebenen Aussage der Quellen in die historische Darstellung, um damit sonst nicht mehr wahrnehmbare Zusammenhänge deutlich zu machen.

Neue Fragestellungen haben die Aufgabe, dem Leser bisher nicht mögliche Weitsichten zu vermitteln. Auch soll ihm in diesem Buch die Rolle der Nomaden in ihrer Bedeutung als Träger der großen, die Seidenstraße begleitenden Kulturbrücke zwischen China und dem Westen nahegebracht werden. Bei den Kaufleuten wird nach ihrer Herkunft und der ihrer Waren gefragt, wobei die Verbreitung der Waren in Verbindung mit den großen Kultur- und Zivilisationsströmungen ausgewertet wird. Für den Nachweis ihrer Verbreitung werden die Beigaben der Toten in den Grabhügeln der Nomaden ebenso herangezogen wie die wenigen im Original erhaltenen Warenlisten und die mittelalterlichen Beschreibungen der Länder, soweit sie über die von ihnen erzeugten Güter berichten. Auch auf die soziale Struktur der Bevölkerung entlang der Straße in ihrer ganzen Ausdehnung wird der Blick des Lesers gelenkt, um ihn dort besonders verweilen zu lassen, wo soziales Gefälle kommende Unruhe anzukündigen scheint.

I

ENTSTEHUNG UND ENTWICKLUNG DER SEIDENSTRASSE

DIE BEDEUTUNG DER MYTHEN FÜR DAS VERSTÄNDNIS DER ÄLTESTEN NACHRICHTEN ÜBER DIE SEIDENSTRASSE

Das Tor zu den ältesten Nachrichten über die Seidenstraße würde für immer verschlossen bleiben, wenn nicht die Mythen jene Rätsel lösen könnten, die die frühen nur fragmentarisch erhaltenen historischen Aufzeichnungen jedem aufgeben, der von ihnen Aufschluß über die Anfänge dieser Weltstraße erwartet. Die Mythen bewahren noch jene Bezeichnungen und Symbole, die fast ein Jahrtausend lang dazu dienten, das aufzuzeichnen, was für die Völker der alten Kulturen jenseits der Grenzen der eigenen Oikumene lag. Das gilt sowohl für die Wanderungen der Nomaden wie für die Handelswege der Kaufleute.

Die Untersuchung der Mythen hat hierbei die Aufgabe, mit Hilfe datierbarer Bodenfunde, aber auch überlieferter historischer Nachrichten jene Kulturgemeinschaft sichtbar zu machen, die seit der ältesten Zeit zwischen den Griechen, Akkadern, Iraniern und Chinesen durch Vermittlung der Nomaden im Norden bestand. Das gilt zunächst für alles, was die aus dem Randgebiet Chinas nach Westen ziehenden Nomaden dorthin mitbrachten, seien es literarisch überlieferte Mythen oder Motive auf Darstellungen, die sich auf den im Boden gefundenen Gegenständen befanden.

Schon wenn man der von Herodot gegebenen Schilderung des Handelsweges von Südrußland nach China folgt, kommt man sehr bald an jene Grenze, wo seine zu einem Teil nach Reisetagen gegebene Beschreibung durch die Erzählung des Inhalts von Mythen abgelöst wird. Sie liegt etwa dort, wo das Siebenstromland beginnt. Soweit reichen die Funde griechischer Münzen aus den Städten am Pontus. Auf die Gebirgskette des Tien-shan im Tal des oberen Ili beziehen sich z. B. jene von Herodot überlieferten Mythen, nach denen es auf diesem Gebirge menschliche Wesen gab, die die Füße von Böcken besaßen. Erst weiter im Osten, jenseits des Tien-shan-Gebirges in der Turfan-Oase und im Westen der Provinz Kan-su, kennt er die Issedonen, ein Volk, das durch seine damals nach Mittelasien kommenden Kaufleute auch den Griechen bekannt war. Von ihnen stammen die Informationen, die Herodot zur Beschreibung ihrer Nachbarn im Norden verwendet. Es sind im wesentlichen Mythen, die über das Ende der Welt am Okeanos, dem Weltmeer, und die dort lebenden übernatürlichen Wesen berichten.

Herodot schrieb um 430 v. Chr. Was bei ihm aus mündlicher Überlieferung über die Völker an der nördlichen Route der Seidenstraße stammt, kann daher nicht über die erste Hälfte des fünften Jahrhunderts hinausgehen. Außer diesen Informationen verfügte er in dem Werk des Aristeas von Prokonnesos auch über eine schriftliche Quelle, die nach seinen Angaben in der Zeit um 670 v. Chr. entstanden sein muß. Sie ist demnach noch vor der Landnahme der von den Issedonen vertriebenen Skythen in Südrußland verfaßt worden. Aristeas, der Gewährsmann Herodots, muß also die Issedonen noch vor ihrem Aufbruch nach Westen in Zentralasien besucht haben. Die von ihm aufgezeichneten Mythen beziehen sich wahrscheinlich auf jene Vorgänge, die (später) zu dem skythischen Vorstoß nach Südrußland führten.

Hierzu gehören auch die Verdrängung der Skythen durch die Issedonen und das, was ihren Vorstoß gegen die Skythen auslöste. Gemeint ist der Angriff der Arimaspen. Hiermit war eine Beschreibung der anderen am Okeanos wohnenden mythischen Wesen einschließlich der Greifen und der Hyperboräer verbunden. Diese Mythen geben wertvolle Orientierungshilfen für eine Reihe fragmentarisch erhaltener Aufzeichnungen aus späterer Zeit, die das gleiche von ihnen dargestellte mythische Weltbild voraussetzen.

Es kann in diesem Zusammenhang kein Zufall sein, daß die bei Herodot in der Interpretatio Graeca überlieferten Sagen über die Entstehung der Skythen weitgehend Elemente enthalten, die auch in chinesischen Mythen, soweit sie sich in der manipulierten Gestalt der älteren Han-Zeit noch erhalten haben, vorkommen. Erinnert sei an die chinesische Erdgöttin, die, ebenso wie bei Herodot die Stammesmutter der Skythen, eine Frau ist, die von ihrer Mitte bis zu den Füßen den Körper einer Schlange besitzt.

Auch spielt in den chinesischen Mythen wie bei denen der Skythen der Bogen eine große Rolle. Er wird hier dem Jagdgott von dem Gebieter des Himmels übergeben. Ebensowenig fehlen die in der skythischen Sage genannten Arimaspen, die Einäugigen, in den mythischen Aufzeichnungen der Chinesen nicht. Diese den Mythen beider Völker gemeinsamen Züge deuten auf ihr frühes Nebeneinanderleben, das auch die Verwandtschaft der Motive auf chinesischen und skythischen Gegenständen voraussetzt. Diese Erscheinung kann daher nicht nur als Folge einer Rezeption chinesischer Vorbilder durch die Skythen gedeutet werden. Sie weist vielmehr auf gemeinsame religiöse Vorstellungen beider Völker, die aus einer Zeit stammen, in der die Skythen noch mit den ihnen vielleicht ethnisch verwandten Chou in China zusammenlebten. Auch die Interpretation dieser Mythen der Skythen durch ihre hunnischen und türkischen Nachfolger, die sich bei ihren geographischen Angaben des gleichen Weltbildes bedienten, weist in diese Richtung. Eine der wichtigsten Interpretationen dieser Mythen stammt von einer hunnischen Gesandtschaft, die um 470 n. Chr. Konstantinopel besuchte. Nach ihren Angaben war es bei den Völkern im Norden des Kaukasus zu Wanderungsbewegungen gekommen, weil die Awaren, die am Okeanos wohnten, wegen der von ihm aufsteigenden Dämpfe und wegen der Greifen ihre dort liegenden Wohnsitze aufgegeben hatten.

In einem von Herodot erwähnten Mythos ist von dem Awaren die Rede, der mit einem Pfeil in der Hand über die Erde gewandert war. Was hier „Pfeil“ bedeutet, läßt sich durch die Interpretation des westtürkischen Stammesnamens *On oq* (= Zehn Pfeile) mit Hilfe der chinesischen Quellen als die Bezeichnung einer Stammesabteilung erklären. Unter „Awaren“ verstand man im Altslawischen Riesen, wie noch die Bedeutung von *obre* (Altruss.), *olbrzym* (Poln.) und *obr* (Tschech.) erkennen läßt. *Awaren* hießen bei den Stämmen in Südrußland, den Bewohnern Mittelasiens und den Chinesen Völker, deren Wohnsitze am Ende der ihnen bekannten Welt lagen.

Auch die sogenannten Hunnen wohnten nach dieser Vorstellung

wie die Awaren am Rande des Okeanos, sie wurden deshalb in einer Quelle als *Hyperboräer* bezeichnet. Nach der von Jordanes in seiner Gotengeschichte mitgeteilten Mythe waren sie aus einer Verbindung von Zauberfrauen, den *Haljarunen* der Interpretatio Gotica, mit bösen Geistern entstanden.

Man hat also davon auszugehen, daß die Namen *Awaren* und *Hunnen* für verschiedene Völker gebraucht wurden, denen allen gemeinsam war, daß sie aus Gegenden, die außerhalb der bekannten Welt lagen, gekommen waren. So wurde ein Stamm der Oguren nach Theophylakt in Südrußland bei verschiedenen Stämmen *Awaren* genannt, obwohl er sich selbst nach seinen „früheren Herren" als *War* und *Kunni* oder *Warhuniten* bezeichnete. Die sogdischen Gesandten in Konstantinopel lehnten diese in Südrußland und später auch in Südosteuropa übliche Bezeichnung für diese aus Mittelasien gekommenen Oguren als nicht zutreffend ab und bezeichneten im Gegensatz hierzu die von den Türküt 552 n. Chr. in Nordostasien besiegten Juan-Juan als *Awaren*. Eine dritte Verwendung dieses Namens ist von den Köktürken und den Chinesen für die im Westen von ihnen in Mittelasien lebenden Völker bekannt. Die Köktürken gebrauchten ihn in der Form *Apar*, die Chinesen in der Aussprache *A-pa*.

Auch das Wort *Hunnen*, die Bezeichnung für andere ebenfalls am Okeanos wohnende übernatürliche Wesen, diente dazu, Völkern, deren Herkunft man nicht kannte, einen Namen zu geben. So wurden die 374 n. Chr. nach Südrußland vorgestoßenen wahrscheinlich altaischen Völker mit dem gleichen Namen *Hunnen* bezeichnet, unter dem zweihundert Jahre vorher Ptolemaios ein zwischen Jazygen und Bastarnern lebendes Volk erwähnt hatte. Die Sogder verwendeten im Jahre 193 n. Chr. diese Bezeichnung für die nach China vorgedrungenen Sien-pi, während sie die Chinesen um 600 n. Chr. für ein Volk im Westen von Kan-su gebrauchten.

Dieses ursprünglich skythische Bild von einer Welt, an deren Rand Awaren und Hunnen als mythische Wesen einen festen Platz besaßen, konnte sich im Abendland bis in die erste Hälfte des 13. Jahrhunderts halten. Erst damals führte die Reichsgründung der Mongolen zu einer Änderung der geographischen Vorstellungen.

Zuletzt wurde noch im elften Jahrhundert die Westwanderung türkischer Stämme aus dem Norden Chinas, eine Folge ihrer Vertreibung durch mongolische Gruppen, im Zusammenhang mit diesem alten mythischen Weltbild gesehen. So erwähnt die armenische Weltchronik des Mattheos von Urha (Edessa) den Vorstoß der Mongolen als den Angriff eines „Volkes der Schlangen". Man hatte damit auf den gleichen Namen *Juan-Juan* zurückgegriffen, den im 5. Jahrhundert v. Chr. die Chinesen für ein ihnen unbekanntes Volk, das sich ihrer Nordgrenze genähert hatte, verwandten. *Juan-Juan* wurde von ihnen mit zwei Zeichen geschrieben, die beide die Bedeutung „sich ringelnde Schlangen" besitzen.

Ebenfalls aus einer Mythe nahm der nach seiner Heimatstadt Merw *Marwazi* genannte islamische Geograph des elften Jahrhunderts den Namen *Qun*, der in der Form *Hun* (= Hunnen) schon von älteren Quellen verwendet wurde. (*Qun* ist eine andere sprachliche Wiedergabe von *Hun*.)

Während die Skythen eine vom Okeanos umgebene Welt kannten, an deren Ufer übernatürliche Wesen lebten, zu denen man neben den Hyperboräern, den Greifen und den Arimaspen auch die Awaren und die Hunnen rechnete, gingen die Völker des Alten Orients von einer anderen Vorstellung aus. Die Grenzen ihrer Oikumene bildeten im Norden der Kaukasus und seine Vorgebirge. Hier waren es die Völker Gog und Magog, die vom Ende der Welt kamen. Ihr alles vernichtender Vorstoß ließ den 592 v. Chr. als Prophet auftretenden Ezechiel an das unmittelbar bevorstehende Ende der Welt denken. Für die Offenbarung des Johannes, die fast sieben Jahrhunderte später geschrieben wurde, gehörten diese Völker schon zu den Vollstreckern des jüngsten Gerichtes. Im christlichen Abendland behaupteten sich die Namen *Gog* in *Magog* auf den geographischen Karten sogar bis zum Ausgang des Mittelalters.

Auch hier wurde historische Realität mit mythischen Vorstellungen verschmolzen. Hinter den zum Mythos gewordenen Gog in Magog des Propheten Ezechiel standen zwei Völker, die damals nach Kleinasien vorgedrungenen Kimmerier und die nach Medien gekommenen Skythen. Nach Herodot waren die Skythen den Kimmeriern zunächst gefolgt. In der Odyssee werden sie noch an der Mündung des Don erwähnt, wo sich die Griechen den Eingang zur Unterwelt dachten. Herodot berichtet von ihren Kämpfen mit den Skythen um den Besitz der Meerenge, die später ihren Namen trägt. Die ihnen damals unterlegenen Kimmerier zogen darauf auf der von dort nach Kolchis führenden Küstenstraße nach Süden. Diese Straße begann im Norden bei Phanagoria. Hier befand sich das bis in die mykenische Zeit hinabreichende Reich der Sinder. Seine aus den Funden von Maikop bekannten Goldarbeiten, die bis in die Mitte des zweiten Jahrtausends zurückgehen, zeigen schon in den ältesten Stücken den aus Mesopotamien kommenden Einfluß. Von Kolchis aus erreichten die Kimmerier den Westen Kleinasiens, wo sie zahlreiche Städte zerstörten und das Land verwüsteten.

Diese Kimmerier werden im Jahre 714 v. Chr. unter dem Namen *Gimmiri* zum ersten Mal in den assyrischen Annalen erwähnt. Es ist allerdings anzunehmen, daß die Assyrer sie schon gekannt haben, als sie sich noch in Mittelasien befanden, denn von dort kamen die zuerst in der Tributliste des assyrischen Königs Salmanassars III. (858–824) erwähnten Kamele. Auch nennt eine der achämenidischen Inschriften in ihrer akkadischen Fassung die Gimmiri neben den Saka. Eine andere erwähnt sie in der altpersischen und elamischen Fassung an Stelle der Saka. Von ihrem Aufenthalt in Mittelasien hatte man in Mesopotamien offenbar durch assyrische Kaufleute, die zu ihnen gekommen waren, gehört.

Die Skythen bildeten die andere Gruppe der Nordvölker. Sie hatten fast zur gleichen Zeit wie die Kimmerier am Pontus den Kaukasus im Osten am Paß von Derbend überschritten und sich südlich des Araxes, des heute in seinem Unterlauf *Kura* genannten Flusses, in Aserbaidschan niedergelassen. Bald nachdem sie um 600 v. Chr. von dem Mederkönig Kyaxares geschlagen worden waren, hatten sie den Araxes – dieses Mal in nördlicher Richtung – überschritten und im ehemals von den Kimmeriern beherrschten Teil Südrußlands neue Wohnsitze gefunden. Um 585 konnten sie, wie die Bodenfunde bestätigen, den Unterlauf des Dnjepr erreichen und von dort aus die Westgruppe der Kimmerier unterwerfen. Der andere Teil der Kimmerier, der vorher über die Meerenge von Kertsch gezogen und sich im Westen Kleinasiens niedergelassen hatte, wurde fast um die gleiche Zeit von den Lydern unter Alyattes besiegt.

Als Ezechiel seine Prophezeiung aussprach, waren die Kimmerier schon durch die Lyder besiegt und auch die Gefahr, die von den Skythen ausging, durch die Meder gebannt worden. Diese historischen Ereignisse waren den Assyrern und Griechen wohlbekannt. Die Erinnerung an sie verschwand aber nur zu bald aus dem Gedächtnis der Völker durch die mit der Prophezeiung entstandene Mythe von Gog in Magog.

Ein anderes Ereignis, das sich wegen der mit ihm verbundenen Mythe in seiner Wirkung mit dem Vordringen der Nordvölker vergleichen läßt, knüpft an eine Naturkatastrophe in Zentralasien an. Anlaß für die Entstehung der Mythe war hier die Zerstörung einer Stadt durch plötzlich auftretende Sandstürme. Sowohl chinesische wie oströmische Autoren scheinen auf diese Katastrophe Bezug zu nehmen. Ausführlich geschieht das in den chinesischen Quellen, die die Mitteilungen chinesischer Pilger des sechsten und siebten Jahrhunderts zitieren. Sie beziehen sich auf einen Ort im Westteil des Tarim-Beckens. Es ist das in der Nähe von Niya liegende Uzun Tati. Hier kannten noch bis vor wenigen Jahrzehnten Ortsansässige eine Sage, die von dem Untergang einer Stadt durch einen Sandsturm berichtete. Sir Aurel Stein hat sie dort noch von ihnen gehört. Was ihm erzählt wurde, deckt sich mit dem, was die beiden buddhistischen Pilger, Song Yün am Beginn des sechsten und Hiuen-tsang in der ersten Hälfte des siebenten Jahrhunderts, über den Untergang der Stadt Ho-lao-lo-kia erfuhren.

Auch in dem hier geschilderten Sandsturm sah man wie fast ein Jahrtausend vorher im Westen beim Vorstoß der Nordvölker ein göttliches Strafgericht. Für Ho-lao-lo-kia war die Abkehr der Bewohner von der buddhistischen Lehre und die Mißachtung ihrer Gebote die Ursache des Untergangs.

Sogar im Westen wußte man von der verheerenden Wirkung dieser Sandstürme in Zentralasien. Man erklärte sie als vom Okeanos aufsteigende Dämpfe, die zusammen mit den als *Barkanen* bekannten wandernden Sanddünen, die als Greifen und von den Chinesen als Drachen bezeichnet wurden, die Städte zerstörten. Die Folge war die im Westen in der byzantinischen Überlieferung registrierte Auswanderung der Überlebenden. Auch hier läßt sich wie bei der Mythe über den Vorstoß der Nordvölker der historische Kern freilegen. Nur ist es hier die Arbeit der Archäologen, durch die die Ruinen der unter dem Sand verschütteten Städte wie Miran und Lou-lan wiederentdeckt wurden. Sie erst konnten das den Mythen zugrunde liegende historische Geschehen bestätigen.

Wenn auch in dieser Überlieferung der Übergang von der Mythe zur Geschichte fließend bleibt, bewahrt oft sie nur allein das, was in den historischen Quellen nicht mehr zu finden ist. Die Mythen bleiben daher dort, wo ihre Aussage andere Quellen ergänzt, der einzige Weg, um zu einer Vergangenheit zurückzufinden, deren Zugang von anderen Seiten verschüttet ist. Das gilt vor allem für die Nachrichten über die Nordroute der Seidenstraße. Hier werden ganze Abschnitte und bisher unbekannte Verbindungen erst durch sie wieder sichtbar.

DIE ÄLTESTEN NACHRICHTEN DER GRIECHISCHEN UND LATEINISCHEN QUELLEN ÜBER DIE ROUTEN DER SEIDENSTRASSE NACH ZENTRAL- UND OSTASIEN

Die in diesem Rahmen angesprochenen Berichte aus der römisch-griechischen Antike sind der Forschung seit langem bekannt. Trotzdem hat ihre bisherige Interpretation nicht die Beziehung dieser Angaben auf die Routen der Seidenstraße nach Zentral- und Ostasien deutlich machen können. Der Grund liegt darin, daß hierfür die Erkenntnisse der Frühgeschichte nicht genügend und der Bezug ihrer Nachrichten auf die drei verschiedenen Routen der Seidenstraße überhaupt nicht beachtet wurden.

Hinzu kommt, daß man bisher nur eine einzige Route der Seidenstraße kannte, deren Entstehung man in die Mitte des ersten Jahrhunderts v. Chr. setzte. Hierbei ging man von der Vorstellung aus, daß erst von diesem Zeitpunkt an, zu dem die chinesische Expansion im Westen mit dem Pamir- und Alai-Gebirge die Grenze zur griechisch-iranischen Welt erreicht hatte, eine Verbindung zwischen China und dem Westen möglich gewesen wäre. Es zeigt sich aber durch eine Neuinterpretation des Quellenmaterials, daß eine Verbindung zwischen China und der westlichen Welt von dem Bestehen einer gemeinsamen vom Alai- und Pamir-Gebirge gebildeten Grenze unabhängig war.

Sie bediente sich in den Jahrhunderten, die vorangingen, jener Völker als Vermittler, die je nach der Route der Seidenstraße entweder als Issedonen oder als Serer bezeichnet wurden. Die Chinesen, denen sie ebenso wie den Griechen und den Iraniern als Vermittler dienten, nannten sie *Yüeh-chih* oder *Wu-sun*.

Sowohl die Bodenfunde wie die Nachrichten der schriftlichen Quellen machen deutlich, daß die älteste Verbindung zwischen diesen beiden Teilen der Welt, die die Bezeichnung „Seidenstraße“ verdient, nicht der Weg über die Pässe des Alai- und des Pamir-Gebirges war, sondern eine Route im Norden des Tarim-Beckens. Diese Route, die von Herodot um 430 v. Chr. beschrieben wurde, läßt sich auf Grund seiner Beschreibung bis in den Westen der späteren chinesischen Provinz Kan-su verfolgen. Nach ihr begann diese Straße an der Mündung des Don. Sie wandte sich zunächst nach Norden, ehe sie dann nach Osten abbog und das damals von den Parthern bewohnte Gebiet erreichte; von dort benutzte sie einen im Norden des Tien-shan entlangführenden Karawanenpfad, der entweder über die Turfan-Oase oder über Hami in den Westen der späteren chinesischen Provinz Kan-su führte.

Das Auffällige an der Beschreibung dieser Straße schien bisher ihr Abbiegen nach Norden zu sein, in ein Gebiet, das Herodot als Waldzone bezeichnet. Dieses Rätsel lösen die Bodenfunde. Seit der Aufdeckung der Begräbnisplätze von Seima und Turbino im Westen des mittleren Ural in der Nähe jenes Weges, der, der Kama folgend, über den Paß des Ural nach Sibirien führt, weiß man, daß es zwischen dem Ural und China in vorgeschichtlicher Zeit eine Handelsverbindung gegeben hat. Es sind Ringe aus Jade, die dort gefunden wurden, die in Form und Material mit jenen identisch sind, die aus China bekannt sind und hier auch bei der Verehrung des Himmelsgottes durch den König eine Rolle spielten. Da Jade im Ural bisher nicht gefunden wurde, können die Ringe auch vom Material her gesehen nur aus China stammen. Hinzu kommt, daß die Gräber nicht nur diese Jaderinge, sondern auch Bronzeäxte und Messer des gleichen Typs enthielten, der im China der späten Shang-Zeit zu finden war. Demnach scheint schon am Ende des zweiten Jahrtausends v. Chr. ein Handelsverkehr mit China bestanden zu haben.

Jeder Handelsverkehr setzt eine Gegenseitigkeit voraus. Man wird also fragen, was China als Gegenleistung für seine Lieferungen an Jaderingen und Werkzeugen aus Bronze aus dem Westen erhielt.

Für den Ural käme hier das bei der Bronzeherstellung wichtige Kupfer in Frage. Es wurde damals im Ural abgebaut. Aber auch kostbare Steine können von dort ausgeführt worden sein. Das war jedoch, wie vor allem die Rezeption aus dem Westen in China beweist, nicht alles. Es seien hier nur zwei Dinge genannt: die Erfindung des Wagens und das Löwenkopfornament.

Die Rezeption des griechischen Streitwagens durch China

Der Zeitpunkt für die Rezeption des Wagens in China läßt sich aus den bilderschriftlichen Zeichen der Shang-Zeit nachweisen. Da das Zeichen für „Wagen" zu Beginn der Shang-Zeit seit dem Aufkommen dieser Hieroglyphen vorkommt und in der älteren Chou-Zeit weiter ausgebildet wird, müssen die Anfänge der Rezeption in der zweiten Hälfte des zweiten Jahrtausends angesetzt werden, also in der gleichen Zeit, in der die Jaderinge, die Bronzeäxte und die Messer nach dem Ural gekommen sind.

Den Weg, auf dem der Wagen nach China gelangt ist, bezeichnen vor allem die Felszeichnungen. Hiernach muß die Vermittlung des Wagens ebenso wie der Export der Jaderinge über die nördliche Route der Seidenstraße erfolgt sein. Felszeichnungen begleiten vor allem das letzte Stück seines Weges nach China, jene Strecke durch das Gebirge, wo steile oder überhängende Steinwände Felszeichnungen möglich machten. Sie finden sich daher in Tannu Tuwa, an den Gebirgshängen des Altai und vor allem an Felswänden im Hangai-Gebirge und weiter im Süden, bis dort, wo die Grenzen des alten China begannen. Dargestellt wurden Wagen mit zwei Rädern, teils als Quadriga von vier Pferden, teils von zwei Pferden gezogen. Von diesen beiden Typen scheint man in China den mit zwei Pferden bespannten Wagen bevorzugt zu haben. Ihm begegnet man in chinesischen Gräbern wie z. B. in dem von Shang-ts'un-ling in der Provinz Honan aus dem 8. bis 7. Jahrhundert v. Chr. Die Quadriga, die in Ostasien vor allem durch die Felszeichnungen in der Mongolei nachweisbar ist, verleugnet nicht ihre Herkunft aus der griechisch-mykenischen Welt. Selbst in Einzelheiten, wie den acht Speichen der

Räder, gleichen sie ihren europäischen Vorbildern, die als Darstellungen von Bronzeblechen in Olympia und aus Schilderungen durch die Ilias bekannt sind. Die Übereinstimmung mit den griechischen Streitwagen gilt sowohl für die Form der Anschirrung der Pferde wie für die Stütze des Lenkers auf dem Wagengestell, die ihm das Festhalten während des Fahrens ermöglichte.

Die Rezeption des griechischen Löwenkopfornamentes als T'ao-t'ieh durch China

Auf dem gleichen Wege wie der Streitwagen wurde auch das Löwenkopfornament nach China vermittelt. Die Übermittlung erfolgte hier wahrscheinlich durch die Episemata, die meist aus Bronze gearbeiteten Schildzeichen. In China, wo es keine Löwen gibt, wurde es offenbar zur gleichen Zeit wie der Wagen übernommen. Dort begegnet man ihm in der Form des von oben gesehenen Löwenkopfes, wie ihn z. B. eine Löwenmaske auf einer Tetradrachme von Rhegion aus der Zeit um 430 v. Chr. zeigt. Die Münze ahmt offensichtlich ältere Wiedergaben, wie sie auf Schilden üblich waren, nach. In China wurde das griechische Vorbild des von oben gesehenen Löwenkopfes zur T'ao-t'ieh-Maske umstilisiert; sie taucht zuerst auf den Bronzen der Shang-Zeit auf.

Auch in diesem Fall läßt sich der Weg nach Ostasien auf der Nordroute der Seidenstraße verfolgen. So begegnet man der Löwenmaske, wenn auch in einem Beispiel aus späterer Zeit, unter den Funden aus sibirischen Kurganen als holzgeschnitztes Medaillon in der gleichen Sicht von oben wie bei der Münze aus Rhegion und dem chinesischen T'ao-t'ieh.

Der Ural als Teilhaber am griechischen Chinahandel

Wagen und Löwenkopf kamen aus der mykenischen Kultur. Damit wird die Frage gestellt, von wo aus diese Vermittlung nach China erfolgte. Nach Herodot begann die Nordroute der Seidenstraße an der Mündung des Don. Dort befand sich nach dem älteren Plinius in früher Zeit eine Niederlassung der Karer, jenes Volkes, das in der späteren griechischen Epoche, z. B. von Thukydides, mit den Trägern der mykenischen und der minoischen Kultur gleichgesetzt wurde. Außer den Karern gab es hier das von Herodot erwähnte Reich der Sinder zwischen der Halbinsel Taman und der Mündung des Kuban, das mit seinen aus den Bodenfunden bekannten und heute in der Eremitage in Leningrad aufbewahrten Goldschmiedearbeiten aus minoisch-ägäischer und mykenischer Zeit einen großen Anteil an dem Warenaustausch mit Mesopotamien und vermutlich auch an dem Handel über Sibirien mit Ostasien besaß.

Die Möglichkeit, daß die griechischen Kaufleute selbst nach dem Ural gekommen sind, wird für die mykenische Zeit schon dadurch ausgeschlossen, daß weder der Wagen noch der Löwenkopf, wie das Fehlen von entsprechenden Zeugnissen beweist, auf diesem Weg China erreicht haben. Eine Verbindung der griechischen Kaufleute mit dem Ural bestand auch in mykenischer Zeit nur durch den Zwischenhandel. Für die Zeit Herodots wird das indirekt durch seine Beschreibung der Nordroute der Seidenstraße bestätigt.

Sie begann bei ihm, wie schon erwähnt, an der Mündung des Don und führte erst nach Norden durch das Gebiet der Sauromaten und dann in die Waldzone zur Stadt der Budiner, wo sie nach Osten abbog. Der Handelsverkehr nach China könnte sich auf diesem Wege in mykenischer Zeit so abgespielt haben, daß die griechischen Kaufleute von der Mündung des Don ihre Erzeugnisse, wie z. B. Goldschmiedearbeiten, nach der Stadt der Budiner oder einem anderen damals dort liegenden Handelsplatz brachten und hierfür dort von den Händlern aus dem Ural Kupfer und kostbare Steine erhielten, mit denen sie dann von den Issedonen Bronzewerkzeuge und Jaderinge aus China kaufen konnten, die sie für den weiteren Warenaustausch mit den Kaufleuten aus dem Ural benötigten. Demnach würden die mykenischen Händler, über die neben anderem der Wagen und der Löwenkopf nach China gekommen waren, auch den Transithandel für Waren von und nach dem Ural übernommen haben.

Erst mit dem sechsten Jahrhundert scheint auf diesem Wege der Export von Seide aus China begonnen zu haben, mit dem dann auch die Ausfuhr von Arbeiten griechischer Gold- und Silberschmiede und von Erzeugnissen skythischer Bronzegießereien einsetzte. An diesem Handel war auch der Ural beteiligt.

Bei der Seide waren es nicht nur einfache Seidenstoffe, wie die Fragmente aus dem Fürstengrab bei der Heuneburg und die Seidenreste vom Kerameikos in Athen, sondern später auch andere kostbare Gewebe, wie die chinesischen Seiden aus Kertsch, Lou-lan und Lo-lang, die eine goldgelbe Fondfarbe hatten.

Kolchis war damals Endpunkt einer von der Mündung des Don über das Reich der Sinder an der Küste des Schwarzen Meeres entlangführenden Straße. Herodot gibt die Entfernung zwischen Kolchis und der Meerenge von Kertsch durch die Zahl der Tagesreisen an, die eine Karawane für diese Strecke benötigte. Zu den von den Kaufleuten auf diesem Wege nach Norden gebrachten Waren gehörten vor allem bestickte Wollstoffe, die aus den griechischen Manufakturen an der Westküste Kleinasiens stammten. Entsprechende Fragmente von Wolldecken, die der zweiten Hälfte des fünften Jahrhunderts angehören, wurden in dem vierten und dem siebenten der Sieben-Brüder-Kurgane im Kubangebiet gefunden. Sie gleichen in Motiv und Technik weitgehend einem vier Jahrhunderte jüngeren Stück aus dem Konrat'ev-Kurgan in Noin Ula. Offensichtlich erfolgte zur selben Zeit wie der Export chinesischer Seide, die sich in größeren Fragmenten in den Gräbern von Kertsch nachweisen läßt, auch die Ausfuhr griechischer Wollstoffe aus denselben Handelszentren nach China.

Für die Einschaltung des Ural in den Handel mit China spricht, daß aus einer erheblich späteren Zeit, dem 5. und 4. Jahrhundert v. Chr., im Osten des Ural am Tobol eine große Zahl griechischer Goldschmiedearbeiten gefunden wurde. Es handelt sich um Psalien und Phalera für das Geschirr der Pferde und Gürtelschnallen und Applikationen, die auf der Kleidung getragen wurden. Sie alle sind von griechischen Goldschmieden in einem Stil gestaltet worden, der sich nicht nur ikonographisch, sondern auch stilistisch eng an die Überlieferung der Nomadenvölker anlehnt. Die Erhaltung der heute vorhandenen Stücke ist nur dem Interesse Peters des Großen zu verdanken. Durch ihn kamen sie in die Schatzkammer des Monarchen. Heute befinden sie sich in der Eremitage in Leningrad, während der größere Teil von dem, was vorher gefunden worden war, eingeschmolzen wurde. Man darf vermuten, daß sich unter ihnen auch Funde aus älterer Zeit befanden. Von dem Handel in mykenischer Zeit unterschied sich jener, den Herodot beschreibt, nur in den Waren, nicht aber in dem von ihm zurückgelegten Weg.

Herodots Bericht über die Stationen der Nordroute

Daß es auch in späterer Zeit ähnliche Handelsbeziehungen, wie sie in mykenischer Zeit mit dem Ural bestanden hatten, gegeben hat, bestätigt indirekt Herodot, der von der Hauptstadt der Budiner, die griechische Kaufleute nach einer Reise von fünfzehn Tagen erreichten, berichtet. Diese Stadt lag hiernach schon in der Waldzone und war daher ganz aus Holz gebaut. Dort gab es eine eigene Niederlassung der griechischen Kaufleute mit Tempeln ihrer Götter. Offensichtlich waren über diese Hauptstadt der Budiner die griechischen Goldschmiedearbeiten in das Gebiet von Tobolsk gebracht worden, in dem sie im 17. Jahrhundert gefunden wurden. Herodot beschreibt den weiteren Verlauf dieses Handelsweges, der, durch das Gebiet der Thyssageten führend, den War erreicht, der mit der Wolga zu identifizieren ist. Von dort führte er dann nach Mittelasien.

Herodot hat die einzelnen Stationen dieser Route mit den Namen jener Völker bezeichnet, in deren Gebiet sie lagen. Diese Stationen entsprachen Rastplätzen, wo man nicht nur die Dolmetscher, sondern bei sechs von ihnen offenbar auch die Karawanenführer wechseln mußte. Das ergab sich aus den großen Entfernungen. Die gemieteten Karawanenführer waren jeweils nur mit Teilabschnitten des Weges vertraut. Die Dolmetscher mußten sogar siebenmal gewechselt werden. Brauchte man doch für die Issedonen, denen man auf einem Handelsplatz bei den Argyppaioi begegnete, ebenfalls einen Dolmetscher. Die Verwendung der Dolmetscher beweist, daß das Griechisch der Kaufleute bis hin zu den Issedonen wenigstens von einer kleinen Gruppe Sprachkundiger verstanden wurde. Man kann daher davon ausgehen, daß Griechisch für den von Herodot beschriebenen Teil der Straße allgemein die Verkehrssprache war. Auch scheint die griechische Schrift in einzelnen Fällen zur Schreibung der Landessprachen verwendet worden zu sein. So sind in Europa kurze Texte in thrakischer Sprache erhalten, die mit griechischen Buchstaben geschrieben wurden. In Mittelasien benutzte das sogenannte Baktrische, die Sprache der Kuschana, ebenfalls die griechische Schrift. Daneben scheint man sich im Handelsverkehr noch einer bisher nicht gelesenen Schrift bedient zu haben, die mit den türkischen Runen vom Orchon Ähnlichkeit aufweist. Angaben in dieser Schrift finden sich auf einem großen Silberbarren aus Aï Khanum. Fast alle bisher bekannten Beispiele für diese Schrift stammen aus Mittelasien.

In Mittelasien erreichte die von Herodot beschriebene Straße das Land der Parther. Zwar wird deren Name von ihm nicht genannt, aber die Angaben über ihre Flucht vor den Königlichen Skythen nach Mittelasien, die für die Parther aus Pompeius Trogus bekannt ist, läßt an der Identität des hier erwähnten Volkes mit ihnen keinen Zweifel. Von den Parthern aus erreichte die Straße die Argyppaioi. Sie bestritten nach Herodot ihren Lebensunterhalt aus den Erträgen der Jagd und dem Sammeln von Früchten. Im Rahmen einer Schilderung ihrer Lebensweise beschreibt er das bei ihnen geübte Auspressen der Früchte eines *Pontikon* genannten Baumes zu einem Brei, den sie *Aschy* nannten. (*Aschy* könnte auf eine frühere Form des persischen *aš* = Speise zurückgehen. Man könnte daher an eine Beziehung der Argyppaioi zu persischen Nomadenvölkern denken, die die Beschreibung ihres Äußeren und ihre Lebensweise in Jurten, die mit Filz bekleidet waren, nahelegt.)

Bis zu den Argyppaioi, deren Wohnsitze man sich wahrscheinlich im Tal des Ili vorzustellen hat, kamen nach Herodot griechische Kaufleute von der Mündung des Dnjepr und anderen Städten an der Küste des Schwarzen Meeres. Das wird durch Funde von Münzen des 4. Jahrhunderts v. Chr. aus Olbia und Pantikapaion, aber auch aus anderen Städten an der Küste des Schwarzen Meeres in der Dzungarei bestätigt.

Der Schatten Chinas über dem Ostteil der Nordroute

Die Straße führte dann von den Argyppaioi weiter nach Osten. Im Gegensatz zu den Argyppaioi, die auch von griechischen Kaufleuten besucht wurden, haben die Issedonen diese offenbar selbst bei den Argyppaioi aufgesucht. Man kann daher annehmen, daß griechische Kaufleute weder in das zuweilen als Land der Issedonen bezeichnete eigentliche China noch in die mit diesem Namen ebenfalls bezeichneten Randgebiete gekommen sind.

Es gab also an diesem östlichen Teil der Seidenstraße schon einen Handelsplatz, den die Issedonen besuchten. Die Angaben Herodots über die Issedonen stammen, wie er bemerkt, nur aus skythischer Quelle. Die Skythen hatten also damals die Dolmetscher für die Issedonen gestellt. Die Informationen, die sie übermitteln, gehen nach zwei Richtungen. Einmal berichten sie über die angeblich im Norden der Issedonen wohnenden Dämonen und übernatürlichen Wesen. Diese Angaben geben eigene Mythen der Issedonen wieder. Die zweite Gruppe der durch Herodot bekanntgewordenen Nachrichten über die Issedonen bezieht sich auf ihre Bestattungssitten. Hiernach gab es bei ihnen keine Bestattung der Toten im üblichen Sinne. Das würde erklären, warum es im Westen von Kan-su und im Tarim-Becken vom Neolithikum bis zur chinesischen Eroberung, die im Jahrhundert vor der Zeitenwende erfolgte, keine Grabfunde gegeben hat. Eine klare Vorstellung von den Wohnsitzen der Issedonen kann man aber nicht aus der von Herodot gegebenen Beschreibung dieser nördlichen Route der Seidenstraße gewinnen. Hierfür muß man die Erwähnung dieses Volkes durch Ptolemaios heranziehen. Seine Beschreibung des Tarim-Beckens, das er als *Serike* bezeichnet, kennt im Nordwesten die Wohnsitze der Issedonen. Die Issedonen müssen also zu seiner Zeit dort beheimatet gewesen sein, wo die chinesischen Quellen die Wu-sun und auch die Yüeh-chih kennen. Da Ptolemaios für seine Darstellung genauso wie die chinesischen Berichte Quellen aus der ersten Hälfte des zweiten und aus dem ersten Jahrhundert v. Chr. benutzt, müssen zu dieser Zeit die Issedonen in der Hauptsache im Norden des Tarim und im Siebenstromland gewohnt haben. Das stimmt aber nicht für die Zeit, von der Herodot berichtet. Damals wohnten sowohl die Wu-sun wie auch die Yüeh-chih der chinesischen Quellen, die nach den geographischen Angaben bei Ptolemaios mit den Issedonen gleichzusetzen sind, noch im Westen der chinesischen Provinz Kan-su und zu einem Teil auch in der Turfan-Oase. Von dort waren sie erst 176 v. Chr. nach Westen ausgewandert. Demnach reicht die von Herodot gegebene Beschreibung der Nordroute der Seidenstraße von der Mündung des Don bis in den Westteil der Provinz Kan-su.

Der Versuch einer Rekonstruktion der Südroute

Eine mit Herodots Bericht über die Nordroute der Seidenstraße vergleichbare zusammenhängende Beschreibung gibt es für die Südroute nicht. Es hat sie, wie einige Fragmente beweisen, sicher einmal gegeben. Diese Teilstücke einer Beschreibung, die verschiedenen Zeiten angehören, reichen aber nicht aus, um den Verlauf im einzelnen rekonstruieren zu können. Zu den ältesten Fragmenten gehört eine nur zum Teil erhaltene akkadische Keilschrifttafel aus dem siebenten Jahrhundert v. Chr. Was von ihr vorhanden ist, beschreibt einen Abschnitt, der von einer Stadt in Mesopotamien bis etwa nach Ekbatana reicht. Weitere Teile, die man als ihre bis Mittelasien reichende Fortsetzung ansehen kann, sind in den Statmoi des Isidor von Charax erhalten, einem Werk, das der parthischen Zeit angehört. Hier sind wie bei Herodot die Entfernungen zwischen den einzelnen Stationen angegeben. Nach seiner Beschreibung führte die Straße aus Mesopotamien über Ekbatana bis Kyreschata (= * *Kuruškath* = Stadt des Kyros), einer Festung, die sich schon in der Sogdiana befand. In achämenidischer Zeit war sie der nördlichste persische Stützpunkt im Osten Irans. (Im Norden der Sogdiana gab es damals die sogenannten spitzmützigen Saken, und im Westen von ihnen wohnten zwischen Aralsee und Kaspischem Meer die Massageten, gegen die Kyros der Große „in der Ebene der Daher" im Jahre 529 v. Chr. gefallen war.)

Von der Sogdiana aus erreichte die Route nach Plinius den *Silis* genannten Fluß, der von Strabo als *Yaxartes* (= Perlenfluß) bezeichnet wird. Der Name *Silis* gibt die parthische Aussprache des Flußnamens, der in seiner mittelpersischen Form *Sir* auf die Serer zu weisen scheint, wieder. Die Bedeutung von Yaxartes = Perlenfluß war auch den Chinesen bekannt, die sie für ihre Bezeichnung des Flusses übernahmen.

Jeder der beiden Namen dieses Flusses gehört zu der Beschreibung einer anderen Route der Seidenstraße. Als *Jaxartes* wird er bei Strabo bezeichnet, der Teile der Südroute kennt. *Silis* heißt er bei dem älteren Plinius, der ein Stück der Land- und Seeroute nach einer indischen Quelle beschreibt. Beide Quellen unterscheiden sich durch die Beschreibung der Serer. Strabo, der um die Zeitwende schrieb, verstand unter den Serern, wie seine Schilderung der Herstellung des nicht mit der Seide identischen Stoffes, der aus dem Bast der Ramipflanzen gewonnen wurde, zeigt, die Chinesen; der gleiche Autor identifiziert an einer anderen Stelle mit ihnen auch die Yüeh-chih in Kan-su. Plinius der Ältere dagegen, der etwa ein halbes Jahrhundert nach Strabo schrieb, sah in ihnen ein Volk mit den gleichen körperlichen Merkmalen, wie sie nach den chinesischen Quellen die Wu-sun besaßen.

Der Unterschied erklärt sich aus der Benutzung verschiedener Quellen. Strabo geht über Apollodoros von Artamita wahrscheinlich auf die Ephemeriden jenes Feldzuges zurück, den Seleukos II. im Jahre 232 v. Chr. unternommen hatte, um die mit der Erhebung der Parther zusammenhängenden partikularistischen Bestrebungen im Osten des Irans zu unterdrücken. Strabo war durch diese Quelle in der Lage, sehr ausführlich über die damals in Mittelasien wohnenden Völker zu berichten. Seine Informationen bezogen sich auf die zweite Hälfte des dritten Jahrhunderts. Plinius der Ältere dagegen stützte sich auf eine wesentlich jüngere indische Quelle, die Beschreibung eines Teilabschnittes der von der indischen Küste kommenden Route der Seidenstraße. Sie stammt von dem indischen

Kaufmann Rachias. Dementsprechend kannte Strabo die Serer, soweit er sie nicht überhaupt mit den Chinesen gleichsetzte, noch in ihren Wohnsitzen, die sie bis 176 v. Chr. in der späteren chinesischen Provinz Kan-su behaupteten. Plinius aber wußte nur von ihren Wohnsitzen in ihrer neuen Heimat im Nordosten des Tarim-Bekkens und im Siebenstromland.

Das Chinabild in den Nachrichten von der Südroute

Im Gegensatz zu Herodot bei der Beschreibung der Nordroute erwähnt Strabo auch die Chinesen, wenn er von dem Verfahren der Serer zur Herstellung der von ihm mit der Seide verwechselten Stoffe aus dem Bast der Ramie-Pflanze spricht, denn weder von den Serern in Kan-su vor dem Jahre 176 v. Chr. noch von den damals nach dem Nordwesten des Tarim-Beckens ausgewanderten Teilen dieses Volkes ist bekannt, daß sie sich mit der Herstellung dieser Art Stoffe befaßten. Die chinesischen Quellen, die sich in einer eigenen Monographie mit den Wu-sun beschäftigen, berichten davon nichts. Da die Serer bei Plinius dem Älteren nach der von ihm gegebenen Beschreibung mit den Wu-sun identisch sein müssen, gilt das auch für sie. Wenn Strabo die Chinesen als *Serer* bezeichnet, wiederholt sich bei ihm ein Vorgang, der auch bei der Entstehung des Namens anderer Völker zu beobachten ist, wie bei den Italern in Süditalien, nach denen die Bewohner der ganzen Halbinsel genannt wurden, oder den Germanen im Südwesten Mitteleuropas, deren Name als Bezeichnung für die Deutschen gebraucht wurde. Die Ursache der Verwendung dieser Namen ist überall die gleiche. Sie gehörten zu jenen Völkern, denen die Griechen in Italien, Deutschland oder China zuerst begegneten.

Die Mittlerrolle der Serer im Handel mit China

Während Herodot einen Handelsplatz bei den Argyppaioi als Stätte des Warenaustausches zwischen Griechen und Issedonen nur voraussetzt, wird Plinius der Ältere auch hier deutlicher. Nach ihm erfolgte der Warenaustausch mit den Serern am Ufer eines Flusses und dort in der Form eines „stummen Tauschhandels". Dem scheint auf den ersten Blick Herodot zu widersprechen, der voraussetzt, daß die griechischen Kaufleute mit den Issedonen durch skythische Dolmetscher sprechen konnten. Der Widerspruch klärt sich dadurch auf, daß Plinius hier, wie auch an anderer Stelle, eine indische Quelle benutzte. Die Inder verfügten offenbar zu dieser Zeit über keine Dolmetscher, durch die sie sich mit den Serern verständigen konnten. Da man den Syr Darya als *Silis* (= Serer-Fluß) bezeichnete – der Name des Flusses wie der Name *Serer* wird bekanntlich in parthischer Aussprache statt des *r* mit einem *l* gesprochen – kann man vermuten, daß der Warenaustausch mit den Serern im Ferghana-Tal am oberen Syr Darya erfolgte.

Der kombinierte See- und Landweg

Dieser dritte Weg der Seidenstraße setzt sich, was den Seeweg betrifft, aus einer ägyptischen und einer mesopotamischen Route zusammen, die beide nach Barygaza, einem Hafen an der Mündung des Namada in den Indischen Ozean, führten. Ihre Beschreibung ist in dem sogenannten ‚Periplus des Roten Meeres' enthalten, mit dem der Indische Ozean gemeint ist. Es handelt sich um eine aus der Zeit um Christi Geburt stammende Darstellung, die sich auf den Schiffsverkehr im Indischen Ozean bezieht. Sie erwähnt den von Barygaza über Baktrien nach Thinoi führenden Handelsweg. *Thinoi* bezeichnet hier die chinesische Hauptstadt, deren Name aus der Bezeichnung *Ts'in* des westlichsten chinesischen Staates gebildet ist.

Zusammenhängende Beschreibungen der drei Landwege dieser Route der Seidenstraße gibt es nicht. Für einen von ihnen, jenen durch Mittelasien, bleiben als einzige Spuren die indischen geographischen Bezeichnungen von drei Gebirgen, die der Weg, der an der Mündung des Kabul-Flusses in den Indus seinen Ausgang nahm und bis in das Ferghana-Tal fast bis zur Quelle des Syr Darya führte, berührte. Es sind die Sanskritnamen für den Hindukusch: *Ottokorra*, für den Pamir: *Imaos (= hima)* und für das Alai-Gebirge: *Kaschia*, nach einem in Sanskritquellen vorkommenden Namen für ein Gebirgsvolk, das vielleicht mit den von Herodot erwähnten *Argyppaioi* identisch ist. Auf diesem Weg ist vielleicht die von Nearchos als *Dermata Serika* (= serische Häute) bezeichnete Seide nach Indien gekommen. (Nearchos war ein Admiral Alexanders des Großen.)

Von der zweiten Route, die über den Wachdir-Paß bei Jarkänd das Tarim-Becken erreichte, ist nur ein kleiner Abschnitt mit dem Wachs-Fluß vom Viktoria-See bis Balch durch eine Beschreibung bei Plinius bekannt; sie geht auf die Wegbeschreibung durch den indischen Kaufmann Rachias zurück.

Auf die Benutzung der dritten Route, die vom oberen Indus über Gilgit und den Karakorum-Paß nach Chotan in das Tarim-Becken führt, weisen nur die seit dem ersten Jahrhundert n. Chr. längs der Straße erhaltenen Graffiti. Allerdings wurde diese Route wahrscheinlich schon 176 v. Chr. von den Sai-wang, den Saka der Indischen Quellen, nachdem sie von den Yüeh-chih aus dem Siebenstromland vertrieben worden waren, für ihre Auswanderung nach Indien benutzt.

Man kommt also zu der Feststellung, daß die drei Routen der Seidenstraße, die Nordroute, die Südroute und der kombinierte Land- und Seeweg, das Ergebnis einer sich über mehrere Jahrhunderte erstreckenden Entwicklung waren.

Die Bedeutung der Zusammenfassung älterer Wegstrecken für die Entstehung der Seidenstraße

Während die Nordroute offensichtlich schon in vorgeschichtlicher Zeit für den Warenaustausch zwischen dem Westen und China benutzt wurde, scheint für die Südroute als Ganzes eine Verbindung erst durch die skythische Westwanderung im 8. und 7. Jahrhundert v. Chr. entstanden zu sein. Bei der dritten Route der Seidenstraße, dem kombinierten See- und Landweg, hat die am Ende des 6. Jahrhunderts v. Chr. erfolgte Angliederung des Pandschab an das achämenidische Persien durch Dareios den Großen die verschiedenen See- und Landwege zu einer durchgehenden Handelsstraße zusammengefaßt. Unter Dareios wurde durch den Griechen Skylax von Karyanda zunächst der Weg von Kaspapyros in Paktyia, einer Stadt, die im Tal des Kabul-Flusses lag, über den Kyber-Paß bis zum Indus erkundet.

Hierauf folgte dann die Fortsetzung der Reise zu Schiff bis zur Mündung des Indus und von dort über den Indischen Ozean zu den Häfen an der südarabischen Küste. Von hieraus konnte man Ägypten erreichen. Die andere Abzweigung, die von der Mündung des Namada der Küste folgend durch den Persischen Golf zu den mesopotamischen Häfen führte, hatte zwei Jahrhunderte später Nearchos an der Spitze der makedonischen Flotte erkundet. Beide Seeverbindungen wurden für einzelne Strecken sicher schon früher benutzt, aber erst durch Dareios bzw. Alexander zu einer durchgehenden Verkehrs- und Handelsverbindung ausgebaut.

Auch bei der Südstraße waren einzelne Abschnitte schon lange vorher für den Handelsverkehr benutzt worden. Das gilt für die von Herodot erwähnte Strecke von Syrien nach Mesopotamien, auf der z. B. der Weinexport aus Syrien nach Babylonien durchgeführt wurde, und für die Fortsetzung dieser Straße von Babylon nach Ekbatana, die schon eine akkadische Tontafel beschreibt. Auf diesem Wege kam vielleicht die bei Herodot als „medische Kleider" bezeichnete Wildseide, die bei den Persern sehr beliebt war, nach Mesopotamien. Dagegen wurden die Fäden, aus denen die Gewebe der Wildseide hergestellt wurden, wahrscheinlich über die berühmte persische Königsstraße durch Anatolien nach Sardes und Ephesus exportiert. Hier an der Westküste Kleinasiens lagen die griechischen Manufakturen, die aus ihnen die berühmten „koischen Stoffe" herstellten. Ähnlich hatte man nach den Angaben des ›Periplus‹, die sich auf die Zeit um Christi Geburt beziehen, neben der chinesischen Rohseide auch die Fäden der chinesischen Seiden an die indischen Manufakturen verkauft, in denen die schon damals in Zünften organisierten Weber Seidenstoffe mit eigenen Mustern und Motiven herstellten.

DIE INNEREN VORAUSSETZUNGEN FÜR EINE HANDELSVERBINDUNG ZWISCHEN CHINA UND DEM WESTEN

Über den Wert der Aussagen der Bodenfunde

Keine Beschreibung der Routen der Seidenstraße vermag für sich allein eine Vorstellung von der Bedeutung dieser Verkehrswege für den Warenaustausch zu geben. Hierzu bedarf es noch der Nachrichten über den Umsatz der exportierten Waren. Für eine Zeit, für die Angaben dieser Art fehlen, kommt daher den Bodenfunden eine besondere Bedeutung zu, weil sie diese Lücke wenigstens zu einem kleinen Teil schließen können. Allerdings vermag ihre Aussage nur sehr bedingt ein Bild vom Umfang des Handels zu geben, da die Erhaltung der Gegenstände im Boden nicht nur von ihrer ursprünglichen Beschaffenheit, sondern auch von den bestehenden klimatischen Verhältnissen abhängig ist. Während alles, was aus Metall bestand, eine verhältnismäßig große Chance hatte, die Jahrhunderte zu überdauern, sind Funde von Textilien oder Lacken überaus selten und ihre Erhaltung nur besonderen Bedingungen, etwa einem extremen Wüstenklima oder einer Lage unter der Frostgrenze des Bodens, zu danken. Über bestimmte Waren wie Genußmittel, Duftstoffe, Apothekerwaren erfahren wir auch auf diesem Wege nichts. Dort, wo literarische Quellen nicht vorhanden sind und wir allein auf die Aussage der Bodenfunde angewiesen sind, muß man der Einseitigkeit dieser Form der Überlieferung bei ihrer Auswertung Rechnung tragen.

Die soziale und wirtschaftliche Entwicklung in den Zubringerstaaten der Seidenstraße als Gradmesser für die Intensität des Warenaustausches

Jeder Handel ist vom Umfang der Erzeugung der Waren abhängig, die er anbieten und die er kaufen kann. Das bedeutet, daß es sowohl Bauern und Handwerker geben muß, die Waren erzeugen, wie Geld, mit dem man sie bezahlen kann.

Wenn man von dem erhalten gebliebenen Bronzegerät in China ausgeht, muß es dort sehr geschickte Handwerker gegeben haben. Ihre Arbeiten waren aber zum größten Teil für den Kult bestimmt und daher wegen des rein chinesischen Charakters der Religion für den Export ungeeignet. Auch mußte man einen Teil des für die Herstellung der Bronze notwendigen Kupfers aus dem Ausland importieren. Besser stand es um die Seide. Überall auf dem Land gab es Anpflanzungen von Maulbeerbäumen, deren Blätter dem Erzeuger des Rohmaterials, der Raupe des Seidenspinners, die Nahrung lieferten. Der Rohstoff in der Form von Kokons war also vorhanden. Man muß davon ausgehen, daß die Gewinnung der Fäden und zu einem gewissen Grade auch das Weben der Seide zunächst noch auf dem Lande besorgt wurden. Das erklärt den geringen Umfang der Seidenerzeugung und die relativ schlechte Qualität der Seide des 6. und 5. Jahrhunderts v. Chr. Das Fehlen einer ausreichenden Menge von Manufakturen, die in der Lage waren, bessere Seidensorten herzustellen, trug daran die Schuld. Manufakturen, die diese Voraussetzungen erfüllten, besaßen in dieser Zeit nur die Fürstenhöfe.

Von der Ungleichheit der wirtschaftlichen Voraussetzungen für einen Handelsverkehr der Griechen mit China

In Griechenland kam es in der Mitte des siebenten Jahrhunderts zu der Entstehung einer Keramik, die den geometrischen Stil aufgab und zur naturalistischen Darstellung des Menschen überging. Auch zeigten sich hier die ersten Ansätze zur Entwicklung der Großplastik. Anders war es in China. Hier bestimmen die nur dem Ritus dienenden Sakralbronzen fast ausschließlich unser Bild der alten chinesischen Kunst. Ähnlich archaisch gab sich auch die Sozialstruktur. Es zeigten sich noch nicht die aus dem Westen bekannten Zeichen eines Umbruchs, wie die Verbreitung der Geldwirtschaft und die Entwicklung eines landwirtschaftlichen Eigentumsbegriffs. Auch fehlte eine mit der griechischen Polis vergleichbare politische und wirtschaftliche Gemeinschaft. Einen chinesischen Solon gab es daher zu dieser Zeit nicht. Die wirtschaftliche Situation in China brauchte ihn nicht.

Der Zusammenbruch der Herrschaft der Chou um 770 v. Chr. hatte China in eine Reihe von Staaten aufgelöst. Sie allein waren für ein halbes Jahrtausend die Träger der politischen und wirtschaftlichen Macht. Die hier schon für das sechste Jahrhundert nachweisbare Münzprägung ging von diesen chinesischen Teilstaaten aus. Die Münzen waren schon nach ihrer Form nur für den Handelsverkehr zwischen den einzelnen chinesischen Staaten und ihren unmittelbaren Nachbarn bestimmt. Als Metall benützte man Bronze, der man die Form von Werkzeugen, wie der einer Hacke oder eines Messers, gegeben hatte. Die auf ihnen eingravierten Schriftzeichen bezeichneten sie als Zahlungsmittel jener Staaten, die sie geprägt hatten, so z. B. als „Währung des Staates Ch'i". Sie dienten dazu, feste Wertmaßstäbe im Handelsverkehr zu schaffen, nach denen vor allem die Leistungen und Lieferungen zwischen Land- und Stadtbevölkerung abgegolten werden konnten. Wie groß trotz seiner begrenzten Verwendungsmöglichkeit die Bedeutung dieses ersten Geldes in China gewesen sein muß, zeigt sich daran, daß noch heute das Wort für „Geld" mit dem Zeichen, das die Bedeutung „Hacke" besitzt, geschrieben wird. Vergleichbares ist im Westen nur in überwiegend agrarwirtschaftlich organisierten Räumen wie in Mittelitalien im fünften Jahrhundert nachweisbar. Dort wurden z. B. Kupferbarren mit einem aufgeprägten Stier als Zahlungsmittel verwandt. Auch hier spürt man die Nachwirkung dieser Form des Zahlungsmittels, denn das lateinische Wort für 'Geld', *pecunia*, ist von *pecus* (= Vieh) abgeleitet.

Die Verbreitung der Sakralkunst der Bronzegefäße grenzt im wesentlichen den Raum ein, der damals jenen Teil von China umfaßte, mit dem der Westen über Vermittler einen Warenaustausch unterhielt. Das war neben dem Tal des Hoang-ho das seines Nebenflusses, des Wei-ho, mit den Provinzen Honan, Shan-si und dem angrenzenden Teil von Kan-su. Vermittler dieses Handels mit dem Westen waren die Issedonen oder – wie sie auf der Südroute der Seidenstraße genannt wurden – die Serer, Völker, die bei den Chinesen unter dem Namen *Yüeh-chih* und *Wu-sun* bekannt waren.

Die Bedeutung der Stationen der Westwanderung der Kimmerier und Skythen für die Entstehung eines Warenaustauschs auf der Seidenstraße

Die Westwanderung der Skythen mit ihren Stationen in Mittelasien, Nordwestpersien und Südrußland hatte für den Handel mit China die Brücke geschlagen. Herodot berichtet aus einer skythischen Überlieferung über diese Wanderung.

Die Chronologie der skythischen Westwanderungen

Ausgelöst wurde diese skythische Völkerbewegung durch die Landnahme der Issedonen im Westen von Kan-su. Sie führte zur Auswanderung der Skythen. Etwa um die gleiche Zeit war es im Jahre 770 v. Chr. in China zum Sturz der Herrschaft der Chou gekommen. Die Chou hatten seit dieser Zeit aufgehört, als Zentralgewalt eine politische Rolle zu spielen. Der Anlaß für den Zusammenbruch ihrer Macht waren die Angriffe von Nomaden, Völker aus einem Gebiet, das im Nordwesten des alten China lag. Es ist möglich, daß dieses Ereignis in den Zusammenhang des von Herodot berichteten Vorstoßes der Issedonen gegen die Skythen in Kan-su gehört.

Weitere Hinweise, die auf den zeitlichen Zusammenhang der Westwanderung der Skythen mit den Ereignissen in China weisen, geben Nachrichten aus dem Westen. Schon die Odyssee, deren uns erhaltene Gestalt in den Beginn des siebenten Jahrhunderts gesetzt wird, erwähnt die Wohnsitze der Kimmerier am Eingang des Totenreiches, den sich die Griechen an den Mäotischen Sümpfen in der Nähe der Mündung des damals *Tanais* genannten Don vorstellten. Auch Herodot kennt sie noch dort. Er berichtet, daß die Skythen die Kimmerier von der später nach ihnen als „Kimmerischer Bosporus" bezeichneten Meerenge von Kertsch verdrängt hätten.

Um 715 v. Chr. erwähnen die assyrischen Reichsannalen zum ersten Mal die Kimmerier. Sie gebrauchen für sie die Namensform *Gimmiri.* Über ihre Herkunft berichten sie zwar nichts, aber diese Lücke füllt Herodot, der sich offenbar auf eine nicht erhaltene assyrische Überlieferung stützen kann, nach der sie ebenso wie die Skythen aus Mittelasien gekommen waren. Das wird indirekt durch die akkadische Übersetzung der altpersischen Erklärungen zu den Reliefs mit den Darstellungen der Tributbringer in Persepolis bestätigt. Die von dem Großkönig unterworfenen „spitzmützigen Saken", die in der altpersischen Fassung als *Saka tigrachauda* bezeichnet werden, kommen in der akkadischen Übersetzung unter dem Namen „Gimmiri mit den spitzen Mützen" vor. Das setzt voraus, daß diese Kimmerier dort vor den ebenfalls als „spitzmützig" bezeichneten Saken gewohnt hatten. *Saka* war bekanntlich nach Herodot der persische Name für die Skythen.

Der große Sinologe Haloun glaubt ihren Namen ebenso wie den der Skythen auch in den chinesischen Überlieferungen nachweisen zu können. Das würde voraussetzen, daß sie in unmittelbarer Beziehung zu den Chinesen gestanden haben. Demnach würde für die Kimmerier ebenso wie für die Skythen Mittelasien nur eine Station auf ihrem Weg nach Westen gewesen sein.

Herodot erwähnt an anderer Stelle seines Werkes ihre Auswanderung von der nach ihnen *Kimmerischer Bosporus* genannten Meerenge nach dem Westen Kleinasiens. Von dort aus hatten sie dann Plünderungszüge unternommen, die auch die griechischen Kolonien an der Küste nicht verschonten.

Zur gleichen Zeit wie die Kimmerier im Westen Kleinasiens hatten sich die Skythen, wie schon erwähnt, im Nordwesten des Iran, in Medien, niedergelassen und von dort aus nach der Unterwerfung der Meder Feldzüge bis zur ägyptischen Grenze unternommen, bei denen es zur Verwüstung von Phönizien und Palästina kam, wobei auch Askalon in ihre Hände fiel. Unter dem Eindruck jener Verheerungen, die die Raubzüge der Kimmerier und Skythen brachten, schrieb der Prophet Ezechiel ein Menschenalter später seine Prophezeiung der Vernichtung, die von diesen Völkern des Nordens, die er *Gog* in *Magog* nannte, der Menschheit drohte.

Schon um 585 hatte der größte Teil der Skythen Medien verlassen und, wie die Funde beweisen, in Südrußland neue Wohnsitze gefunden. Nur ein kleines skythisches Reich im nordöstlichen Armenien, die Sakasene, behauptete sich bis weit in die achämenidische Zeit. Nach Strabo gelang es erst den gemeinsamen Anstrengungen zweier persischer Satrapen, diesen letzten Rest skythischer Macht in Nordwestpersien auszutilgen. Noch heute erinnern aber die skythischen Pfeilspitzen in den Mauern der urartäischen Festung auf dem Karmir Blur an die Kämpfe zwischen Urartäern und den nach Medien vordringenden Skythen an der Wende vom achten zum siebenten Jahrhundert.

Die ältesten Informationen der Griechen über die Stationen der Westwanderung der Skythen

In dieser Zeit, bald nach 715 v. Chr., gelangten die ersten Informationen über die Skythen zu den Griechen, die bisher in Südrußland und dann auch in Kleinasien nur die Kimmerier kannten. Wenig später schrieb Aristeas in Prokonnesos, damals noch eine Insel am asiatischen Ufer des Marmara-Meeres, über seine Reise zu den Issedonen, als deren Nachbarn er auch die Hyperboräer, die Greife und die Arimaspen erwähnt. Nach den bei Herodot gegebenen Andeutungen könnte er auf seinem Reiseweg der Nordroute der Seidenstraße gefolgt sein.

Aus diesem Werk des Aristeas, das Herodot benutzte, stammt aber nicht jene ausführliche Beschreibung der Nordroute der Seidenstraße, die Herodot gegeben hat. Sie geht nicht auf kimmerische Informanten zurück, sondern auf die Beschreibung griechischer Kaufleute. Daß auch skythische Informationen aus Südrußland benutzt wurden, macht die Bezeichnung des Schwarzen

Meeres als „Südmeer“ deutlich. Ein Name wie dieser kann nur von in Südrußland lebenden Skythen stammen.

Erste Kämpfe um die beiden wichtigsten Stationen der Nordroute der Seidenstraße, die Meerenge von Kertsch und den Wolga-Übergang an der Landenge von Kalatsch

Mit der Eroberung der Halbinsel Kertsch, von der sie die Kimmerier trotz der von ihnen angelegten Befestigungen vertrieben hatten, war den Skythen eine der wichtigsten Stationen der späteren Seidenstraße in die Hände gefallen. Der große Perserkönig Dareios I. versuchte, ihnen im Jahre 519 v. Chr. durch einen großangelegten Feldzug, der sein Heer bis an die Landenge von Kalatsch und an die Wolga führte, die Kontrolle über diese wichtige Verkehrsverbindung wieder zu entreißen. Hierbei gelang es ihm, der Seidenstraße von der Mündung des Don aus folgend, die Hauptstadt der Budiner zu erreichen, die er zerstörte, um dann von dort aus durch das Gebiet der Thyssageten bis zum War-Fluß, der Wolga, vorzustoßen. (*War* = *hvar,* Wasser, bezeichnete bei den Skythen einen Fluß von großer Breite. Auch der Unterlauf des Dnjepr wurde *War* genannt.) Am Ufer des War errichtete Dareios in einer Breite von sechzig Stadien Befestigungen, die der Aufgabe dienten, eine hier offenbar bestehende Furt, die den Übergang über den Fluß ermöglichte, für die von ihm verfolgten Skythen zu sperren. Wie Herodot schreibt, erwiesen sich diese Maßnahmen als nutzlos, da die Skythen schon weiter oben den Fluß überschritten hatten.

Demnach gab es auf der Nordroute der Seidenstraße zwei wichtige Stationen, die schon im sechsten Jahrhundert umkämpft waren, die Meerenge von Kertsch und die Landenge von Kalatsch. Aus einer anderen Beschreibung Herodots ist bekannt, daß die Straße von der Wolga weiter zum Uralfluß führte, von dem aus sie den Aral-See berührte und dort die Mündung des Syr Darya. Seinem Lauf entlang ging der Weg dann weiter nach Osten, wo er im Tal des Ili die Wohnsitze der Argyppaioi erreichte.

Viehzüchter und Bauern an den Stationen der nördlichen und südlichen Route

Der Weg weiter nach Osten durch den Norden Mittelasiens stand ebenso wie der westliche Abschnitt der Nordroute nicht unter der Kontrolle des achämenidischen Persien. Die Angaben in den altpersischen Inschriften über die Völker in Mittelasien sind insofern irreführend, als sie vortäuschen, daß es damals eine politische und militärische Herrschaft der Perser gab, die bis zum Syr Darya reichte. Dieser Eindruck konnte dadurch entstehen, daß die altpersischen Inschriften eine persische Oberherrschaft über alle Chwarezmier, Parther, Sogder und Saken vorauszusetzen scheinen, die mit Ausnahme der Sogder nur über den Ackerbau treibenden Teil dieser Völker bestand, der im Gegensatz zu den Viehzüchtern überwiegend südlich des Amu Darya wohnte. Bekanntlich gab es bei den skythischen Völkern in Mittelasien ebenso wie bei den Skythen in Südrußland und wahrscheinlich auch bei den Stämmen im Tarim-Becken zwei Gruppen, die sich nicht durch Sprache und Religion, sondern nur durch ihre Lebensweise unterschieden.

Wie Herodot in Südrußland die Ackerbau treibenden Skythen zwischen Dnjestr und Dnjepr von dem sich durch Viehzucht ernährenden nomadischen Teil des Volkes in der Nogaischen Steppe unterscheidet, so war es auch bei den Chwarezmiern, Parthern und Saken. Auch hier gab es auf der einen Seite die Viehzucht treibenden Teile im Norden und die Ackerbau treibenden im Süden. Sie wohnten in jenem schon damals durch große Stauseen bewässerten Gebiet um die Flüsse der heutigen turkmenischen Sowjetrepublik. Der Großkönig besaß dort, wie Herodot berichtet, die Kontrolle über die Verteilung des Wassers. Es handelt sich hier wahrscheinlich um die schon im Awesta erwähnte künstliche Bewässerung der Oase Merw, die durch zahlreiche kleine Kanäle aus einem am Murghab errichteten Staubecken erreicht wurde. Ein Teil der Staubecken war offenbar auf Befehl des Großkönigs errichtet worden. Herodot erwähnt z. B. in Transkaukasien die vom Araxes gespeisten Bewässerungsanlagen Kyros' des Großen. Damit erkaufte man sich die Loyalität der hierdurch begünstigten Völker.

Bei den Skythen und den ihnen verwandten Völkern in Mittelasien bestanden also die gleichen Verhältnisse wie bis 1920 bei den Turkmenen, die sich in Viehzüchter, Ackerbauern und Fischer gliederten. Hierbei gehörten die Fischer, die man nach der Bedeutung ihres Namens als die Massageten, die „Fischesser" Herodots, identifizieren kann, zu der ärmsten Gruppe. Von den Viehzucht treibenden Teilen dieser Völker lebten die Chwarezmier am Unterlauf und der Mündung des Amu Darya, dort, wo sich später jene großen aus Lehmziegeln errichteten Fluchtburgen befanden, die häufig mit Palastanlagen verbunden waren. Die bisher bekannten Ruinen gehen allerdings nicht über das dritte Jahrhundert v. Chr. zurück.

Während die im Ackerbau arbeitenden Parther sich in Städten wie Hekatompylos und Nisa niedergelassen hatten, ist die Viehzucht treibende Gruppe zuerst im Gebiet des späteren Buchara nachweisbar. Einen gewissen Anhalt über die Ausdehnung ihrer dort liegenden Wohnsitze geben sowohl die erhaltenen Gräber, unter ihnen auch einige mit chinesischen Spiegeln als Beigaben, die auf eine Handelsverbindung mit China hinweisen, wie vor allem die Angaben der historischen Quellen. Wie Strabo berichtet, war der Clan Arsak, aus dem die parthischen Könige stammten, in dem Gebiet des heutigen Buchara beheimatet. Das bestätigen indirekt die chinesischen Quellen, die *Arsak*, das im Chinesischen mit *An-si* umschrieben wird, als Bezeichnung für diesen Teil Mittelasiens gebrauchen.

Bei Herodot wie in den altpersischen Inschriften werden die Saken durch die Beiworte „spitzmützig" und „Haoma anbauend" voneinander unterschieden. Die hier für die Sogdiana geltende Unterscheidung zwischen zwei Gruppen innerhalb des gleichen Stammes läßt sich auch bei anderen Nomadenstämmen nachweisen. Nicht nur in dem sich im Norden an die Sogdiana anschließenden Siebenstromland, wo noch die islamische Überlieferung des zehnten Jahrhunderts Viehzüchter und Jäger von den Ackerbauern unterscheidet, sondern auch bei den Köktürken und bei den ihnen verwandten Stämmen war diese Differenzierung innerhalb des Stammesverbandes bekannt. Die Zeugnisse reichen hier von einem byzantinischen Bericht aus dem Beginn des siebenten Jahrhunderts bis zu türkischen Nachrichten des achten und islamischen des zehnten Jahrhunderts.

Die Rezeption der großen Kulturen begann zunächst bei den Ackerbau treibenden Teilen der Skythen. So übernahmen in Mittelasien Chwarezmier, Parther und Sogder die Schrift, mit der das Reichsaramäische, die Verwaltungssprache der Perser, geschrieben wurde, für die Niederschrift ihrer Sprache. Hierbei kam es zu Veränderungen, die sich aus der Wiedergabe des Lautbildes dieser Sprachen ergaben. Das gilt für das Chwarezmische, von dem Aufzeichnungen auf Holz und Leder in Toprak kaleh, einer jener Fluchtburgen der Vieh züchtenden Chwarezmier, gefunden wurden, und für das Parthische, von dem Wirtschaftsurkunden in Gestalt von Ostraka aus Nisa die Übernahme des Aramäischen zeigen, aber auch für das Sogdische, wo Graffiti und Briefe auf Papier (die älteren sogdischen Briefe) aus dem 3. bis 4. Jh. n. Chr. zu den frühesten Zeugnissen einer eigenen Schrift gehören.

Von den hier erwähnten Völkern spielten die Sogder für den Handel mit dem Westen auf der Südroute der Seidenstraße schon zu Beginn des 6. Jahrhunderts v. Chr. eine Rolle. Es ist jener Teil, der um die Stadt* Kuruš-kath (= * Kyros-Stadt) wohnte. Nach den altpersischen Inschriften stammte von ihnen der Lapislazuli für den Palast in Persepolis, der in einem hoch in den Bergen liegenden Bergwerk im Wachan-Tal im nordöstlichsten Teil des heutigen Afghanistan gefördert wurde. Von den anderen Völkern werden dort nur die Chwarezmier genannt, die Türkise für die Ausschmückung der Residenz des Großkönigs nach Persepolis brachten. Hiermit können nicht die am Unterlauf des Amu Darya wohnenden nomadischen Teile des Volkes gemeint sein, sondern nur die Ackerbauer im Süden, wo sich auch heute die Fundstätten für Türkise befinden.

Erste Spuren eines Handelsverkehrs zwischen Mittel- und Vorderasien in vorskythischer Zeit auf der Südroute

Der von Mittelasien über Medien nach Mesopotamien führende Abschnitt der Südroute war schon seit ältester Zeit für den Handel benutzt worden. Lapislazuli aus dem Wachan-Tal gelangte von hieraus zu den Sumerern in Mesopotamien und nach Ägypten. Ebenso gehörten Türkise und Steatit zu der schon damals exportierten Ware. Für einen Teil der Ausfuhr wurde in dieser Zeit die kombinierte See- und Landroute der Seidenstraße über Indien benutzt. Gegen Elfenbein und Baumwolle, die von Indien kamen, lieferte man aus Mittelasien Silber, Kupfer, Türkise, Lapislazuli und Rubine. Nach Nordosten gingen die damals aus Hanf hergestellten Kleiderstoffe, von denen Fragmente in den Kurganen von Pazyrik gefunden wurden. Ausgeführt wurde auch Koriander, der z. B. bei der Einbalsamierung der Leichen in Pazyrik verwendet wurde. Von großer Bedeutung war auf diesem Abschnitt der Seidenstraße der Export baktrischer Kamele und der berühmten parthischen Pferde aus Nisa nach Westen. Schon Salmanassar III. (858–824) konnte von seinen unterworfenen Nachbarn Kamele und Elefanten als Tribut erhalten. Demnach gab es in dieser Zeit einen Transithandel mit Elefanten von Indien über Mittelasien nach Westen. Die Verbindungsstraße, die von dieser Südroute nach Nordosten zu den Issedonen nach Kan-su führte, benutzte den Weg durch die Sogdiana in das Ferghana-Tal. Dort erfolgte die Begegnung mit den Kaufleuten der Serer oder Issedonen, die aus Kan-su kamen. Sie waren es, die jene als „serische Häute" bezeichnete Seide nach Mittelasien brachten, die Nearchos in Nordindien bewunderte.

Die Handelsbeziehungen der Skythen im Altai und in Zentralasien mit Nordsyrien, Ephesus, Urartu und den Griechen in Südrußland

Für die Südroute ist zunächst die Frage nach Beginn und Form des ersten Handelsverkehrs zwischen China und dem Westen zu stellen. Eine wenigstens indirekte Antwort geben die Funde, die aus den in den letzten Jahrzehnten geöffneten sechs skythischen Fürstengräbern von Pazyrik im Altai stammen. Diese Kurgane wurden während eines Zeitraumes von siebzig Jahren angelegt, der mit dem Ende des fünften Jahrhunderts beginnt. Die schon in alter Zeit ihres Inhalts an Gegenständen aus Edelmetall beraubten Gräber enthielten bei der Ausgrabung noch Beigaben, die man in drei Gruppen gliedern kann.

Bei der ersten und zugleich ältesten von ihnen handelt es sich um Gegenstände, die noch aus dem siebenten Jahrhundert stammen können. Im einzelnen gilt das für eine Bordüre aus Wolle mit der Darstellung von schreitenden Löwen, die nach Motiv und Stil in Assyrien hergestellt sein könnte, aber auch für zwei weitere Fragmente aus dem gleichen Material. Das eine zeigt eine Königin, die, von einer Dienerin begleitet, ein Opfer vor einem Räucheraltar vollzieht. Bei dem anderen handelt es sich um einen Stoffrest mit einem rechteckigen Muster.

Die Herkunft der beiden zuletzt erwähnten Textilreste wird durch eine Darstellung auf einem urartäischen Goldmedaillon aus Toprak kaleh aus der Zeit um 600 v. Chr., das sich heute in Berlin befindet, geklärt.

In den gleichen Zusammenhang einer Verbindung von Opfer und Prozession wie diese Darstellung gehört ein Teppich mit der Wiedergabe einer Prozession von Reitern und eines Zuges von Hirschen auf der Einrahmung des Mittelfeldes. Auch hier gibt es verwandte Darstellungen sowohl aus Babylon und Assyrien wie aus dem achämenidischen Persien.

Schließlich ist als ein Beispiel für den Import aus dem griechischen Raum ein Silberspiegel aus dem Kurgan Nr. 2 von Pazyrik zu nennen. Spiegel dieser Art in Bronze und Silber sind durch Funde aus den südrussischen Kurganen bekannt. In dem dortigen Gebiet wurden auch chinesische Spiegel aus der Han-Zeit gefunden. Sie gehören in die gleiche Zeit wie die dort ausgegrabenen chinesischen Seiden, die nicht mehr aus skythischen, sondern aus sarmatischen Gräbern stammen. Neben den echten aus China importierten Spiegeln – wie dem mit einer längeren chinesischen Inschrift aus dem Gebiet des unteren Kuban – gab es auch zahlreiche Nachahmungen. Keiner dieser außerhalb Chinas gefundenen Spiegel geht über das 5. Jahrhundert v. Chr. hinaus. Der älteste von ihnen stammt aus Tomsk. Auch die chinesischen Spiegel, soweit sie aus der Han-Zeit stammen, lassen sich an verschiedenen Stationen der Nordroute der Seidenstraße nachweisen. Zu nennen sind die untere Wolga, das Ferghana-Tal und das Siebenstromland.

Die zweite Gruppe der Funde aus diesen Kurganen besteht aus den Nachahmungen von Darstellungen, die sich auf Gegenständen ebenfalls westlicher Herkunft finden. Bei ihnen hat man zwischen kleinasiatischen, griechischen und syrischen Vorbildern zu unterscheiden. Zu den Nachahmungen griechischer Vorbilder gehört die Darstellung auf einem Wandteppich aus dem dritten Kurgan von Pazyrik, bei der das Vorbild der sitzenden Figur auf Ephesos weist. Dargestellt ist die Szene der Begrüßung eines Reiters durch den unter dem Namen *Megabyzos* bekannten Eunuchen und Priester der Artemis von Ephesos. Der Ornat dieses Priesters einschließlich der Kopfbedeckung ist von Elfenbeinfiguren des sechsten Jahrhunderts aus Ephesos wohlbekannt. Ihn trägt die auf dem Teppich von Pazyrik sitzend dargestellte Person. Sie teilt mit ihrem Vorbild auch die einem Eunuchen entsprechenden Gesichtszüge. Der Priester erweist hier seinem Besucher die Proskynese in der gleichen Form wie der Eisangeleus bei dem Relief aus dem Schatzhaus des Xerxes in Persepolis (Großvezier) dem Großkönig Dareios I.

Eine Verbindung der Skythen im Altai mit Ephesos, die die Südroute der Seidenstraße benutzte, wird nicht nur durch diesen Wandteppich aus dem dritten Kurgan von Pazyrik deutlich, sondern auch durch Funde aus dem sechsten Jahrhundert in Ephesos. Hier fand man skythische Kleinplastiken, die teils aus den Stoßzähnen des Mammuts, teils aus denen indischer Elefanten geschnitzt sind. Zu nennen sind hier Darstellungen eines kauernden Argalibockes und eines aus einem Gefäß trinkenden Schafes. Sie lassen sich nach Technik und Stil mit Knochenschnitzereien, die der gleichen Zeit angehören und auf dem Temir-Berg bei Kertsch gefunden wurden, vergleichen. Beide, die Knochenschnitzereien vom Temir-Berg und die Elfenbeinschnitzereien aus Ephesos, sind skythischer Herkunft und stehen Wiedergaben des gleichen Motivs in Holz aus Pazyrik außerordentlich nahe.

Man kann also von einem Austausch typisch griechischer und ausgesprochen skythischer Kunsterzeugnisse und von skythischen Entlehnungen griechischer Vorbilder zwischen dem Altai und

Ephesos sprechen. Demnach bestand schon damals eine Verbindung der Westküste Kleinasiens mit der Südroute der Seidenstraße, die den Warenaustausch mit den Skythen im Altai ermöglichte.

Aber auch über Südrußland gab es eine Verbindung mit den Skythen im Altai. Von dort scheint der Silberspiegel mit Griff aus dem zweiten Kurgan von Pazyrik gekommen zu sein, aber nicht nur er, auch die Vorbilder einer Reihe von Holzschnitzereien. Genannt sei hier aus dem gleichen Grab ein Greif mit dem Kopf eines Tieres im Rachen. Diese aus Holz geschnitzte Plastik geht offenbar auf die griechische Darstellung eines Greifen in Bronze oder Gold aus Südrußland zurück, die den Skythen im Altai über die Nordroute der Seidenstraße vielleicht in der Form eines Schmuckstückes bekannt geworden ist. Die Nachahmung in Holz weist in Technik und formaler Gestaltung noch deutlich auf das aus verwandten Darstellungen zu rekonstruierende verlorene Vorbild hin.

Ein Beispiel für den Einfluß nordsyrischer Vorbilder, der ebenfalls über die Südroute der Seidenstraße vermittelt wurde, zeigt die Darstellung einer Sphinx in der Technik der Applikation auf einem Wandteppich aus Filz. Es ist ein Wesen mit dem Gesicht eines Menschen und dem Körper eines geflügelten Panthers. Man kann dieses Bild nicht als eine direkte Entlehnung aus der assyrischen Kunst bezeichnen, die es damals schon nicht mehr gab. Das Vorbild war hier eine Darstellung auf einem der nordsyrischen Bronzekessel, der ebenso wie seine Untersätze aus dem 7. Jahrhundert v. Chr. stammt. Der Kessel gelangte offenbar über die Südroute der Seidenstraße in den Altai, wo die auf ihm angebrachten Darstellungen nachgeahmt wurden. Das zeigt z. B. ein Vergleich der Sphinx auf dem aus Nordsyrien stammenden Bronzekessel von Präneste mit dem gleichen Motiv auf dem Filzteppich aus der Grabkammer des fünften Kurgans von Pazyrik. Auch bei ihr wächst aus dem menschlichen Kopf der Sphinx, die hier wie in Pazyrik den Körper eines Panthers besitzt, der mit Flügeln dargestellt ist, eine Pflanze. Auf dem syrischen Kessel ist der Körper nur zum Teil mit jenen runden Flecken dargestellt, die für das Fell eines Panthers charakteristisch sind. Hier sind sie zu klein, um der natürlichen Zeichnung des Pantherfells zu entsprechen, in Pazyrik dagegen zu groß. Die Schöpfer beider Darstellungen hatten offenbar nie Panther gesehen. Das spricht aber nicht gegen die Abhängigkeit des Motivs in Pazyrik von dem syrischen Vorbild, die auch in der Ähnlichkeit zwischen den Greifenköpfen des Kessels und den Greifendarstellungen in Pazyrik zum Ausdruck kommt.

Man kommt also zu dem Ergebnis, daß sowohl die Originale der ersten Gruppe wie die Vorlagen für die Nachahmungen der zweiten in Pazyrik einer Kunst angehören, die sich im Westen schon im siebenten Jahrhundert nachweisen läßt. Sie waren ihrem Ursprung nach griechisch oder syrisch, besaßen aber auch in Urartu und im medischen Gebiet Vorbilder.

Zu den Funden der dritten Gruppe gehören die zusammen mit den Grabbeigaben aus dem Westen in Pazyrik gefundenen Gegenstände aus China. Das ist neben dem Fragment eines Bronzespiegels im sechsten Kurgan aus der Zeit der Kämpfenden Reiche (472–221 v. Chr.) ein Stück bestickter chinesischer Seide aus dem fünften Kurgan. Zwischen diesen beiden aus China stammenden Stücken und den Gegenständen der Gruppe 1 und 2 besteht ein Zeitunterschied von mehr als zwei Jahrhunderten. Für die Tatsache, daß die in Südrußland aus China entlehnten Motive dem siebenten und sechsten Jahrhundert angehören und die chinesischen Importe, die in den beiden Kurganen gefunden wurden, dem vierten Jahrhundert, scheint es auf den ersten Blick keine Erklärung zu geben. Dieses Rätsel löst sich erst, wenn man von den Motiven, die auf diesen Gegenständen dargestellt sind, ausgeht. Bei den Skythen des siebenten und sechsten Jahrhunderts in Südrußland spielt die Darstellung der sogenannten Rolltiere eine große Rolle. Es gibt sie bei den Knochenschnitzereien, die vom Temir-Berg bei Kertsch stammen und die in die Mitte des siebenten Jahrhunderts datiert werden. Vergleichbares fand man in den Provinzen Ho-pei und Ho-nan in China. Dort gehen die ältesten Darstellungen mit diesem Motiv in das 9. Jahrhundert v. Chr. zurück. Es besteht also kein Zweifel, daß die Vorbilder der Rolltiere vom Temir-Berg in China zu suchen sind. Das gilt in Südrußland auch für andere Funde ähnlicher Art wie die in Bronze gegossene Darstellung von Rolltieren aus der zweiten Hälfte des sechsten Jahrhunderts aus Kulakosski bei Simferopol. Sie zeigt mehrere Tiere im Kampf. Der Weg, den dieses Motiv der Rolltiere von China nach dem Westen genommen hat, läßt sich aus den Funden rekonstruieren. Da gibt es zunächst in Westsibirien aus der Gegend von Tobolsk die Darstellung eines Leoparden und aus dem Becken von Minussinsk in Zentralasien einen in Bronze gegossenen Fischotter.

Vergleicht man die eindeutig aus China stammenden Gegenstände in Pazyrik mit den älteren eben besprochenen Rolltieren, die sich sowohl in China wie in Zentralasien und Südrußland finden, kommt man zu dem Ergebnis, daß wir zwei verschiedene Gruppen unterscheiden müssen. Bei der ersten handelt es sich um chinesische Erzeugnisse, die von Chinesen für Chinesen angefertigt wurden. Bei der zweiten ist die Herkunft nicht chinesisch und auch die Personen, für die sie bestimmt waren, waren keine Chinesen. Sie weist auf Skythen, die es sowohl in China wie in Zentralasien und Südrußland gab. Ihre Anwesenheit in China erklärt sich durch ihre Tätigkeit als Söldner in chinesischen Diensten. Über diese Söldner erfolgte mit Hilfe von Kaufleuten ein Austausch von Waren, aber auch die Vermittlung von Einflüssen der Kultur und der Religion.

Die Bedeutung der skythischen Söldner und der Kaufleute für die Entstehung der Seidenstraße als Verbindung zwischen China und dem Westen

Die Gleichartigkeit, die bei einem Teil der in China und im Westen gefundenen Gegenstände besteht, weist auf einen Handel innerhalb der gleichen iranisch-skythischen Schicht, den es sowohl im Westen wie auch in China gab. Ein Teil der Skythen diente als Söldner. Sie waren nicht nur Kunden der Kaufleute, sondern auch für sie die Vermittler bestimmter Waren, vor allem der chinesischen Seide. Der Export von Rohseide aus China begann in der gleichen Zeit, in der auch das Motiv der Rolltiere, das zuerst in China nachweisbar ist, in Südrußland auftauchte. Die Skythen in China erhielten die Seide oft an Stelle von Sold und bemühten sich, sie gegen andere Waren, die sie brauchten, über die Kaufleute aus dem Westen umzutauschen.

Diese indirekte Form des Warenaustausches mit China über die skythischen Söldner der Chinesen erklärt auch die verschiedenen Formen der Rezeption, die sowohl die Motive auf Gegenständen wie die Übernahme religiöser Vorstellungen betrifft. So zeigen z. B. die Rolltiere, daß es innerhalb der Schicht der skythischen Söldner immer zu einem Austausch gekommen sein muß. Bei der Seide beweist der Fund in dem Fürstengrab der Heuneburg, daß es schon im 6. Jahrhundert v. Chr. über die Skythen einen Handel, der bis zu den Kelten reichte, gegeben hat. Mit dem 5. Jahrhundert v. Chr. wird in China als Folge skythischer Vermittlung eine Rezeption westlicher Motive bei den chinesischen Sakralbronzen deutlich. Das gilt vor allem für die Sakralbronzen des Chin-Ts'un-Stils (fünftes bis drittes Jahrhundert). Größer war der Umfang der Rezeption bei Gegenständen des persönlichen Gebrauchs. Das zeigen schon die Ornamente chinesischer Seidenstoffe. Hier wurden jene von Pazyrik her durch Holzschnitzarbeiten bekannten ursprünglich aus der griechischen Kunst entlehnten Greifen- und Sphinxdarstellungen ebenso wie die Flügelpferde als Ornament entlehnt. Auch die Rolltiere werden, wie z. B. die aus dem Westen Sibiriens bekannte Darstellung eines Panthers zeigt, als Dekorationsmuster für Kleider verwendet. Die Rezeption dieser Motive war nicht wie im Grabkult mit besonderen religiösen Vorstellungen verbunden. Ihre Verbreitung setzte bei der Seide, wie die erhaltenen Reste beweisen, erst mit der Zeit um Christi Geburt ein. Damals befand man sich schon in einer Phase der Säkularisierung alter religiöser Symbole.

Der Umfang und die weite Verbreitung der Rezeption des von den Skythen den großen Kulturvölkern Vermittelten läßt sich nur verstehen, wenn man davon ausgeht, daß die Skythen seit dem Beginn des 7. Jahrhunderts v. Chr. nicht nur in China, sondern auch in Mittelasien und Südrußland als Söldner bei Babyloniern, Ägyptern und Griechen dienten. Hierdurch kam es nicht nur zu der verstärkten Übernahme von materiellen Gütern wie der Seide in China und der Goldschmiedearbeiten in Südrußland und Mittelasien, sondern auch zu der Rezeption religiöser Vorstellungen.

Ein Beispiel hierfür sind die Griechen. Zu den bekanntesten skythischen Söldnertruppen gehörte die Polizei in Athen. Ein als Torso erhaltenes Reiterstandbild, das einst auf der Akropolis stand und sich heute dort im Museum befindet, erinnert vielleicht an einen um Athen besonders verdienten Führer der Skythen. Skythische Tracht war, wie eine Schale mit der Darstellung des auf einem Pferd reitenden Miltiades zeigt, als Reitertracht verbreitet. Auch skythische Grabsitten wurden nach Herodot besonders in dem an Thrakien angrenzenden griechischen Gebiet nachgeahmt. Wieweit damit religiöse Vorstellungen der Skythen übernommen wurden, ist unbekannt.

Ungleich stärker als bei den Griechen war diese Rezeption bei den Skythen. Hier ist die Übernahme religiöser Vorstellungen deutlich erkennbar. Es zeigt sich bei ihr ähnlich wie bei der Rezeption von Zivilisation und Kultur ein Trend von Westen nach Osten. Auch hier waren skythische Söldner die ersten Vermittler. Über sie erfolgte die Weitergabe von Südrußland nach China. Der Beginn bei den Griechen ist uns zu einem Teil durch Erzählungen Herodots bekannt. Hiernach waren es zunächst die Könige, die sich für die Übernahme griechischer Kulte durch die Skythen einsetzten. Genannt wird der Kult des Dionysos, aber auch der der Großen Mutter. Trotz der von Herodot berichteten ersten Mißerfolge müssen sich beide Kulte später durchgesetzt haben, denn schon in den Gräbern von Dilberdjin bei Balch in Mittelasien finden sich unter den Beigaben goldene Bilder des Dionysos und der Großen Mutter. Die Rezeption griechischer Kulte bei den Skythen hatte schon lange vor Herodot begonnen. Der Dionysoskult konnte sich nach Herodot zuerst nur schwer durchsetzen, andere Kulte waren hier erfolgreicher. Das gilt für den der Artemis, die man auch als Todesgöttin auffaßte. Besonders der ihr heilige Greif wurde ebenso wie der Pegasus, das Flügelpferd, und die Sphinx von den Skythen übernommen und weiter über Zentralasien nach China vermittelt.

Auch im neubabylonischen Reich und im Norden Syriens dienten Skythen oder, wie die Perser sie nannten, *Saka*, als Söldner. Eine Reihe von neubabylonischen Keilschrifturkunden des sechsten Jahrhunderts erwähnt sie mit dem Namen *Gimmiri*, unter dem sie auch die akkadische Version der altpersischen Königsinschrift kennt. Die Darstellung der geflügelten Dämonen und die mit ihnen zusammenhängenden religiösen Vorstellungen sind offenbar über skythische Söldner, die in der ersten Hälfte des sechsten Jahrhunderts im Dienste der neubabylonischen Könige standen, ihren Landsleuten in Zentralasien vermittelt worden und von dort auch nach China gelangt.

Ebenso wie im neubabylonischen Reich gab es auch in Ägypten skythische Söldner. Sie gehörten zur Leibwache des Pharao Apries (588–568 v. Chr.). Ihr Aussehen ist durch Darstellungen in Gips, die im Palast des Königs in Memphis gefunden wurden, bekannt. Sie tragen die für die Saka in Mittelasien charakteristischen spitzen Kopfbedeckungen und den Kaftan dieser Nomaden. In Ägypten war wie zu der gleichen Zeit in Griechenland der Aufenthalt dieser Nomaden nicht ohne Resonanz geblieben. Sie war auch bei den Skythen von einer Rezeption religiöser Vorstellungen begleitet.

Spuren einer Resonanz als Folge der Anwesenheit der Skythen in Ägypten zeigen sich auf einem Flachrelief, das sich heute in Hildesheim im Pelizaeus-Museum befindet und aus der Werkstatt eines ägyptischen Bildhauers des 3. Jahrhunderts v. Chr. stammt. Es zeigt eine Frau beim Melken einer Elchkuh. Offenbar handelt es sich hier um die Nachahmung eines Bildes, das seinem Motiv nach aus dem Norden Europas oder Asiens stammen muß. Dargestellt ist eine Szene aus dem Leben jener nördlich von den Skythen wohnenden Völker, die auch Herodot erwähnt. Vermittler könnten hier die skythischen Leibwächter des Pharao Apries gewesen sein.

Für die Rezeption ägyptischer Vorstellungen über das Leben nach dem Tode durch die Skythen gibt es ein Zeugnis in Gestalt eines Flachreliefs, das die Beisetzung eines hohen persischen Würdenträgers durch seine skythische Leibwache zeigt. Der Tote liegt auf dem Katafalk, Haar und Bart sind in Knoten geflochten. Vor ihm stehen die skythischen Leibwächter, die sich Haar und Bart zum Zeichen der Trauer abgeschnitten haben. Ferner wird die Tötung einer Frau und eines Pferdes dargestellt. Hier kommt es also zu dem gleichen Ritual, das bei dem skythischen Grabkult in Südrußland und in Zentralasien durchgeführt wurde. Man kann daher in diesem Relief ein Zeugnis für die Rezeption ägyptischer Vorstellungen über das Weiterleben des Toten bei den Skythen sehen. Ihre Übernahme führte im fünften Jahrhundert zu jenen Veränderungen im Grabkult, die die Anlage der von den Russen als „Katakombengräber" bezeichneten Grabbauten bewirkten. Gräber dieser Art sind für fast die gleiche Zeit in Südrußland, Zentralasien und China nachzuweisen. Im Altai gehören zu den Katakombengräbern die Kurgane von Pazyrik. Bei ihnen ist im Gegensatz zum Süden Rußlands die aus Holz bestehende Grabkammer, die in ihrer Zimmermannstechnik die Häuser der Lebenden nachahmt, erhalten. Gemeinsam ist allen Gräbern dieser Form die hohe Zahl der Grabbeigaben, die große Teile aus dem Besitz der Verstorbenen umfaßt. Außerdem wurden in Südrußland neben den Pferden auch die Diener und zuweilen sogar die Frau bei der Beisetzung getötet, um mit dem Toten bestattet zu werden. Im Altai kam es nur zu einer Tötung der Pferde, die dann im Grab beigesetzt wurden. In China verzichtete man unter der Chou-Dynastie auf die Tötung der Menschen und Pferde und begnügte sich damit, sie durch Tonfiguren, die sogenannten *ming-ki*, zu ersetzen. Sie wurden an Stelle von Menschen und Tieren mit dem Toten zusammen beigesetzt. Eine Vorstellung davon, in welchem Umfang das durchgeführt werden konnte, gibt die Grabanlage des ersten Kaisers von China, Shih-huang-ti, dem man ganze in Ton nachgebildete Abteilungen seiner Gardetruppe mit in das Grab gegeben hatte. (Hierbei ist zu berücksichtigen, daß das Hauptgrab mit der Beisetzung des Kaisers bisher nicht ausgegraben wurde.)

Der eigentliche Grabraum erhielt bei den Katakombengräbern Wandbehänge als Schmuck, annähernd die gleiche Ausstattung wie die Wohnung des Lebenden. Auf den Tischen standen Gefäße mit Speisen und Getränken. Der Sarg mit dem Toten befand sich meist dort, wo der Verstorbene zu Lebzeiten in seinem Haus über der Erde seinen Platz gehabt hatte.

Nur in den gefrorenen Böden des Altai und im Lößboden Chinas haben sich diese Katakombengräber unversehrt erhalten. In Südrußland ist dort, wo die Grabkammer aus Holz bestand, infolge des Zerfalls dieses Materials der ursprüngliche Zustand nur noch mit Mühe rekonstruierbar.

Die Einrichtung der Katakombengräber entsprach, wie schon erwähnt, der von Ägypten kommenden Vorstellung von einem Weiterleben nach dem Tode. Aus diesem Grunde hatte man Einrichtungsgegenstände, Lebensmittel sowie Diener, Frauen und Pferde dem Toten in das Grab mitgegeben und ihn, um seinen Körper unversehrt zu bewahren, einbalsamiert. Während sich in China und im Altai, bedingt durch die anderen klimatischen Verhältnisse, die Körper bis in die Zeit der Aufdeckung erhalten haben, fand man in Südrußland nur noch die Skelette, obwohl nach Herodot auch hier die Einbalsamierung angewendet wurde. In einem der Kurgane von Pazyrik aber war bei der männlichen Leiche sogar die Tätowierung der Haut noch vollständig erhalten.

Wie lebendig bei den Skythen die Vorstellung von dem Weiterleben nach dem Tode war, zeigt, daß man dem Toten die infolge einer vorangegangenen Skalpierung fehlende Kopfhaut durch eine Art Perücke vor der Beisetzung ersetzt hatte. Das Grab ebenso wie der Sarkophag und die Wände der Grabkammer waren reich geschmückt. Erhalten geblieben sind davon im zweiten Kurgan von Pazyrik Fragmente der Bekleidung des Sarges mit Ornamenten in der Form von Hähnen, auf der Wandbekleidung Darstellungen von Löwengreifen. Sie lassen erkennen, daß sich die von Ägypten kommenden Anstöße bald mit griechischen und iranischen Jenseits- und Todesvorstellungen verbunden hatten. Das gilt z. B. für den Hahn, der in der Religion des Awesta jener Dämon war, der den Schlaf vertrieb.

Der Inhalt der Darstellungen auf den als Wandbehang dienenden Filzteppichen der Grabkammer des fünften Kurgans bezieht sich auf konkrete Vorstellungen über den Weg des Verstorbenen in das Totenreich. Der Eunuchpriester (Megabyzes) der Artemis, die auch von den Griechen als Totengöttin aufgefaßt wurde, wird hier zum Wächter des Totenreiches, der den als Reiter dargestellten Toten mit dem Handkuß der Proskynese begrüßt. Hinter dieser Darstellung steht offenbar eine Mythe, die von einem Weg des Toten in das Totenreich weiß, wo er von dem Wächter in Gestalt des Megabyzes empfangen wird.

Es muß hiernach so etwas wie ein, wenn auch wahrscheinlich nur mündlich überliefertes, skythisches Totenbuch gegeben haben, das neben anderem auch den Weg des Verstorbenen zum Totenreich beschrieb. Die Resonanz dieser durch die Skythen vermittelten religiösen Vorstellung ist auch in China bei der Bestattung der Marquise von Tai zu Beginn des 2. Jahrhunderts v. Chr. noch wahrnehmbar; wenn z. B. drei Särge verwendet werden, erinnert das an die Art der Beisetzung der Pharaonen in Ägypten. Wie lange sich dieses vermutlich von dort entlehnte Ritual gehalten hat, zeigt die Beisetzung Attilas, des Khans der Hunnen, in der Mitte des 5. Jahrhunderts n. Chr. Auch seine Leiche wurde wie die der ägyptischen Könige in drei Särgen beigesetzt, von denen der innerste ganz aus Gold bestand.

Man kann daraus folgern, daß die Nachahmung von Darstellungen, die sich z. B. auf die Religion der Griechen beziehen, nicht auf Grund einer entsprechenden Geschmacksrichtung erfolgte, sondern weil man die damit verbundenen religiösen Vorstellungen übernommen hatte. So war der Greif bei den Griechen der Artemis heilig, deren Priester auf dem Wandteppich von Pazyrik dargestellt ist. Als Hüter des Grabes findet er sich wie in Pazyrik zusammen mit der Sphinx auf jenem Holzkatafalk, in dem eine skythische Königin in Neapolis in der Nähe des heutigen Simferopol auf der Krim beigesetzt worden war. Er bewacht aber auch die Toten von Pazyrik und ebenso seit der Zeit der westlichen Han-Dynastie (220–8 n. Chr.) die Gräber der Vornehmen in China. Auch hier waren offenbar skythische Söldner die Vermittler dieses Brauchs gewesen.

Wie die Bilder und Plastiken in ihren Gräbern zeigen, wurde der Greif bei den Skythen zum Symbol des Todes. Er war es, der den Tieren, Pferd oder Hirsch, durch einen Biß in das Genick das Leben nahm. Daher wurde dieses Motiv zur Ausschmückung der Grabkammern verwendet. Wenn später in der Zeit der Kuschana auf einer Elfenbeinplatte Jäger gezeigt werden, die den Greif mit Pfeilen erlegen, sollte damit offenbar die Überwindung des Todes symbolisiert werden, die die Lehre Buddhas brachte.

Ob die von den Skythen vermittelten religiösen Vorstellungen, soweit sie im Grabkult einen Ausdruck fanden, auch in die erhaltenen chinesischen Mythen Eingang fanden, bleibt angesichts der in späterer Zeit sehr stark manipulierten älteren chinesischen mythischen Überlieferung zweifelhaft. Es scheint fast so, als ob der Grabkult und seine Ausdrucksformen für die aus dem Westen übernommenen religiösen Vorstellungen auch in China die einzige Quelle sind, über die sich eine Rezeption aus dem Westen nachweisen läßt. Ein Beispiel für diese Rezeption ist das Flachrelief in der Grabkammer von Wu-liang-tse (120 n. Chr.), das Darstellungen von Greifen aufweist, die wie jene von Pazyrik aus zwei verschiedenen Tieren zusammengesetzt sind. Es gibt hier wie in Pazyrik Adler- und Löwengreifen und den geflügelten Löwenmenschen. Sie gehörten auch in China zum Totenreich. Auf dem Grabrelief von Wu-liang-tse erweisen sie dem hier dargestellten Totengott ihre Ehrerbietung. Es kann in diesem Zusammenhang kein Zweifel sein, daß sowohl bei dem Grab der skythischen Königin in Neapolis auf der Krim wie auf den Wandteppichen in Pazyrik und dem Relief von Wu-liang-tse Greifen den Toten umgeben. Sie weisen auf jenen durch die Skythen aus dem Westen über Zentralasien nach China vermittelten religiösen Einfluß, der der späteren Verbreitung der großen Religionen in China, wie der des Buddhismus, vorausging.

Der Warenaustausch zwischen der griechischen Welt und den Serern und Issedonen in Kan-su

Nach der Beschreibung, die Herodot von der Nordroute der Seidenstraße gegeben hat, war das Land der Issedonen ihre am weitesten im Osten liegende Station. Die im Westen als *Issedonen* oder *Serer* bezeichneten Völker hießen bei den Chinesen *Yüeh-chih* oder *Wu-sun*. Sie waren es also, die 176 v. Chr. nach einer vernichtenden Niederlage durch die Hiung-nu zum größten Teil in den Nordwesten des Tarim-Beckens und nach Mittelasien ausgewandert waren. Waren sie bis 176 v. Chr. in Kan-su die Vermittler des Warenaustauschs, so wurden sie es nach 176 im Siebenstromland und seit 129 v. Chr. auch in Mittelasien, nachdem sich auch dort ein Teil von ihnen niedergelassen hatte. Schon in Kan-su bestanden, wie man einer Bemerkung bei Strabo über die Erfolge des griechisch-baktrischen Königs Demetrios' I., des Sohnes des Euthydemos, entnehmen kann, zwischen ihnen und den Griechen Mittelasiens enge Beziehungen. Strabo spricht davon, daß es dem König gelungen sei, sogar die Serer und Thauner zur Anerkennung seiner Herrschaft zu bringen. Mit den Serern kann angesichts des um 200 v. Chr. regierenden Demetrius nur das Volk im Westen von Kan-su gemeint sein, das die Chinesen als *Yüeh-chih* bezeichneten. Die Thaunoi waren vielleicht die Bewohner von Tun-huang, das die Sogder *Droana* nannten. Auch wenn man annimmt, daß Strabo oder der hier von ihm benutzte Apollodoros von Artamita den Mund etwas voll genommen haben, scheint die Bemerkung auf das Vorhandensein eines politischen Einflusses des Demetrios I. im Tarim-Becken zu weisen, der bis in den Westen von Kan-su reichte. Nennt er doch neben den Thaunern auch die Serer, mit denen in diesem Zusammenhang die Yüeh-chih gemeint sind, die damals noch in Kan-su wohnten. Das bedeutete auch eine Verstärkung der bisher vorhandenen wirtschaftlichen Verbindungen Mittelasiens mit Kan-su, da jetzt auch die Südroute der Seidenstraße zur Verfügung stand. Diese damals offenbar zum ersten Mal benutzte Südroute konkurrierte mit der Nordroute, die über das Siebenstromland durch die im Tal des Ili wohnenden Argyppaioi die südlich des Tien-shan liegende Oase Hami erreichte. Von dort aus führte der Weg dann weiter nach Kan-su.

Wenn Gräber der Issedonen aus dieser Zeit noch nicht gefunden wurden, könnte sich das aus ihrem eigenartigen Totenkult erklären, über den Herodot offensichtlich Entstelltes aus dem Munde ihrer Nachbarn berichtet. Die für den archäologischen Nachweis der Issedonen noch bestehende Lücke schließen die Funde aus den Gräbern ihrer Überwinder, der Hiung-nu. Aus ihnen stammen die in griechischen Werkstätten gewebten Wollteppiche und Wandbehänge, die in dem sechsten Kurgan von Noin Ula gefunden wurden. Noin Ula liegt nördlich von Ulan Bator, der Hauptstadt der Mongolischen Volksrepublik. Dort befand sich in der Zeit um Christi Geburt das Kernland der Hiung-nu, die im Jahre 176 v. Chr. die Yüeh-chih und Wu-sun unterworfen und damit auch das Tarim-Becken unter ihre Kontrolle gebracht hatten. Bei dieser Gelegenheit gelangten wohl die kostbaren Teppiche und Stickereien der Unterworfenen in ihren Besitz. Aus dieser Beute scheint auch ein Teil der in den Kurganen Nr. 6 und Nr. 25 von Noin Ula gefundenen Textilien zu stammen. Zu den schönsten Stücken, die in griechisch-baktrischen Manufakturen hergestellt wurden, gehört eine Stickerei, die drei Pferde und drei Krieger darstellt. Er stammt aus dem Kurgan Nr. 6. Die Pferde tragen am Zaumzeug die von den Parthern bekannten kostbaren runden Scheiben aus Edelmetall, die man Phalerae nannte. Die Reiter, die abgestiegen sind, sind in kostbare Seidengewänder gekleidet, die in ihrem Muster an chinesische Seidenstoffe aus Kertsch aus dem ersten Jahrhundert n. Chr. erinnern.

In dem Kurgan Nr. 25 waren Stoffreste mit Darstellungen von Köpfen erhalten (heute in der Eremitage in Leningrad), die vielleicht von einem Gobelin stammen, den man nach der Plünderung zur besseren Verteilung der Beute in mehrere Stücke zerschnitten hatte.

Auch andere Wandteppiche mit Bildern von Vögeln und Fischen im Mittelfeld und Bordüren mit Ornamenten in der Form von Pflanzen, die in dem Kondrat'ev-Kurgan in Noin Ula gefunden wurden, deuten auf ihre Herkunft aus Baktrien hin.

Gesandte aus Mittel- und Zentralasien als Vermittler westlicher Formen der Herrscherdarstellung und -bezeichnung

Einflüsse westlicher Kultur und Religion manifestierten sich in China nicht allein im Grabkult, der über die skythischen Söldner vermittelt worden war, oder über den Warenaustausch der Kaufleute nach China, auch mündliche und schriftliche Mitteilungen von Gesandten durchbrachen die Mauer der Isolierung, mit der sich das Reich der Mitte umgeben hatte. Sie vermittelten neue Auffassungen von der Stellung des Herrschers, die in ihren Titeln, aber auch in der Form ihrer Darstellung im Bild zum Ausdruck kamen. Ein Beispiel für die neue Form der Darstellung des Herrschers im Bild ist ein Spiegel, der in der Nähe von Lo-yang gefunden wurde, dort, wo die letzten Vertreter der Chou-Dynastie in Machtlosigkeit nur noch ein der Erfüllung priesterlicher Funktionen dienendes politisches Schatten-Dasein führten. Er stammt wahrscheinlich aus dem Grab eines hohen Würdenträgers aus der Zeit der Kämpfenden Reiche. Er ist mit Gold und Silber eingelegt und zeigt einen gepanzerten Reiter, offenbar einen Fürsten, der mit dem Schwert einen Tiger angreift. Dieses Motiv des Herrschers auf der Jagd besitzt in den vorangegangenen Jahrhunderten zwar in China keine Parallele, wohl aber im Westen. Das in Verkürzung gezeigte Pferd und der sich zum Angriff aufrichtende Tiger weisen vom Motiv her zunächst nach Mesopotamien. Vorbild scheint allerdings eine persische Silberschale von der Art gewesen zu sein, wie sie aus späterer Zeit von den Sasaniden auch in Originalen erhalten sind, denn der assyrische König benutzte für die Jagd den Streitwagen. Der Übergang vom Wagen zum Pferd wurde offenbar erst bei den Parthern und den ihnen verwandten Nomaden vollzogen. Ein parthisches Relief ist der älteste uns bekannte Fund, der den König auf dem Pferd mit einem Speer auf der Löwenjagd zeigt.

Um den Weg wiederzufinden, auf dem dieses Motiv nach China gekommen ist, muß man zunächst bis zu den beiden Funden chinesischer Herkunft im zweiten und sechsten Kurgan von Pazyrik zurückgehen. Beide stammen aus der gleichen Zeit wie der bei Lo-yang gefundene Spiegel. Sie könnten ein Gegengeschenk eines chinesischen Königs für Gegenstände aus dem Westen gewesen sein, die in allen Kurganen von Pazyrik, wenn nicht in Originalen so doch in Nachahmungen in großem Umfang, gefunden werden konnten. Zu diesen Gegengeschenken könnte jene persische Silberschale gehört haben, die für den Meister des Spiegels das Vorbild war.

In Verbindung mit den von Gesandten dem chinesischen König überbrachten Schreiben von Fürsten aus dem Westen scheint um die gleiche Zeit die wahrscheinlich in Mesopotamien entstandene Zeitrechnung nach dem Zwölftierkreis nach China gelangt zu sein.

Die Staatsschreiben, deren Vorhandensein man bei allen Gesandtschaften voraussetzen darf, waren in China offenbar nicht nur Vermittler einer neuen Zeitrechnung, sondern auch bisher dort unbekannter westlicher Herrschertitel. Es kann daher nicht überraschen, daß es zu einer Rezeption dieser Herrschertitel zuerst in dem am weitesten nach Westen liegenden chinesischen Teilstaat Ts'in gekommen ist. Der König dieses Staates nahm, nachdem er China geeint, als Kaiser den Titel *Shih-huang-ti* an. Wenn man von den Bestandteilen dieses Titels ausgeht, zeigt sich auch bei ihm das westliche Vorbild. *Shih*, das die Bedeutung „der erste" besitzt, weist wie bei den Seleukiden auf den Kaiser als den Begründer einer eigenen neuen Ära. *Huang*, das zweite Zeichen, mit dem der Name geschrieben wurde, hat die Bedeutung „Glanz“. Es könnte also eine Übersetzung des iranischen Wortes *Farnah* sein, das in der gleichen Bedeutung ein Attribut der iranischen Könige war. Auch das letzte Zeichen, *Ti*, mit der Bedeutung „Gott“ weist wieder auf die Seleukiden. Denn auch bei ihnen ist es, wie das die gleiche Bedeutung besitzende griechische Wort *Theios* beweist, Bestandteil eines Herrschertitels, den schon der zweite der Seleukiden, Antiochos II. (261–246), führte. Das Beiwort dieses Herrschertitels, *Theios* (= göttlich), entspricht dem lateinischen Wort *divus*, dem Attribut der römischen Kaiser. Man könnte daher den chinesischen Herrschertitel *Shih-huang-ti* mit den Worten *primus divus augustus* in das Lateinische übersetzen.

Es ist möglich, daß als eine Folge des bis weit in den Westen der chinesischen Provinz Kan-su gehenden iranischen Einflusses die dort bis 176 v. Chr. regierenden Könige der *Yüeh-chih* oder, wie sie die westlichen Quellen nennen, der Serer oder Issedonen, schon jenen Titel führten, den der Fürst des chinesischen Teilstaates Ts'in, nachdem er sich zum Kaiser von China gemacht hatte, übernahm. Für diesen Weg der Rezeption spricht, daß von seinem Fürstentum als einzigem der damals in China bestehenden staatlichen Gebilde nicht nur der chinesische Name, sondern auch die Bezeichnung seiner Hauptstadt im Westen bekannt wurde. So ist der Name dieses Staates in der Wiedergabe *Thinoi (*Thin)* für die Zeit um Christi Geburt im sogenannten ›Periplus‹, der Beschreibung einer Seereise nach Indien, nachweisbar. Etwas jünger ist die in der Geographie des Ptolemaios erhaltene Namensform *Sinoi (Sin)*. Ihre Überlieferung stammt aus der gleichen Zeit wie die des Namens der Hauptstadt Chinas, *Sarag*. Ihn kennt man im Westen als *Sera Metropolis* in der Bedeutung „Hauptstadt der Serer“. Hier wird die Herkunft des Namens mit seiner Bedeutung verwechselt, denn aus dem Zusammenhang bei Ptolemaios geht hervor, daß mit *Sarag* die chinesische Hauptstadt Lo-yang gemeint ist, deren Namen die Gewährsleute des Ptolemaios auf ihre Informanten aus den Reihen der Serer bezogen hatten. Da Ptolemaios das Tarim-Becken als „Land der Serer“,

Serike, bezeichnet, erklärt sich dieses Mißverständnis dadurch, daß die Information über die Bezeichnung der chinesischen Hauptstadt auf Bewohner des Tarim-Beckens zurückgeht, mit dem man den Namen *Serer* verband. Die erste Erwähnung einer chinesischen Stadt mit ihrem chinesischen Namen erfolgte wenig später in einem sogdischen Brief aus dem Jahre 192 n. Chr. Dort wurde der Name der Hauptstadt Chan-g'an in der damals für sie gebrauchten chinesischen Form mit *Khumdan* wiedergegeben.

In dem gleichen Brief kommt auch der Name einer anderen chinesischen Stadt, *Sarag*, vor. Nach Ptolemaios war *Sarag* der Name der Hauptstadt der Serer. (Wenn dieses *Sarag* in einem Teil der frühen islamischen und auch in einigen chinesischen Quellen für Kaschgar gebraucht wird, könnte das darauf deuten, daß die Serer nach ihrer Auswanderung nach Westen im Jahre 176 n. Chr. der von ihnen in Mittelasien gegründeten Hauptstadt ebenfalls diesen Namen gaben. Demnach wäre Kaschgar eine Gründung der Serer gewesen. Der griechisch-iranische Einfluß, auf den der Titel *Shih-huang-ti* zurückzuführen ist, wäre also über Sarag im Bereich der Serer in Kan-su der Seidenstraße folgend bis nach Khumdan = Hsien-yang zu verfolgen.)

Die Übernahme der chinesischen Herstellungstechnik der Wildseide im Westen als Folge der Handelsbeziehungen mit China

Eine der wichtigsten Voraussetzungen für die Herstellung von Handelsbeziehungen zwischen dem Westen und China war der Import von Seide durch den Westen. Man muß hierbei davon ausgehen, daß die literarischen Zeugnisse für diesen Seidenhandel jünger sind als die archäologischen. Die erste Erwähnung chinesischer Seide („Häute der Serer") kennen wir in Verbindung mit Nearch, einem Admiral Alexanders des Großen, also in der zweiten Hälfte des vierten Jahrhunderts. Das älteste archäologische Zeugnis für den Export von Seide aus China, der Seidenfund in einem Fürstengrab der Heuneburg, stammt dagegen aus der zweiten Hälfte des sechsten Jahrhunderts.

Obwohl man die Technik der Herstellung von Seide schon damals kannte, war man im Westen nicht in der Lage, Seide zu weben, denn es war unmöglich, den Erzeuger des Rohstoffes für die Seidenherstellung, die Raupe des Seidenspinners, nach dem Westen zu bringen. Sie ließ sich nicht so lange Zeit erhalten, wie man damals für die Reise von China nach dem Westen an Zeit brauchte. (Die Einführung der Seidenraupenzucht in der ersten Hälfte des 6. Jahrhunderts n. Chr. in Byzanz und im Iran war nur möglich, weil man die Eier der Seidenraupe damals nicht aus China, sondern aus Mittelasien erhalten hatte.)

Anstelle dieser aus den Kokons des Seidenspinners gewonnenen Seide, für deren Herstellung im Westen die Voraussetzungen fehlten, entschied man sich für die Übernahme der Technik zur Gewinnung der Wildseide. Sie wurde in China aus den Kokons bestimmter Arten von Schmetterlingen gewonnen. Man nannte sie dort *Yen-ssu*. Die ersten bekannten Manufakturen für ihre Herstellung auf der Insel Kos erwähnt Aristoteles in seiner Naturgeschichte. In Kos verarbeitete man offenbar Seidenfäden, die aus dem benachbarten Kleinasien eingeführt worden waren. Die Manufakturen von Kos waren so berühmt, daß nach ihnen allgemein die Wildseide im Mittelmeerraum im Gegensatz zur echten Seide als „koische Stoffe" bezeichnet wurde. Nach Kos scheint die Kenntnis der Technik der Herstellung dieser Seidensorte aus dem Nordwesten des Iran gekommen zu sein, denn schon Herodot erwähnt die Vorliebe der Perser für „medische Stoffe". Mit ihnen ist wahrscheinlich die von den Medern im Nordwesten des Iran hergestellte Wildseide gemeint. Die damit auch für die Zeit Herodots bei ihnen vorauszusetzenden Seidenmanufakturen scheinen die gleichen zu sein, die die Berichte chinesischer Gesandtschaften, die das Partherreich im ersten Jahrhundert v. Chr. besuchten, erwähnen.

Dieser Brauch, die Seide nicht nur in der Form der Rohseide, sondern auch noch unverarbeitet in Fäden zu liefern, wie es nach dem ›Periplus‹ für den chinesischen Seidenexport nach Indien üblich war, wurde offensichtlich im Westen auch bei der Wildseide angewandt. Die Manufakturen in Medien, aber auch die von Aristoteles beschriebenen Werkstätten auf der Insel Kos erhielten offenbar das

Rohmaterial für ihre Seide in der Form von Fäden. Nach Herodot wurden die medischen Stoffe mit in Wasser unlöslichen Farben gefärbt. Das gleiche Verfahren wurde dann von den Griechen übernommen, denn auch die koischen Stoffe kamen nur gefärbt in den Handel.

Die Abhängigkeit des Handelsverkehrs zwischen China und dem Westen von der Bildung von Staaten mit wirtschaftlichen Schwerpunkten im Tarim-Becken und seinen Randgebieten

Man fragt sich natürlich, ob nicht nur in Kan-su, sondern auch im Tarim-Becken schon vor der Entstehung des chinesischen Kaiserreichs selbständige Staaten bestanden, über die schon zu dieser Zeit ein Teil des Warenaustausches erfolgte. In jenem Brief, den der Oberhäuptling der Hiung-nu um 176 v. Chr. nach seinem Sieg über die Yüeh-chih (Serer) an den chinesischen Kaiser richtete, rühmte er sich der Herrschaft über eine Reihe von ihm namentlich aufgeführter Staaten des Tarim-Beckens. Damals muß es also schon die aus späterer Zeit bekannten Stadtstaaten wie Jarkänd, Chotan, Lou-lan und Kutscha gegeben haben. Um 176 v. Chr., als der Häuptling der Hiung-nu sie in einem Brief an den chinesischen Kaiser erwähnte, lassen sie sich mit Ausnahme von Lou-lan archäologisch noch nicht nachweisen. Bei Lou-lan sind zwar nicht die Ruinen der Hauptstadt des alten Reiches Shan-Shan, wohl aber die Gräber der Bewohner gefunden worden. Die im Sand gut erhalten gebliebenen Leichen befanden sich in Gräbern, die man mit mehreren Ringen doppelt eingerammter Pfähle gegen die Zerstörung durch die Sandstürme geschützt hatte. Die hier Bestatteten besaßen blonde Haare und stark vorspringende Nasen. Sie trugen spitze Kopfbedeckungen, Kaftane und Stiefel aus weichem Leder und als Schmuck Applikationen aus Gold in der Gestalt von Greifen. Sie gleichen den durch die Gipsfiguren aus Memphis in ihrem Aussehen bekannten skythischen Leibgardisten des Pharao Apries.

Wirtschaftliche Schwerpunkte bestanden in dieser Zeit auch hier. Bei Jarkänd war es vor allem der über den Wachdir-Paß gehende

Export von Lapislazuli und Rubinen aus dem Wachan-Tal. Bei Chotan spielten neben der in der Nähe der Stadt gewonnenen Jade vor allem Baumwolle aus Indien und Gold aus Tibet eine Rolle. Die Berichte über dieses tibetische Gold gelangten, wie die Erwähnung bei Herodot beweist, schon sehr früh nach dem Westen. Was Herodot hierüber mit dem Märchen von den Gold grabenden Ameisen berichtet, ist eine Mythe, die aber durch ihr Vorkommen in einer tibetischen in das Mongolische übersetzten Überlieferung in ihrer Herkunft identifiziert werden kann. Sie beweist, daß es damals schon tibetische Goldgräber gab, auf die jenes Märchen zurückgeht.

Ungeklärte Probleme bei der Übernahme westlicher Techniken durch China

Ungeklärt bleibt für diese Phase der Beziehungen zwischen China und dem Westen, auf welche Weise die Technik der Glasur bei der Keramik oder die der verlorenen Form beim Bronzeguß und nicht zuletzt die Webtechnik des Westens bei der Herstellung neuer Muster in China bekannt werden konnten. Es ist hier ähnlich wie bei der Rezeption der Herstellung von Wildseide im Westen. Funde von Originalimporten, wie der jenes hellenistischen Glasgefäßes mit in Medaillons eingeschnittenen griechischen Götterbildern, das in einem Grab in der Provinz Ho-nan in China gefunden wurde, sind ebenso selten wie entsprechende chinesische Funde aus der gleichen Zeit im Westen. Gemeint sind die Bronzen vom Ende der Chou-Dynastie in Canterbury und Rom und die chinesischen Münzen des 3. Jahrhunderts v. Chr., die man in Südfrankreich entdeckt hat. Sie stehen zu sehr allein, um hieraus Verbindungen rekonstruieren zu können. Fest steht nur, daß es seit dem 7. Jahrhundert v. Chr., wenn auch über Vermittler, einen Warenaustausch zwischen China und dem Westen gegeben hat, der von einem durch Söldner und auch Gesandte unterhaltenen Kontakt der Religionen und Kulturen begleitet wurde.

DER WEG DER CHINESISCHEN SEIDE ZUR EXPORTWARE

Die Verbindung der Seidenherstellung mit der Kultur und Religion Chinas

Die Entwicklung der Seidenweberei und der Gewinnung von Fäden aus den Kokons des Seidenspinners stand in Verbindung mit der Anpflanzung von Maulbeerbäumen und läßt sich in China bis in die vorhistorische Zeit zurückverfolgen. Schon Aufzeichnungen der Orakelknochen, die bis in die Mitte des zweiten Jahrtausends v. Chr. zurückgehen, enthalten Worte wie „Farbe", „Maulbeerbaum" und „Seide". Sie verbinden sie mit Anweisungen für die Durchführung von Opfern, wie sie nach den erhaltenen Mythen der Göttin der Seide im August jedes Jahres darzubringen waren. Nach den alten Überlieferungen hatte die Frau des chinesischen Königs das erste Opfer für die Seidengöttin durchzuführen.

Die archäologischen Nachweise für die Verwendung der Seide in China stehen den literarischen im Alter nicht nach. Auch sie reichen bis in die erste Hälfte des zweiten Jahrtausends v. Chr. zurück. Ein Beispiel für diese älteste Zeit ist eine Axt aus An-yang, einer der Königsresidenzen der Shang-Dynastie. Auf ihrer inkrustierten Bronze wurde der Abdruck geköperter Seide gefunden, in die man die Axt, bevor sie in die Erde kam, eingewickelt hatte.

Die Unterscheidung der Sorten chinesischer Seide

Schon aus den sogenannten Tributlisten des chinesischen Kaisers Yü (781–771 v. Chr.), deren Entstehung in das 4. Jahrhundert v. Chr. zu setzen ist, läßt sich eine Differenzierung zwischen den damals hergestellten Seidenstoffen erkennen. Man unterschied zwischen *Chih-wen*, Seidenstoffen mit Mustern, darunter z.B. *Chih-pei*, Stoffen mit Muschelmustern, und einfach gefärbten Seiden wie jenen dunkelroten Seidenbändern, die mit Hilfe der Brettchenweberei hergestellt worden waren. Sie waren als Borten für Kleider vorgesehen. Eine weitere Unterscheidung, die noch in diese Zeit zurückgeht, ist die zwischen *Yen-ssu*, Seidenfäden von „wilden" Seidenraupen, und *Hsien-k'uang*, den Fäden der Seide, die von den Kokons des gezüchteten Seidenspinners stammten. Dieser Unterscheidung entspricht im Westen die zwischen den koischen Stoffen, der Wildseide, und der *Holoserikon* genannten reinen Seide.

Anfänge der Bildung von Seidenmanufakturen in den chinesischen Teilstaaten in der Zeit der Kämpfenden Reiche (472–221 v. Chr.)

In der Zeit, in der die sogenannte Tributliste des Kaisers Yü entstand, gab es noch keine zentrale königliche Hofmanufaktur, denn die legitimen Könige, die Herrscher der Chou, waren ohne Macht. Im vierten Jahrhundert hatten diese Aufgabe die Manufakturen der damals bestehenden chinesischen Staaten übernommen. Sie stellten nicht nur die Seide für die Hofhaltung der Fürsten, sondern auch die für Geschenke an hohe Beamte und an die Könige fremder Staaten her.

Die Entstehung der Manufakturen setzt schon eine weitgehende Differenzierung des Arbeitsvorganges voraus, die bei den staatlichen Institutionen in der Einrichtung neuer Ämter zum Ausdruck kam. Aus dem Chou-li, einer angeblich auf die westlichen *Chou-Kaiser* (1050–771 v. Chr.) zurückgehenden Gesetzessammlung, die in ihrer heutigen Gestalt aus der Zeit um Christi Geburt stammt, läßt sich dieser Prozeß wenigstens in seinen Umrissen rekonstruieren. Es begann mit Ämtern, die die einzelnen Vorgänge, wie z.B. das Färben der Seide, überwachten, und anderen, deren Beamte für die Aufbewahrung der aus den Kokons gewonnenen Fäden zuständig waren. Wieder andere hatten den Prozeß des Webens und die hierbei anfallenden Arbeiten zu überwachen.

Die Bedeutung der Seide für die chinesischen Schreiber und Maler

Neben der Verwendung der Seide für die Kleidung läßt sich auch ihr Gebrauch als Schreibstoff schon früh nachweisen. Die ersten erhaltenen Zeugnisse dafür stammen aus dem Ende des 5. Jahrhunderts v. Chr. Es sind Texte in chinesischer Schrift, unter ihnen ein Kalender, astronomische Aufzeichnungen und Fragmente, die zu den Schriften der Klassiker gehören.

Die weitere Verwendung der Seide als Maluntergrund ist schon für das Ende der östlichen Chou-Dynastie (770–256 v. Chr.) bezeugt. Aus dieser Zeit, dem vierten Jahrhundert, stammt ein Gemälde, das den Kampf eines Drachen mit einem Phönix zeigt.

Während die Malerei auf Seide bis heute geübt wird, blieb die Verwendung der Seide als Schreibstoff nach der Erfindung des Papiers im ersten Jahrhundert v. Chr. in China nur noch auf wichtige Verträge und Staatsschreiben beschränkt. Sie wurden auch später noch von Kalligraphen auf Seide geschrieben. So wird im iranischen Schahnameh, das im zehnten Jahrhundert verfaßt wurde, ein Schreiben des chinesischen Kaisers an den persischen König Chosrau I. auf Seide erwähnt. Welche Bedeutung die Seide im Bewußtsein der Bevölkerung in der Zeit der Kämpfenden Reiche besaß, zeigt die Tatsache, daß man sogar Weingefäßen die Form von Kokons des Seidenspinners gab.

Die Voraussetzungen für die Entstehung eines Seidenexportes aus China

Die Herstellung großer Mengen chinesischer Seide für den Export begann erst mit dem Ende der Zeit der Kämpfenden Reiche, also erst nach den ältesten Seidenfunden in Europa. Beide, die Seide vom Ende des sechsten Jahrhunderts in einem keltischen Fürstengrab bei der Heuneburg wie der Fund chinesischer Seide aus der Zeit um 400 v. Chr. in dem Grab einer Verwandten des Alkibiades auf dem Kerameikos-Friedhof in Athen, sind noch keine chinesische Manufakturware, aber auch nicht Gewebe aus den Fäden von wilden Seidenraupen. Wenn man die Seide aus dem Grab bei der Heuneburg und dem in Athen mit den chinesischen Seiden im Kurgan von Pazyrik vergleicht, zeigt sich schon dadurch ein starker Unterschied, daß bei der zuerst Genannten Muster fehlen. Hinzu kommen Unterschiede in der Qualität. Sie sind dadurch zu erklären, daß der aus der Zeit um 300 v. Chr. stammende, gefärbte Seidenstoff von Pazyrik mit aufgestickten Fasanen in einer fürstlichen Manufaktur entstanden ist. Er gehörte offenbar zu den Geschenken eines chinesischen Teilfürsten an den in Pazyrik beigesetzten Häuptling oder einen seiner Vorgänger. Dagegen stammten die sogar dem Ende des sechsten Jahrhunderts angehörende Seide der Heuneburg und die hundertzwanzig Jahre jüngere von Athen vermutlich aus Tributen der Chinesen an ihre Grenzvölker. Von ihnen gelangte sie durch Vermittlung der Serer (Yüeh-chih) zu den Märkten am Oberlauf des Syr Darya und im Siebenstromland und dann über die von Herodot beschriebene Nordroute nach Südrußland. Dieser Handel war nur zu einem kleinen Teil Tauschhandel. Meist wurde er durch Metallbarren abgewickelt. Er erreichte über die Don-Mündung mit Kertsch die letzte Station der Nordroute der Seidenstraße. Nur an den Grenzen Chinas tauschte man häufig Seide auch gegen Felle. Bei dieser Seide handelte es sich überwiegend um in Heimarbeit hergestellte Gewebe.

Der Export der chinesischen Seide konnte erst dann in großem Umfange einsetzen, nachdem neben den fürstlichen Manufakturen, die nur für den eigenen Bedarf arbeiteten, in den Städten Seidenwebereien entstanden waren, die für den Export und die Tribute ausreichende Mengen von Seide zur Verfügung stellen konnten. Nicht in den Heimbetrieben, nur im Rahmen dieser Manufakturen konnte eine genügende Anzahl von Arbeitskräften für so differenzierte Arbeiten unterhalten werden, wie sie für die Herstellung größerer Mengen qualifizierter Seide für den Export notwendig waren. Unter ihnen waren die Handwerker, die mit der Seidenherstellung beschäftigt waren, durch lange Zusammenarbeit auf bestimmte Arbeitsvorgänge festgelegt. So gaben die Garnhersteller die Fäden an die Färber, die wieder an die Weber, und von ihnen wurden die fertigen

Stoffe dann an die Appretierer weitergegeben. Alle diese verschiedenen an der Herstellung der Seide beteiligten Personengruppen fanden sich in der ersten Hälfte des 3. Jahrhunderts v. Chr. unter der Führung jener Großkaufleute, die sich als Unternehmer von Seidenmanufakturen etabliert hatten, zusammen.

Die Wahl des Weges für den Absatz der Seide im Westen

Für den Absatz im Westen bevorzugte man den Weg über die spätere chinesische Provinz Kan-su und von dort entweder zu der Straße im Norden über den T'ien-shan oder zu denen durch das Tarim-Becken. Über sie kamen aus Mittelasien und Indien Baumwolle, Perlen und Korallen, aber auch edle Steine wie Jade, Lapislazuli und Rubine durch Vermittlung der Serer nach China. Die Serer waren den Chinesen schon seit langer Zeit als Handelspartner vertraut. Da die chinesischen Kaufleute nicht selbst fremde Märkte besuchten, hatten sie den Warenaustausch Chinas mit Mittelasien übernommen. Dort begegneten ihnen die sogdischen, griechischen, mesopotamischen und indischen Kaufleute. Über die Serer wurden die Chinesen nicht nur über den Handel im Westen, sondern auch über die geographischen Verhältnisse unterrichtet.

Die Möglichkeit, für den Seidenhandel in größerem Umfang den Seeweg zu benutzen, verbot sich für China in der frühen Han-Zeit, weil die Fahrt von den chinesischen Häfen nach Funan, das einen Teil des heutigen Kambodscha und das Mekong-Delta umfaßte, für die damals wenig seetüchtigen chinesischen Schiffe wegen der häufig auftretenden Stürme mit einem zu großen Risiko belastet war. Schwierigkeiten gab es auch bei der Benutzung der Burma-Straße, des Landweges von China nach Indien. Hier waren es die Thai- und Khmer-Stämme in der heutigen chinesischen Provinz Yünnan, die dem Fernhandel beim Transit durch ihr Gebiet durch hohe Tributforderungen große Schwierigkeiten in den Weg legten.

Die Einführung von Normen und Richtpreisen bei dem Absatz der Seide im Westen

Mit der Eroberung des Tarim-Beckens in der Mitte des ersten Jahrhunderts v. Chr. war zum ersten Mal eine direkte Verbindung zwischen dem Westen und China zustande gekommen, die politisch bis zur Grenze Mittelasiens am Pamir der chinesischen Kontrolle unterstand. Wahrscheinlich hatte man schon vor den von Shih-huang-ti eingeleiteten Münzreformen für den Außenhandel auch Normen und Preise für die Seide festgesetzt. Sie bezogen sich sowohl auf ein einheitliches Format und Gewicht der Seidenrollen wie auf die Art ihres Vertriebes. Diese Maßnahmen erleichterten den Handelsverkehr, denn die Seide wurde nach diesen von der Regierung verfügten Normen, die Breite, Länge und Gewicht festsetzten, in der Form von Rollen an die fremden Kaufleute verkauft. Das bestätigen nicht nur chinesische, griechische und indische Berichte, sondern vor allem die im Tarim-Becken gefundenen Originalrollen.

Die griechischen Quellen bezeichnen die chinesischen Rollen mit dem Wort *Sakkos*. Sie berichten, daß auf den Rollen neben dem Preis auch Länge und Breite der Ware angegeben war. Die indischen Quellen sprechen von *Činapatta*, das die Bedeutung „chinesische Rollen" besitzt. Beide, die griechische und die indische Bezeichnung, werden sowohl durch die Angaben der chinesischen Quellen wie durch das Ergebnis der Bodenfunde bestätigt. Bei diesen Angaben läßt sich deutlich eine Entwicklung feststellen, die für die Zeit um Christi Geburt auch den Grad der Annäherung zwischen dem Westen und China deutlich macht. Die ältesten bekannten Angaben auf den Seidenrollen aus dem Jahre 35 v. Chr. bedienten sich als Sprache eines Sanskritdialektes, der in Brahmi-Schrift geschrieben wurde. Eine mehr als ein Jahrhundert jüngere Rolle von annähernd dem gleichen Fundort enthält diese Angaben in chinesischer Sprache. Sie beziehen sich auf Breite, Länge, Herkunft, Gewicht und Preis. Man kann hieraus folgern, daß zu dieser Zeit schon eine Kenntnis des Chinesischen bei den Kaufleuten vorausgesetzt wurde. Damals begann man auch mit den ersten Übersetzungen buddhistischer Schriften in das Chinesische.

Die Preisangaben auf den Seidenrollen setzen voraus, daß schon in den beiden ersten Jahrhunderten v. Chr. dieser Handel auf den Wertmaßstäben der Geldwirtschaft beruhte. Allerdings hat man hier nicht an das Bestehen eines festen Umrechnungskurses der verschiedenen Münzsorten zu denken, sondern mehr an eine Preisgestaltung auf der Grundlage des Gewichtes von Edelmetall, wobei vor allem Silber in der Form von Barren für diesen Zweck benutzt wurde. In Aï Khanum, der 129 v. Chr. zerstörten griechisch-iranischen Handelsstadt im Nordosten Afghanistans nahe der Grenze der UdSSR, wurde ein schwerer Silberbarren gefunden, auf dem sich Mitteilungen in einer bisher nicht entzifferten Schrift befinden. Die mit den späteren köktürkischen Runen verwandten Schriftzeichen lassen an Aufzeichnungen in einer uns unbekannten Handelssprache denken. Kann man doch die hier gebrauchten Schriftzeichen in der gleichen Zeit auch an anderen Stellen in Mittelasien nachweisen. Erwähnt sei die bisher ebenfalls nicht entzifferte Notiz auf einer silbernen Schale aus dem Kurgan von Issyk in der heutigen Kasachischen SSR. Es handelt sich bei diesen Schriftzeichen vielleicht um die Schrift der Serer, die sie im Handelsverkehr für Wert- und Qualitätsangaben gebrauchten. Sie ist nicht nur auf dem Silberbarren von Aï Khanum und auf der aus der gleichen Zeit stammenden Silberschale aus dem Kurgan von Issyk zu finden, sondern auch bei einer Reihe von Graffiti aus Mittelasien. Man kann daraus folgern, daß für die Zeit vor der Eroberung Mittelasiens durch die Ta Yüeh-chih im Handelsverkehr mit China überwiegend Silber in Barren und in Münzen als Zahlungsmittel benutzt wurde.

Die Wild- und die Halbseide als Konkurrenz der chinesischen Manufakturseide im Westen

Für die Herstellung der beiden Seidensorten, der Wildseide und der Halbseide, gab es im Westen mehrere Schwerpunkte. Bei der Wildseide war das der Westen Kleinasiens mit den vorgelagerten Inseln und der Nordosten des Iran. Manufakturen, die diese als „koische Seide" bezeichnete Wildseide herstellten, werden zuerst von Aristoteles in seiner Naturgeschichte erwähnt. Demnach hat es diese

Manufakturen schon in der Mitte des vierten Jahrhunderts gegeben. Noch älter scheint die Bezeugung der Herstellung von Wildseide im Iran zu sein. Auf sie bezieht sich Herodot, wenn er von den „medischen Kleiderstoffen" spricht, die die Perser bevorzugten. Während diese griechische Erwähnung die Wildseide schon für die Mitte des fünften Jahrhunderts bezeugen würde, gehen die chinesischen Angaben über die iranische Wildseide nur bis in die parthische Zeit zurück. Sie haben den Nachteil, daß sie aus Gesandtschaftsberichten stammen, die sich zeitlich nicht genau festlegen lassen.

Der Nachteil der Wildseide gegenüber der chinesischen Manufakturseide war ihre Ungleichmäßigkeit in der Farbe. Sie kam daher nur gefärbt in den Handel. An Durchsichtigkeit war sie mit der chinesischen Florseide *Lo* vergleichbar. Sie wurde in Rom und in den Städten des Mittelmeerraumes vor allem von den Prostituierten bevorzugt. Die Kokons, aus denen die Fäden für diese Seide gewonnen wurden, stammten bei den griechischen Manufakturen vermutlich aus den Waldgebieten zwischen der pontischen Küste und der anatolischen Hochebene Kleinasiens. Für die persische Sorte der Wildseide, die sogenannten „medischen Stoffe", bezog man die Kokons aus den Wäldern der südlichen Küstenzone des Kaspischen Meeres, den Landschaften Gilan und Mazenderan.

Viel größere Bedeutung als die Wildseide besaß im Westen die Halbseide. Ihr Seidenanteil bestand aus Material, das entweder durch Auflösung chinesischer Rohseide gewonnen worden war oder aus den von China gelieferten Seidenfäden. Ihre anderen Bestandteile waren Ziegen-, Schaf- und Kamelwolle, aber auch Baumwolle und Leinen. Der Anteil der chinesischen Seide war hierbei je nach Qualität und Sorte verschieden. Manche Halbseide war wertvoller als reine chinesische Seide. Das gilt z.B. für jene Purpurseide mit Goldstickerei, die zusammen mit der Asche einer makedonischen Königin in einem goldenen Behälter des königlichen Mausoleums in Vergina aus der ersten Hälfte des 4. Jahrhunderts v. Chr. gefunden wurde. Mit echtem Purpur ist auch die Borte jenes im Dreikönigsschrein in Köln vorhandenen Seidendamasts aus dem vierten Jahrhundert n. Chr. gefärbt, mit dem die Gebeine der drei in ihm beigesetzten Personen umwickelt waren.

Der Schwerpunkt der Herstellung einer besonders kostbaren Halbseide lag in Sidon. Hier gab es neben den Purpurfärbereien vor allem jene in Zünften zusammengeschlossenen Spezialisten, die aus der chinesischen Rohseide die Seidenfäden herauslösten. Dieses aus dem Preisedikt Diokletians wohlbekannte Gewerbe wurde auch von den chinesischen Berichten über die Behandlung der Seide im Westen erwähnt. Bei der Herstellung dieser kostbaren Halbseiden kam es zeitweise zu einer regionalen Arbeitsteilung. So wurden zuweilen die Goldstickerei und das Einweben von Goldfäden in Alexandrien durchgeführt, während das Färben der Seide mit dem aus der Purpurschnecke hergestellten Farbstoff in Sidon erfolgte.

Sehr kostbar und hochgeschätzt war auch Halbseide aus feinem Leinen und Seidenfäden. Gewebe dieser Qualität wurden von den vornehmen Damen als Unterkleidung getragen. Bekannt ist, daß die Lagidenkönigin Kleopatra sich in halbseidene Stoffe dieser Art kleidete. Die Halbseide hatte in der Verbindung mit Leinen den Vorteil, daß sie zwar die Körperformen wie durch eine zweite Haut wiedergab, dafür aber nicht wie die koische Seide in hohem Grade durchsichtig war. Diese Eigenschaft besaß auch die zunächst als chinesische Seide den Griechen in Indien bekanntgewordene Florseide, die von den Chinesen *Lo* genannt wurde; die Griechen bezeichneten sie wegen dieser Eigenschaft als „serische Häute“ *(Dermata)*.

Formen der Verwendung chinesischer Seide im Westen und ihre Vorbilder in China (Banner, Fahnen, Applikationen, Borten und Teppiche)

Die Verwendung der Seide im Westen beschränkte sich nicht nur auf die Kleidung. Während es bei ihr keine Beeinflussung durch chinesische Muster gab, ist bei anderen Formen der Verwendung eine Rezeption chinesischer Motive wahrscheinlich. Das trifft hinsichtlich der äußeren Form für die Banner zu. Banner und Fahnen unterschieden sich nicht nur durch die Form, sondern auch durch den Verwendungszweck.

Das Banner wurde zuerst im Grabkult und später bei buddhistischen Prozessionen verwendet. Die für beide Zwecke benutzte Form war die gleiche. Beim Grabkult wurde das Banner, das z.B. unter den Grabbeigaben für die Marquise von Tai aus der ersten Hälfte des zweiten Jahrhunderts erhalten ist, dem Sarg vorangetragen. Bei den buddhistischen Prozessionen folgten die Banner den Reliquien. Buddhistische Banner aus dem achten und neunten Jahrhundert wurden in der zugemauerten Kapelle bei Tun-huang in größerer Zahl gefunden.

Fahnen aus Seide dienten ausschließlich militärischen Zwecken. Die auf chinesischen Fresken des 7. Jahrhunderts n. Chr. dargestellten Fahnen zeigen Tierdarstellungen wie z.B. die eines Tigers. Sie deuten ebenso wie die Roßschweife an der Spitze des Fahnenstocks auf Einflüsse der Nomaden, bei denen Tiere wie der Tiger als Stammessymbol ebenso wie der Roßschweif eine große Rolle spielten. Die Fahnen der Parther wurden von den Römern als *vexilla serica* bezeichnet. Damit wird nicht nur auf ihr Material, sondern zugleich auf ihre Herkunft hingewiesen. Die Römer, die die Fahne von den Parthern übernahmen, kannten den Drachen als Bild auf dem Fahnentuch. Nach ihm wurde der Fahnenträger als *Draconarius*, d.h. „der zu dem Drachen gehört", bezeichnet. Das Symbol des Drachen als Bild auf dem Fahnentuch ist in diesem Zusammenhang chinesisch.

Auch bei den seidenen Teppichen, die ausnahmslos als Wandbehang oder als Decken verwendet wurden, scheint das Vorbild der Verwendung in China eine Rolle gespielt zu haben. Bekannt ist, daß Attila vor seiner Beisetzung in einer Jurte aus seidenen Decken aufgebahrt wurde. Die Hunnen in Europa folgten hier einer Sitte, die sich noch bei den Mongolenherrschern des 13. Jahrhunderts nachweisen läßt. Man bezeichnete derartige Textilien im Westen auch als „hunnische Teppiche". Ein kostbares Stück dieser Art war z.B. von dem sasanidischen König Chosrau I. einer nestorianischen Kirche geschenkt worden, wo man es als Decke für den Altartisch benutzte.

Ebenso stand es mit den Borten, die ähnlich wie die Applikationen für Wandbehänge im Mittelmeerraum verwendet wurden. Wenn hier auch kein Original mehr erhalten ist, vermittelt doch ihre Imitation auf einem Wandfresko in Herculaneum eine deutliche Vorstellung von ihrem Aussehen. In Herculaneum zeigt die Borte, die aus Seide zu bestehen scheint, die von den chinesischen Ritualbronzen wohlbekannten Schlangendrachen. Sie wurden später auf Flachreliefs auch in chinesischen Gräbern dargestellt. Auf der Wandbehangimitation in Herculaneum findet sich als Applikation die Wiedergabe von Köpfen jener spitzmützigen Saken, die jene Kopfbedeckung tragen, die ihnen den Namen gegeben hat.

Die Mythen über die Herkunft der Seide und ihr historischer Hintergrund

Obwohl im Westen bekannt war, auf welche Weise das Rohmaterial für die Herstellung der Seide aus den Kokons der Raupe des Seidenspinners in China gewonnen wurde, war es doch erst sehr spät gelungen, seine Eier (?) oder Kokons (?) nach Westen zu „schmuggeln", die eine eigene Herstellung der Seide erst möglich machten. Die beiden ältesten Berichte, die davon erzählen, stammen von Prokop (552 n. Chr.) und von Theophanes von Byzanz (um 582). Nach ihnen ist dieses Ereignis in das erste Drittel der Regierung Kaiser Justinians I. (527–565) zu setzen.

Als eine von Sogdern geführte türkische Gesandtschaft 568 Konstantinopel besuchte, war der Kaiser schon in der Lage, seinen Besuchern nicht nur Seidenmanufakturen, sondern auch ihre Erzeugnisse zu zeigen. Diese als „Türken" bezeichneten Sogder erwähnt Theophanes als Besitzer jener großen Märkte, über die der Seidenhandel abgewickelt wurde. Nach ihm gehörten sie ursprünglich politisch den Persern und dann den Hephthaliten, von denen sie dann in den Besitz der Türken gekommen waren. Bei diesen Märkten, die hier namentlich nicht genannt werden, ist in erster Linie an Merw, Balch und Herat zu denken.

Nach Prokop waren es Mönche, nach Theophanes ein Perser, die die Eier (?) des Seidenspinners und den Samen des Maulbeerbaumes zu den Byzantinern brachten. Das beiden Berichten zugrundeliegende Ereignis ist die Entsendung nestorianischer Mönche durch den Patriarchen Mar Yaballah in Ktesiphon zur Mission bei den Hephthaliten, mit denen die Bewohner Baktriens gemeint waren. Der Patriarch hatte hierfür die Zustimmung des persischen Großkönigs Chosraus I. (531–579) erlangt.

Nach Mittelasien war die Seidenraupenzucht aus dem Tarim-Becken gekommen. Hier hatte zuletzt Chotan von einem anderen der Oasenstaaten – wahrscheinlich Kutscha – die begehrten Eier erhalten. Auch dort war ihre Ausfuhr verboten. Der Mythe nach gelang es einer Prinzessin aus Kutscha, bei ihrer Heirat mit dem König von Chotan die Eier im Futter ihrer Haube versteckt mitzubringen und auch hier Maulbeerbaumplantagen und Seidenmanufakturen einzurichten.

Diese schon Hiuen-tsang bekannte und von seinem Biographen mitgeteilte Erzählung ist Gegenstand der Darstellung auf einer aus der ersten Hälfte des siebenten Jahrhunderts stammenden Holztafel, die in Dandan Uilik bei Chotan gefunden wurde. Sie war vielleicht als ein Votivbild, das die dort bestehende Zunft von Seidenwebern gestiftet hatte, in jenen Tempel gekommen, in dem sie gefunden wurde. Die Votivtafel sollte offenbar an die damals nur noch als Mythe bekannte Einführung der Seidenraupenzucht in der Chotan-Oase erinnern. Während hier die Haube der Prinzessin zum Schmuggel der Eier von Kutscha nach Chotan diente, war es nach der byzantinischen Überlieferung der Hohlraum im Stock eines Mönches. Man kann also von einem schubweisen Vordringen der Seidenraupenzucht von China über das Tarim-Becken und Mittelasien nach Persien und Byzanz sprechen. Es ist hierbei unmöglich, die einzelnen Schübe zeitlich zu bestimmen. Nur soviel scheint sicher, daß bis nach Mittelasien die Verbreitung der Seidenraupenzucht von der Ausbreitung der buddhistischen Klöster abhängig war. Auf diesen Zusammenhang weist auch die schon erwähnte in chinesischer Überlieferung erhaltene Erzählung über die Einführung der Seidenraupenzucht in Chotan.

Von der Einfachheit chinesischer Seide und ihrem Ansehen in Europa

Die exportierten chinesischen Seiden der frühen Zeit zeigen, abgesehen von einigen kostbaren Stücken wie dem Fragment aus dem sechsten Kurgan von Pazyrik und den Seidenresten aus Palmyra, die beide ihre Herkunft aus einer fürstlichen bzw. kaiserlichen Manufaktur nicht verleugnen können, bei den verwendeten Mustern eine gewisse Einförmigkeit. So läßt sich das älteste, im koreanischen Lolang gefundene rautenförmige Muster einer aus Ho-nan stammenden Seide, das in das erste Jahrhundert v. Chr. gehört, nur wenig verändert für das Ende des ersten Jahrhunderts n. Chr. in den Gräbern von Lou-lan im Tarim-Becken und in den sarmatischen Beisetzungen in der Nähe von Kertsch nachweisen.

Trotz der Einfachheit im Ornament hat z.B. dieser Seidenstoff mit dem Rautenmuster wohl nicht zuletzt wegen des warmen Goldtons in seiner Farbgebung auch im germanischen Raum in einem anderen Material Nachahmung gefunden. So traten im Vehnemoor in Oldenburg die Reste eines Mantels zutage, der das chinesische Vorbild nicht nur im Muster, sondern auch in der Farbe nachzuahmen suchte.

Die relative Einfachheit der Webmuster hängt nicht nur mit der Technik des chinesischen Webens zusammen. Der Hauptgrund lag in dem relativ hohen Anteil bäuerlicher und großbäuerlicher Betriebe an dem Weben der Seide. Sie hielten beim Weben an den aus der alten Flechttechnik entstandenen und schon von den Sakralbronzen nachgeahmten Rautenmustern fest und scheuten sich, neue Motive zu übernehmen, wie sie später in den Manufakturen der Städte entwickelt wurden.

Bei der alten chinesischen Webtechnik wurden auch die Muster bei mehrfarbigen Seiden nur durch Kettenfäden hergestellt. Zu der großen Wende in der Webtechnik kam es erst in der T'ang-Zeit. Damals bewirkten sie die Flüchtlinge, die vor den vordringenden Arabern den Iran und später auch Mittelasien verlassen hatten. Von ihnen übernahm man damals nicht nur die Motive und die Form der Dekoration wie die Perlenkränze und das Blumenstraußmuster, sondern auch eine andere Technik beim Weben der Muster. Im Gegensatz zu der hierbei angewandten bisherigen chinesischen Webtechnik hatten die iranischen Weber ihre Muster mit Hilfe der Schußfäden hergestellt.

Dadurch, daß die bäuerlichen Webstühle bei den alten Mustern blieben, prägten sie anders als die Manufakturen durch die große Verbreitung ihrer Erzeugnisse nicht nur in China, sondern auch im Ausland für die frühe Zeit das Bild der chinesischen Seide.

Wie die Rebe im griechisch-römischen Kulturkreis, so war der Kokon der Seidenraupe in China zu einem Symbol des Lebens geworden. So erklärt es sich, daß schon aus der Zeit der Kämpfenden Reiche Weinbecher in der Form eines Kokons erhalten sind.

Die Bedeutung der Seide als Exportware für die soziale Entwicklung Chinas

Man darf den Strom der Entwicklung in der Erzeugung von Seide nicht ohne Beziehung zu dem Geschehen in der chinesischen Gesellschaft sehen. Schon in der Zeit der Kämpfenden Reiche wurde das auf dem Lande bestehende kollektive Eigentumsrecht durch ein persönlich-privates ersetzt. Die Verstärkung der Einfälle von außen, die durch die damals bestehenden regionalen Limesanlagen nur unzureichend abgewehrt werden konnten, führten zu weitreichenden Binnenwanderungen der bäuerlichen Bevölkerung. Weite Teile des Landes wurden dabei menschenleer. Das war der Boden, auf dem Shih-huang-ti sich zum Kaiser machte und mit seinen Reformen auch die Einigung Chinas vollziehen konnte. Mit der Entstehung eines universalen chinesischen Kaiserreiches kam es auch zu der Bildung einer neuen *gentry*, die die bisher bestehende Militäraristokratie ablöste. Sie rekrutierte sich vor allem aus jener reichen Händlerschicht, die von den wirtschaftlichen Reformen dieses Kaisers wie der Vereinheitlichung von Maß und Gewicht, der Einführung des gleichen Abstandes für die Wagenräder, der Neuordnung des Münzwesens und der Normalisierung der Schrift ihren Nutzen zog.

Im Zuge dieser Entwicklung kam es auch zu einer Veränderung

der wirtschaftlichen Wertmaßstäbe. Gegenüber der Goldprägung des Staates von Chou, der durch seine Häfen vom Handel mit Indien über das Meer abhängig war, setzte sich seit dem Kaisertum des Shih-huang-ti im Jahre 221 v. Chr. die Seide nicht nur als Exportwährung, sondern auch als Rechnungseinheit für die Steuern und den Staatshaushalt durch. Man benutzte hierbei als Wertmaßstab die einzelne Rolle, deren Maße und Gewicht genormt waren. Sie diente als Zahlungsmittel bei Tributen an die Grenzvölker und als Reisedevise neben den konvertierbaren Münzen aus Edelmetall. Ein Beispiel hierfür ist die finanzielle Ausstattung Hiuen-tsangs. Die Reisekasse des Pilgers bestand neben Bargeld auch aus einer größeren Anzahl von Seidenrollen.

Die an die Grenzvölker gezahlten Tribute sorgten zwar ebenso wie die Schaffung eines die bisherigen regionalen Anlagen zu einer durchgehenden Verteidigungslinie zusammenfassenden Limes zu einem Aufhören der verderblichen Binnenwanderungen; verhängnisvoll für die Zukunft war aber, daß mit dem Erlös der Seide aus dem Handel mit dem Westen überwiegend Luxuswaren bezogen wurden. Sie dienten nur dazu, die Bedürfnisse des Kaiserhofes und einer relativ kleinen Schicht zu befriedigen. Der großen Masse der Bevölkerung aber brachte diese Wirtschaftspolitik keinen Vorteil. Statt für die Einfuhr der in China nur unzureichend erzeugten Baumwolle entschied man sich für den Import von Luxusartikeln wie Perlen, Korallen, Bernstein, Lapislazuli, Rubinen und Türkisen und vor allem von Fertigwaren aus Edelmetall und von kostbaren Stoffen. Da auch die Offiziere und Beamten des Heeres mit Seidenrollen bezahlt wurden (die man zu einem großen Teil anstelle von Bargeld oder Naturalien als Abgabe von den Bauern erhielt) und diese wieder die Seide an ausländische Händler veräußerten, geriet man damit in eine gefährliche Lage. Ging doch auf diese Weise der größte Teil des Nationaleinkommens in das Ausland, ohne daß dafür eine entsprechende Gegenleistung erbracht wurde, die es ermöglichte, die soziale Lage der großen Masse des Volkes zu verbessern.

Bezeichnend für die weitere Entwicklung war das Wachsen der Anforderungen des Staates. Trotz der staatlich verfügten steuerlichen Ablieferungspflicht von Seide und der Ausdehnung der

Arbeitsdienstpflicht auf große Teile der Bauernschaft scheute man sich nicht, ihre Lasten weiter zu erhöhen. Weder hiermit noch durch die drückenden Staatsmonopole, die für Eisen und Salz eingeführt wurden, konnte man aber den desolaten Zustand der chinesischen Volkswirtschaft beseitigen.

Die Produktion der Seide hatte in der Zeit um Christi Geburt ihren höchsten Stand erreicht. Der Grund lag nicht zuletzt in den damals zunehmenden Tributzahlungen Chinas. Sie wurden in Rohseide an die Grenzvölker geleistet. Diese Seide wurde im Rahmen des bestehenden Warenaustausches von westlichen Märkten aufgenommen. Außerdem kam es zu der Steigerung des Exportes von besonders ausgesuchten Qualitäten der Seide. Er ging über sogdische Kaufleute nach dem Westen, wobei man sich der Routen der Seidenstraße bediente. Hinter diesem von China geförderten Export stand das erhöhte Bedürfnis der *gentry* nach Luxuswaren.

Zu den negativen Auswirkungen des Seidenexportes für die Masse der chinesischen Bevölkerung gehörte eine allgemeine Erschütterung des Wirtschaftslebens. Ihre Ursache lag in einer Inflation der bisher praktizierten Seidenwährung. Der Grund war das Sinken des Seidenpreises, der unausweichlichen Folge der Überproduktion an Seide und der sich zur gleichen Zeit verschärfenden ausländischen Konkurrenz. Ihre Zentren waren neben Indien vor allem Kutscha und das Turfan-Gebiet. Hier war man noch vor Persien und Byzanz zur eigenen Herstellung von Seide übergegangen. Hinzu kam im Westen die Konkurrenz der verschiedenen Sorten der Halbseide und nicht zuletzt auch der sehr verbreiteten Wildseide. Reine Seide, *Holoserica*, wurde im Westen nur von Frauen getragen. Für Männer war sie, wie ein Erlaß des Kaisers Tiberius erkennen läßt, grundsätzlich verboten. Als der Kaiser Elagabal (218–222) reinseidene Kleidung anlegte, erregte das allgemeinen Unwillen. Es ist bezeichnend, daß im *vicus Tuscus* in Rom, dem Stadtteil, in dem die Seidenhändler ihre Verkaufsstände unterhielten, neben dem *holosericaprata*, dem Händler mit reiner chinesischer Seide, auch der *Metaxarius*, der Händler mit Seidenfäden, die in dieser Form aus China geliefert wurden oder erst im Westen durch die Auflösung chinesischer Rohseide gewonnen worden waren, seinen Stand hatte.

Die Zollstellen auf den einzelnen Routen

Eingeführte chinesische Seide unterlag an der Grenze des römischen Reiches dem Zoll. Die geforderten Zollsätze waren nach der Qualität gestaffelt. Zu den wichtigsten Zollstätten gehörte Callinicum, über das die Karawanen mit ihren Waren entweder nach Antiochia oder über Palmyra nach Sidon zogen. Nisibis war Zollstelle für jene Waren, die für Kilikien, die Commagene und Kappadokien bestimmt waren. Über Artaxata am Oberlauf des Araxes ging die Seide für die pontischen Städte nach Armenien. Die Seide, die diese Zollstätte passierte, kam aus Mittelasien auf dem Seeweg über das Kaspische Meer und war dann von der Mündung des Araxes den Fluß aufwärts bis Artaxata gebracht worden. Von hier erfolgte dann der Weitertransport zu den Häfen an der Küste des Schwarzen Meeres.

Die Manufakturen der kleinasiatischen Westküste und der vorgelagerten Inseln wurden über die Nordroute der Seidenstraße von Pantikapaion an der Meerenge von Kertsch aus beliefert. Die römische Zollstelle war hier Byzantion am Bosporus.

Die Seide für Alexandrien und die dort arbeitenden ägyptischen Manufakturen gelangte über die kombinierte Land- und Seeroute der Seidenstraße von dem indischen Hafen Barygaza bis Adulis an der Küste Eritreas zum Zollhafen Klysma im Golf von Suez. Wieweit schon damals in Indien hergestellte Seide auf diesem Wege nach Westen gelangte, ist aus den Quellen nicht zu entnehmen.

Warenüberwachung und Zensur

Es waren nicht wenige Zollschranken, die die Seide auch in China auf ihrem Wege nach Westen zu passieren hatte. Auf den ersten Blick mag es paradox scheinen, daß China seinen Export unter der Aufsicht von Zollstellen in das Ausland gehen ließ. Der Grund ist wahrscheinlich darin zu suchen, daß der Export zu keiner Zeit in den Händen chinesischer Kaufleute lag. Nach den Issedonen und den Serern waren es die Sogder, und auf sie folgten die Uiguren und die arabischen Kaufleute. Sie hatten für die Chinesen den Export der Seide übernommen. Sie waren in erster Linie zu kontrollieren. Man wollte z.B. sichergehen, daß die von ihnen exportierte Seide nur über die staatlichen Stellen erworben worden war und nicht von privaten Händlern. Auch übten diese Zollstellen neben der Kontrolle der Waren die Aufgaben von Zensurbehörden aus. Sie sollten verhindern, daß schriftliche Berichte über die Vorgänge in China in das Ausland kommen konnten.

Die erste Kontrolle fand schon bald nach der chinesischen Hauptstadt Chan-g'an statt. Der Weg der Kaufleute, die von dort in ihre Heimat zurückkehren wollten, erreichte mit dem Tor von Chin-ch'eng an der Großen Mauer die erste Kontrollstation der in die Provinz Kan-su führenden Straße. Auf Chin-ch'eng folgte Ku-tsang, bevor man mit Tun-huang, das von den Sogdern *Droana* genannt wurde, die eigentliche chinesische Grenzstelle erreichte. Bei Tun-huang befand sich das Westtor jenes Limes, der die chinesische Provinz Kan-su schützte. In einzelnen seiner Türme waren kleine Garnisonen chinesischer Soldaten stationiert. In achtundzwanzig von ihnen wurden Dokumente gefunden, die darauf hindeuten, daß in ihnen zu verschiedenen Zeiten neben der Besatzung auch eine Schreibstube untergebracht war. Nach den dort aufgefundenen Dokumenten müssen hier drei Jahrhunderte hindurch chinesische Wachtruppen Dienst getan haben. Die datierten Schriftstücke reichen vom Jahre 94 v. Chr. bis 205 n. Chr. Die einzelnen Türme waren in der Lage, Nachrichten durch Feuersignale sofort weiterzugeben. Darüber hinaus hatten sie die Aufgabe, die Bewegungen feindlicher Truppen zu beobachten und Angriffe abzuwehren. An den Toren des Limes mußten sie die Karawanen kontrollieren. Wir wissen nicht, wie viele Waren hierbei beschlagnahmt wurden; nur von der Tätigkeit der hier auch geübten Briefzensur haben sich indirekt Spuren in Gestalt beschlagnahmter Briefe erhalten. Es sind Briefe in sogdischer Sprache aus dem 3. oder 4.Jh. n.Chr., von denen besonders einer, der von einem sogdischen Agenten an den Fürsten von Samarkand geschrieben worden war, durch seinen eingehenden Bericht über die Vorgänge in China den Unwillen der Kontrollbeamten erregt haben muß und daher ebenso wie einige andere Sendungen beschlagnahmt wurde. Auf diese Weise blieben diese Briefe, da die Befestigungen bald darauf geräumt wurden, bis heute erhalten.

Die nächste Station war Lou-lan, der chinesische Brückenkopf jenseits der großen Salzwüste. Man erreichte ihn auf dem Wege von Tun-huang nach dem Westen, wenn man entweder durch das Tarim-Becken oder über Kutscha durch die Dzungarei nach Westen reiste.

Das, was in Lou-lan an datierten Schriftstücken gefunden wurde, erfaßt nur eine relativ späte Zeit, die Jahre von 264 bis 330 n. Chr., die letzte Periode im Leben der Stadt vor ihrem Untergang durch das Austrocknen des Südflusses. Aus dieser Epoche stammen neben den chinesischen Aufzeichnungen Schriftstücke in Kharoṣthi, der ältesten indischen Schrift, und Dokumente in einem sogdischen Alphabet. Die Stadt stammt aus der Zeit vor dem Jahr 176 v. Chr., ihre erste Erwähnung findet sich in einem Brief des Oberhäuptlings der Hiung-nu, der Lou-lan zur Anerkennung seiner Herrschaft gezwungen hatte. Das beweist das, was in den Ruinen im Sand der Wüste an Gegenständen aus Holz gefunden wurde. Da ist vor allem jene Sphinx zu nennen, Teil eines Thrones, dessen Vorbild aus Bronze mit dem gleichen Verwendungszweck in Toprak-Kala bei Wan gefunden wurde und der sich heute in der Eremitage in Leningrad befindet. Der Thron stammt noch aus der Zeit der urartäischen Könige. Das zweite Beweisstück ist ein äolisches Kapitell. Während das urartäische Vorbild der Sphinx von Lou-lan aus dem Anfang des 7. Jahrhunderts v. Chr. stammt, ist das Kapitell wahrscheinlich hundert Jahre jünger. Es zeigt sich, daß unter den Funden von Lou-lan die gleichen Nachahmungen von Vorlagen aus Urartu und von der Westküste Kleinasiens zu finden sind wie in Pazyrik. Damit wird deutlich, daß auch der Weg durch das Tarim-Becken über Lou-lan schon zu der gleichen Zeit benutzt wurde wie der von Herodot beschriebene Teil der Nordroute der Seidenstraße. Vielleicht war Lou-lan (oder ihre Vorgängerin) schon eine Station an der Fortsetzung dieser Handelsstraße.

Lou-lan war der letzte Ort vor dem chinesischen Limes. Diese Befestigung kannte man, wie ihre Erwähnung bei dem Syrer Ammianus Marcellinus zeigt, am Ende des 4. Jahrhunderts n. Chr. auch in

Byzanz. Westlich der Salzwüste begann das Territorium der großen Oasenstaaten des Tarim-Beckens. Während man in Tun-huang meistens Chinesisch sprach, verstand man es in Lou-lan wohl, gebrauchte aber selbst eine andere Sprache. Die Dokumente weisen auf Sakisch, Sanskrit und Sogdisch.

Nordwestlich von Lou-lan begann die Grenze des mächtigen Reiches von Kutscha. Dort sprach man einen Dialekt des Tocharischen, der östlichsten indogermanischen Sprache, die man kennt. Auch hier gab es auf der Straße Grenzkontrollen. Das gleiche gilt für das Reich von Chotan, wo man sich der chotan-sakischen Sprache bediente. Die Zollstationen, über die der Weg aus dem Tarim-Becken nach Mittelasien führte, waren in der Hand des Reiches von Yarkänd. Neben dem „Steinernen Turm" mit Besatzung und Zollbüro gehörte dazu das ebenfalls im Westen bekannte Kaschgar. Die Unterwerfung des Staates von Jarkänd war offenbar schon das Ziel des griechisch-baktrischen Königs Demetrios gewesen. Was er um 200 v. Chr. versucht hatte, wiederholte dreihundert Jahre später Kanischka, der Herrscher der Kuschana. Nachdem der sasanidische König Shapur I. das Reich der Kuschana erobert hatte, bezeichnete er in seinem Siegesbericht, der Kaaba-Inschrift, die Grenzen seines Reiches mit *Kasch* (= Kaschgar), dem Namen der chinesischen Grenzstation an der Südroute der Seidenstraße in das Tarim-Becken, und mit *Paškiburi* (= Peshawar), der Bezeichnung des Grenzübergangs nach Indien. Die Chinesen hatten schon in der Mitte des ersten Jahrhunderts v. Chr. versucht, durch die Anlage von Militärkolonien in Jarkänd Fuß zu fassen und damit auch die Pässe über das Alai- und Pamir-Gebirge zu kontrollieren. Das mißlang ihnen ebenso wie ihr fast um die gleiche Zeit unternommener Versuch, sich im Ferghana-Tal festzusetzen. Es gelang ihnen auch mehr als ein halbes Jahrhundert später nach Vernichtung der westlichen Horde der Hiung-nu nicht, im Siebenstromland Stützpunkte zu gewinnen, um die Nordroute der Seidenstraße unter ihre Kontrolle zu bringen.

Nur für relativ kurze Zeit, für etwas mehr als einhundert Jahre, hat das persische Reich nach der Unterwerfung der Kuschana durch Shapur I. in der ersten Hälfte des dritten Jahrhunderts die Grenze am Pamir-, Alai-Gebirge und am Syr Darya behaupten können, dann wurde an Stelle der Pässe im Pamir und Alai-Gebirge wieder Gurgan am Südostende des Kaspischen Meeres Grenz- und Zollstation. In Gurgan befand sich offenbar auch eine Kontrollstation für die Einfuhr chinesischer Seide. In Persien begrenzte man die Einfuhr wahrscheinlich, um nicht zuviel Geld ins Ausland fließen zu lassen und weil offenbar die Märkte in Mittelasien, die den Handel mit China vermittelten, zu wenig persische Waren kauften. Auch spielte die Konkurrenz der über Indien auf dem Seeweg nach Persien kommenden chinesischen Seide eine Rolle. Diese Seide kam von dem indischen Hafen Barygaza durch den Persischen Golf nach Mesopotamien. Damit hängt zusammen, daß die Bedeutung der Inder für den Seidenhandel allmählich größer zu werden begann. Sie nahmen den Sogdern einen Teil des Transithandels mit Seide. Kennzeichnend für diese Entwicklung war, daß es in allen größeren Städten im Tarim-Becken seit dem ersten Jahrhundert n. Chr. Kolonien indischer Kaufleute gab.

Nur auf der Nordroute der Seidenstraße blieben die Verhältnisse von dieser Entwicklung im Iran und dem Vordringen indischer Kaufleute unbeeinflußt. Auch dort war Tun-huang im Westen von Kan-su eine wichtige Station des Handelsverkehrs, aber nur für einen Teil der Nordroute, denn weitaus die meisten Kaufleute benutzten hier schon die von Ku-tsang bei Kan-chou abgehende Straße. Während von Tun-huang eine Abzweigung der Nordroute über Lou-lan und Kutscha das Ili-Tal erreichte, führte der Weg von Ku-tsang entweder nach Kao-chang (Turfan) oder nach Hami und von dort über den Tien-shan in das Ili-Tal, wo er mit der Straße von Tun-huang zusammentraf.

Ku-tsang und Turfan waren mächtige Staaten, die eigene Grenzstationen unterhielten. Sie standen nach 176 v. Chr. abwechselnd unter der Oberhoheit der Hiung-nu (Liang) und der der Chinesen. Das Siebenstromland und das Ferghana-Tal mit dem Oberlauf des Syr Darya, nach dem Ili-Tal die nächsten Stationen, die die Straße berührte, wurden von den Wu-sun beherrscht, die sich den Westen des Landes bis zum Syr Darya mit den Saken teilten. Wie hoch man ihre Bedeutung einschätzte, zeigt, daß bis in die Nähe der Hauptstadt der Wu-sun südlich des Issyk-kol der durch Signaltürme mit

Lichtzeichen unterhaltene Feuertelegraf der Chinesen reichte und daß mehrfach chinesische Prinzessinnen Herrscher der Wu-sun heiraten mußten. Das erklärt auch, warum die Chinesen im Jahre 102 v. Chr. den schon erwähnten Feldzug unter dem General Li Kuang-li gegen das unter der Oberherrschaft der Wu-sun stehende Ferghana-Tal unternahmen, der auf die Dauer gesehen ebensowenig erfolgreich war wie im Jahre 36 v. Chr. die Vernichtung der westlichen Horde der Hiung-nu.

Für die Ausfuhr der Seide auf der Nordroute der Seidenstraße gab es außer den Zollorganen der Staaten Kutscha, Turfan oder Hami vor allem die Grenzkontrollstellen der Hiung-nu und später der Wu-sun. Man mußte sie passieren, bevor man die Grenze des Reiches von Chwarezm mit seinem Hauptort Kath an der Mündung des Amu Darya in den Aral-See erreichen konnte. Da die Hiung-nu in der chinesischen Hauptstadt eigene Warenspeicher unterhielten, wo sich ein Teil der an sie abgelieferten chinesischen Tributseide stapelte, bis er von den Karawanen zusammen mit anderen Waren abgeholt wurde, konnten sie einen sogdischen Seidenhandel mit China, der diese Nordroute der Seidenstraße benutzte, um Seide dort zu kaufen und im Iran weiterzuverkaufen, verhindern. So kam es, daß die Sogder, solange die Hiung-nu mächtig waren, von dem direkten Seidenhandel mit China über die Nordroute ausgeschlossen waren. Ihnen blieb nur das Aufkaufen der Tributseide der Hiung-nu. Einen direkten sogdischen Seidenexport aus China hat es daher über die Nordroute der Seidenstraße und die anderen von den Hiung-nu kontrollierten Routen nur zeitweise gegeben. Darüber hinaus suchten die Kontrollorgane der Hiung-nu auf der Nordroute an den Grenzstationen jeden Kontakt der Chinesen mit Mittelasien, soweit er sich dieses Weges bediente, zu unterbinden. Das erklärt, warum der chinesische Agent Chang-ch'ien, der im Jahre 126 v. Chr. Mittelasien besuchte, von den Hiung-nu längere Zeit interniert wurde, ehe er durch die Flucht aus ihrer Gefangenschaft sein Reiseziel erreichen konnte.

Man kann also davon ausgehen, daß es auf dem letzten Stück der Nordroute der Seidenstraße nach China nur in der Form der Tributseide der Hiung-nu einen Export der Seide aus China gegeben hat.

Es bestanden hier also die gleichen Verhältnisse wie vor 176 v. Chr. bei den Issedonen, von denen Herodot berichtet. Damals erreichten die griechischen Kaufleute wohl das Gebiet der Argyppaioi im Westen des Siebenstromlandes, nicht aber das der damals in Kan-su wohnenden Issedonen.

In Mittelasien kam es zu einer Teilung der Nordroute der Seidenstraße. Die Hauptroute wandte sich von Chwarezm am flachen Ufer des Aral-Sees entlang nach Nordwesten und erreichte über den Ural-Fluß, den sie am Unterlauf überschritt, die Wolga und von ihr aus durch die Landenge von Kalatsch den Don. Ihm folgte sie bis zur Mündung, um von dort aus Pantikapaion (Kertsch) und die anderen griechischen Handelsplätze auf der Krim zu erreichen. Zollstellen gab es auf diesem Weg von Chwarezm nach Pantikapaion offenbar nur an der Furt über die Wolga, die nach Herodot dort *War* genannt wurde, und in der Hauptstadt der Budiner und bei den Sarmaten an der Don-Mündung. – Allgemein war mit dem Aufenthalt an den Zollstellen auch ein Wechsel der gleichzeitig als Karawanenführer dienenden Dolmetscher und eines Teils der Lasttiere verbunden.

Eine andere Straße, die ebenfalls von Chwarezm abging, erreichte die Küste des Kaspischen Meeres und von dort zu Schiff das andere Ufer an der Mündung der damals Araxes genannten Kura. Dem Lauf des Araxes folgend wurde von dieser Straße dann bei Artaxata, der alten armenischen Hauptstadt, die römische Grenze überschritten. Eine andere ebenfalls zunächst am Araxes entlangführende Straße bog dann nach Iberien, dem späteren Georgien, ab und erreichte über Mc'heta, die alte Hauptstadt Iberiens, Kolchis, die Küstenlandschaft am Schwarzen Meer. Beide Straßen müssen, nach der Beschreibung von Strabo zu urteilen, schon in den beiden letzten Jahrhunderten vor der Zeitwende bestanden haben.

Eine weitere Abzweigung stellte die Verbindung zwischen der Nord- und der Südroute her. Ort des Zusammentreffens dieser beiden Straßen war vermutlich Marakanda, das spätere Samarkand. Hier haben sich demnach die aus dem Ferghana-Tal kommende Nordroute und die von Kaschgar kommende Südroute vereinigt. Bei *Kuruš-kath (Kyros-Stadt), dem später auch bei Ptolemaios erwähnten Usruschana, überschritt diese Straße die alte achämenidische Reichsgrenze und gelangte nach Passieren des sogenannten (nach der Legende angeblich von Alexander dem Großen errichteten) „Eisernen Tores“ an die am Oxus liegende Grenzwache zwischen dem Reich der Kuschana und dem der Parther. Diese auch unter den ersten Sasaniden bestehende Grenzwache wurde zuletzt noch in der ersten Hälfte des dritten Jahrhunderts von manichäischen Missionaren passiert und erwähnt. In Merw vereinigte sich diese Straße wieder mit ihrer südlichen Abzweigung, nachdem diese sich von ihr in Lou-lan getrennt hatte und dann die Oasenstaaten Chotan und Jarkänd und, zwischen den Grenzstationen „Steinerner Turm“ im Wachs-Tal und Balch, das Reich der Kuschana durchquert hatte. Auf parthischem Gebiet führte sie dann als Südroute der Seidenstraße bis in das Gebiet des alten Medien, um sich in Mesopotamien wieder zu teilen. Die eine Route erreichte bei Callinicum und die andere bei Nisibis die römische Grenze. Über die Lage der Zoll- und Grenzüberwachungsstellen der Abzweigungen der Straße nach dem indischen Hafen Barygaza, die von Chotan, Balch und Kunduz ausgingen, gibt es keine Anhaltspunkte.

Verarbeitungstechniken der Seide in China

Wie im Westen lag in den ersten Jahrhunderten n. Chr. auch in China das Schwergewicht bei der Verarbeitung der Seide neben dem Färben auf dem Besticken mit Gold- und Silberfäden. Sie ersetzte die früher geübte Applikationstechnik, bei der Federn und winzige Metallplättchen aus Edelmetall mit dem Seidenstoff verbunden wurden, oder, was noch häufiger war, eine andere Technik, bei der die Herstellung von Farbmustern und Farbbildern durch Bemalung mit Hilfe von Schablonen erreicht wurde. Ein Beispiel hierfür ist das Begräbnisbanner der Marquise von Tai.

Schwierige Darstellungen wie die von Tieren, Blumen, Wolken und Menschen pflegte man nicht zu weben, sondern auf den Stoff zu sticken oder mit Farben, die Gold und Silber in Pulverform enthielten, durch den Pinsel auf die Seide aufzutragen. An diesen Verfahren hielt man bis zur Erfindung des Zeugdruckes fest. Die so behandelte

Seide hat im chinesischen Export nach dem Westen keine große Rolle gespielt. Wie die Funde zeigen, wurden überwiegend Stoffe mit eingewebten Mustern exportiert.

Die Rolle der Seide innerhalb der Textilerzeugung Chinas

Gegenüber der damals immer mehr steigenden Produktion an Seide in China bestand ein Defizit in der Erzeugung von Baumwolle. Diesen Fehlbestand konnte China bis in das zwölfte Jahrhundert n. Chr. auch nicht durch Stoffe aus dem Bast der Ramie-Pflanze und Gewebe aus Hanf ausgleichen. Man hatte daher schon in der Zeit der Kämpfenden Reiche Baumwolle über den chinesischen Teilstaat Chou aus Indien eingeführt. Dieser Import benutzte die Burma-Straße und mußte hierbei auch später noch nicht befriedetes, von Khmer- und Thai-Fürsten beherrschtes Gebiet überwinden. Die Thai ließen sich die Erlaubnis für den Transit der Waren mit großen Summen bezahlen.

Wu-ti, der Kaiser der Han-Dynastie (140–87 v. Chr.), hatte sich daher für eine Lösung des Problems durch militärische Maßnahmen entschieden. Da seine Versuche, durch Unterwerfung der Thai den Weg nach Indien freizubekommen, auf die Dauer gesehen nicht erfolgreich waren, hatte er um 123 v. Chr. als Vorbereitung der Eroberung des Tarim-Beckens die spätere Provinz Kan-su unterworfen. Versprach doch der Westteil des Tarim-Beckens ebenso wie Mittelasien und Indien durch Verbesserung der Bewässerung eines der wichtigsten Erzeugerländer für Baumwolle zu werden.

Hinter den militärischen Anstrengungen der Han-Kaiser stand das Ziel, vor allem im Hinblick der Versorgung des Heeres mit Kleidung von Lieferungen aus dem Ausland unabhängig zu sein. Das erhellen im einzelnen jene Dokumente, die aus der Zeit der ersten Han-Dynastie stammen und sich auf den Bedarf an Kleiderstoffen für die chinesische Armee beziehen. Es sind jene *Mu-kien* genannten Holzstäbe, die von der chinesischen Bürokratie vor allem im Abrechnungs- und Kassenwesen benutzt wurden. Sie wurden am Edsin-gol in Ninghsia und in Lou-lan gefunden und beziehen sich auf die Geld- und Naturalleistungen der chinesischen Militärbehörden für die Grenztruppen und die Feldarmee im Westen. Hiernach erhielten die Offiziere Seidenzuteilungen und die Soldaten Kleiderstoffe aus Bast und Baumwolle. Diese Naturallieferungen bildeten offenbar neben der Entlohnung in Geld einen Teil des Soldes. Die Gestellung von Waffen war dagegen vom Sold unabhängig. Die Seide, die in Rollen geliefert wurde, pflegten die Offiziere meist an die aus Mittelasien kommenden Händler zu verkaufen, während die Soldaten die aus der Faser des Bastes der Ramie-Pflanze und aus Hanf hergestellten Stoffe selbst verwendeten.

Die Ramie-Pflanze wurde überall in China südlich des Hoang-ho angebaut. Der Weg von der Faser zum Kleiderstoff entsprach bei ihr dem vom Flachs zum Leinen. Er führte über Spinnen und Weben zum Färben. Stoffe aus der Faser der Ramie-Pflanze wurden in China schon seit ältester Zeit hergestellt. Aus der Han-Zeit sind Funde von Ramie-Stoffen in Gräbern bereits häufig. Stoffe aus Hanf wurden von der großen Masse der Bevölkerung getragen. Wie aus der indischen Bezeichnung *śanapatta* (= Hanfrolle) zu entnehmen ist, wurde der aus Hanf hergestellte Stoff auch in Rollen verkauft. Die Stoffe aus Seide, Ramie-Fasern und Hanf wurden im Lande hergestellt, anders als die Textilerzeugnisse aus Leinen und Baumwolle, die dem Luxusbedürfnis dienten. Sie wurden meist über die Seidenstraße aus dem Ausland importiert.

Während man die Zuteilungen an Seiden- und Baststoffen für die Offiziere und Soldaten aus der Produktion des eigenen Landes dekken konnte, war man für die Baumwolle ebenso wie zum größten Teil für die tierische Wolle, die vor allem für die Winterbekleidung gebraucht wurde, auf Importe angewiesen. Tierische Wolle kam in den schlechteren Qualitäten von den Nomaden im Nordwesten Chinas, die besseren Sorten brachten die Fernhändler aus dem Westen. Das gleiche gilt für Leinen, das aus dem Tarim-Becken und Mittelasien bezogen wurde. Beide Gebiete waren auf die Flachslieferungen aus dem Nordwesten angewiesen.

Seidenerzeugung als politisches Problem

Da die chinesischen Heere nicht immer siegreich sein konnten, mußte man das, was mit den Waffen nicht verteidigt werden konnte, durch die Zahlung von Tributen in Seide an die Nomaden zu behaupten suchen. Schon deshalb war die Erzeugung der Seide für China ein politisches Problem, mit dem auch die äußere Sicherheit verbunden war.

Es ist für die Bedeutung der Seide in China kennzeichnend, daß ihre Erzeugung und Behandlung mehr oder weniger mit allen Schichten der Bevölkerung verbunden war. Es begann wie in alter Zeit mit der Königin, die mit dem jährlichen Opfer an Ts'an-shen, die Seidengöttin, den Ritus der Seidenraupenzüchtung eröffnete. Sie sollte damit sichern, daß die aus den Kokons gewonnenen Fäden in ausreichendem Umfang für das Weben der Opferkleider zur Verfügung standen, und es endete an der Basis, bei dem einfachen Bauern, den man verpflichtete, ein Stück seines Bodens mit Maulbeerbäumen zu bepflanzen, um aus den Erzeugnissen der Seidenraupenzucht einen Teil der Abgaben an den Staat zu leisten. Die auf die Sicherung der Erzeugung der Seide ausgerichtete soziale Ordnung der ältesten Zeit hat in dieser Beziehung auch auf die späteren Jahrhunderte fortgewirkt und ihnen die Seidenerzeugung als ethisches Gesetz auferlegt.

Die großen Religionen Buddhismus und Christentum als Vermittler der Voraussetzungen für die Herstellung der Seide

Erst die Begegnung des Buddhismus mit dem Christentum in seiner nestorianischen Ausprägung in Mittelasien führte zu der Weitergabe der Voraussetzungen für die Herstellung der Seide in Gestalt der Eier des Seidenspinners nach Vorderasien und Europa. Zu dieser Begegnung ist es in der ersten Hälfte des sechsten Jahrhunderts gekommen. Seit den russischen archäologischen Ausgrabungen in Gyaur-Kala bei Alt-Merw und in Kara Tepe bei Termez muß als sicher angenommen werden, daß es in dem von den nestorianischen Missionaren besuchten, damals von den Hephthaliten beherrschten

Gebiet buddhistische Stupas und Klöster gegeben hat. Die mit Genehmigung des iranischen Königs Chosrau I. von dem Patriarchen Mar Yaballah ausgesandten Missionare mußten also, nachdem sie die Grenze des hephthalitischen Reiches überschritten hatten, auch den buddhistischen Mönchen begegnen. Die buddhistischen Klöster besaßen wie jeder Bauer und Gutsbesitzer in China sowohl Maulbeerplantagen wie Anlagen zur Seidenraupenzucht und auch eigene Seidenwebereien. Die Erzeugnisse dieser buddhistischen Seidenmanufakturen, die Seide nicht nur für den eigenen Bedarf herstellten, sondern auch für den Verkauf an Pilger, sind schon durch die eingewebten Muster wie die buddhistischen Symbole des Rades und der Svastika von anderen Seiden zu unterscheiden. Welches Ansehen die buddhistischen Seidenmanufakturen der Sogdiana noch im siebenten und achten Jahrhundert besaßen, wird dadurch deutlich, daß ihre Erzeugnisse sogar nach dem großen buddhistischen Zentrum in Tun-huang gelangten. Enthielt doch die zugemauerte buddhistische Kapelle von Ts'ien-fo-tong auch mehrere Seidenstoffe aus der Sogdiana.

Wenn auch über die Begegnung von Christen und Buddhisten in der ersten Hälfte des sechsten Jahrhunderts beide Seiten schweigen, gibt es doch für ihr Zustandekommen indirekte Zeugnisse. Sie finden sich unter Architekturdenkmälern, aber auch bei den Bildmotiven. Sie dokumentieren die Begegnung mit dem byzantinischen Kulturkreis. Hierzu gehört z. B. jene blattartige Verzierung an den vier Ecken einer Säulenbasis, die einen Übergang von der quadratischen Fußplatte zu dem runden Säulenfuß vermitteln soll. Diese Eckblätter tauchen zum ersten Mal in der byzantinischen Architektur auf. Sie wurden im Abendland von der romanischen Kunst nachgeahmt. Wenn diese Eckblätter in das Material des Holzes übersetzt im Tarim-Becken am Fuß einer Säule vorkommen, weist das auf einen byzantinischen Einfluß, der in die erste Hälfte des sechsten Jahrhunderts zu datieren ist.

Das gleiche gilt für ein Fresko aus Duldur-qur in der Nähe von Kizyl bei Kutscha aus derselben Zeit. Es gibt das Gesicht eines buddhistischen Brahmanen wieder. Auch hier ist das byzantinische Vorbild erkennbar, das vielleicht den Kopf eines Apostels oder eines der Erzväter darstellte. Dieser christlich-byzantinische Einfluß wirkte sich auch auf die Motive der chinesischen Seidenweberei aus. Ein Beispiel hierfür ist eine chinesische Seide, die im Sho-soin aufbewahrt wird. Es handelt sich bei ihr offensichtlich um die Nachahmung eines christlichen Stoffes aus byzantinischen Werkstätten, den vielleicht christliche Missionare nach China gebracht hatten. Das Motiv ist der von zwei sich aufrichtenden Löwen flankierte Lebensbaum. Das gleiche Motiv begegnet auf einem Relief, das aus dem neunten oder zehnten Jahrhundert stammt und zur Außendekoration einer byzantinischen Kirche gehörte. Es befindet sich heute im Byzantinischen Museum in Athen.

Man wird sich hierbei die Frage zu stellen haben, wie eine Vermittlung dieser byzantinischen Stilelemente nach Zentralasien zu einer Zeit möglich war, als von einer nennenswerten Verbreitung des Christentums in Mittelasien noch nicht die Rede sein konnte. Die Antwort wird indirekt durch die Verbreitung der Religion Manis in Zentralasien gegeben. Sie teilte mit dem östlichen Christentum nicht nur die syrische Sprache, sondern auch die Form der Illustration der heiligen Schriften. Bekannt ist die Übernahme der manichäischen Marginalillustration durch einige der byzantinischen Psalterhandschriften. Die Zentren beider Religionen, der christlichen Ostkirche und der Lehre Manis, lagen in Mesopotamien. Eine gegenseitige Rezeption von Stilformen konnte daher nicht ausbleiben. Sie wurden von den Manichäern an ihre Gemeinden in Zentralasien weitergegeben. Das gilt für die Zeit vom zweiten Jahrzehnt des dritten Jahrhunderts, dem Zeitpunkt des Beginns der Bekehrung, bis zum Ende des sechsten Jahrhunderts, als sich die manichäische Kirche in Samarkand von der Mutterkirche in Mesopotamien löste. So war es möglich, daß z. B. die Eckblätter bei Säulenbasen, die zu Beginn des sechsten Jahrhunderts in der byzantinischen Architektur entwickelt wurden, verhältnismäßig wenig später, in Holz übertragen, im Tarim-Becken vorkommen. Auch der schon erwähnte, in einem buddhistischen Fresko begegnende Kopf eines bärtigen Mannes in byzantinischem Stil mag aus einer manichäischen Vorlage stammen, die wieder ein christliches Bild kopiert hat. In der Enge der Oasenstädte, wo es nur wenige Maler, Bildner und Baumeister gab, lag die

Weitergabe von Stilelementen, aber auch die Rezeption von Motiven durch die einzelnen Religionsgemeinden sehr nahe.

Von der Qualität der chinesischen Seide und von ihren Käufern

Die Besonderheit der chinesischen Seide bestand nicht in der Beschaffenheit ihres Gewebes, sondern in der Qualität der für die Herstellung benutzten Fäden. Sowohl die Fülle des Angebotes bei den verschiedenen Arten von Seidenraupen, für deren Verkauf es in China besondere Märkte gab, als auch die zahlreichen Sorten von Maulbeerbäumen machten eine Differenzierung in der Qualität der zu verwendenden Fäden möglich, so daß infolge dieser Auslese ein Angebot von hochwertigen, jeder Konkurrenz überlegenen Seidensorten vorhanden war. Damit wird jetzt die Frage nach dem Kreis der Käufer chinesischer Seide gestellt.

Anders als im Iran und in Byzanz geben die bei den chinesischen Seiden verwendeten Muster auch Hinweise sowohl auf einzelne Käufergruppen wie auf die Herkunft der Seidenhersteller. Wie schon erwähnt, weisen auf die Seidenmanufakturen der buddhistischen Klöster Ornamente hin wie Svastika und Rad, beide bekannte Symbole des Buddhismus. Sie finden sich schon auf Seiden des 5. Jahrhunderts n. Chr. aus Tun-huang, die ungefähr der gleichen Zeit angehören wie die ersten erhaltenen dort geschriebenen Handschriften buddhistischer Texte. In Tun-huang gab es demnach neben einer Schreibstube zur Vervielfältigung der buddhistischen Texte auch eine Seidenmanufaktur, die nicht nur Priestergewänder und Banner, sondern auch Stoffe für den Verkauf an die durchziehenden Pilger herstellte.

Auf die Nomaden als potentielle Käufer könnten jene Seiden hinweisen, die als Muster die von südrussischen Goldschmiedearbeiten und ihren Nachahmungen in Holzschnitztechnik bekannten Darstellungen kämpfender Greifen bevorzugten. Da diese Seiden fast ausnahmslos aus den Gräbern bei Lou-lan stammen, in denen auch vereinzelt Applikationen aus Goldblech mit den gleichen Motiven gefunden wurden, liegt es nahe, hier an Auftragsarbeiten für die

Grabausstattung zu denken, wie sie auch von anderen Nomadengräbern bekannt sind. Der Greif war auch in dem griechischen Kulturkreis ein Symbol des Todes. Daher ist es kein Zufall, daß die Apotheose Alexanders schon nach den ältesten Darstellungen in der Form erfolgt, daß der König einen von Greifen gezogenen Wagen lenkt. Dieses Motiv, nach der literarischen Interpretation durch den Alexanderroman gestaltet, wurde später zu einem festen Bestandteil der abendländischen und osteuropäischen Architekturdekoration. Auch hier erfolgte die Weitervermittlung durch entsprechende Darstellungen auf Seidenmustern.

Für den Geschmack griechischer Kaufleute waren Ornamente wie Weinlaub, Trauben und Vögel berechnet, die auch auf den chinesischen Bronzespiegeln der gleichen Zeit als Ornament vorkommen. Auch diese Spiegel wurden zu einem großen Teil nach Westen exportiert.

Auf den Geschmack einer weiteren Käufergruppe im Westen nahmen die symmetrisch angeordneten Motive mit Tieren, wie z.B. die mit der Darstellung von Enten, Rücksicht. Dieses Prinzip der symmetrischen Anordnung findet sich auch später bei der aus eigenen Manufakturen stammenden sasanidischen Seide.

Zu den Käufern der chinesischen Seiden im Westen gehörten demnach neben Nomadenvölkern wie den Hiung-nu die Griechen Baktriens und die Parther. Da Lou-lan zu den großen Umschlagplätzen für den chinesischen Seidenexport gehörte, wird verständlich, warum dort ein großer Teil dieser Seidensorten vertreten war.

Es gab aber auch Seide, die nicht nur für den Export gewebt wurde. Sie bevorzugte als Muster Ornamente, die schon auf den sakralen Bronzegefäßen der Shang-Dynastie (etwa 1450–1050 v.Chr.) und der Chou-Dynastie (etwa 1050–256 v.Chr.) zu finden waren. Diese Seide verwandte als Muster Tao-t'ieh-Masken, Wolkenbänder, Drachen- und Phönixdarstellungen.

Im ganzen gesehen, kann man also sowohl bei dem Export wie bei dem Bedarf im Lande von einer gewissen Anpassung der Chinesen an den Geschmack der potentiellen Käufer sprechen.

DIE VERBREITUNG DER SCHRIFT AUF DEN ROUTEN DER SEIDENSTRASSE IN VORISLAMISCHER ZEIT

Die ältesten bekannten Zeugnisse für das Vorhandensein einer eigenen, nicht auf den Alphabeten der Griechen oder Aramäer beruhenden Schrift auf den Straßen der Seide stammen aus dem 3. Jahrhundert v. Chr. Für die griechische Schrift hatte die Gründung des Alexanderreiches ein erstes Zeichen gesetzt. Das gilt in Mittelasien für die ehemaligen persischen Satrapien Parthien und Baktrien sowie in Indien für Gandhara. Die aramäische Schrift wurde mit den achämenidischen Eroberungen verbreitet.

Der Beginn der griechischen Herrschaft in Ägypten unter den Lagiden hatte für die Verbreitung der griechischen Schrift im Nordwesten Indiens den ersten Anstoß gegeben. Weitere Anstöße kamen aus dem Seleukidenreich und benutzten den Weg über das Kabul-Tal oder über Seistan.

Die aramäische Schrift hatten Kaufleute aus Mesopotamien und später die achämenidische Verwaltung der Satrapie Gandhara nach Indien gebracht. Aus ihr entwickelte sich schon vor den Eroberungen Alexanders die Karošthi-Schrift, die es ermöglichte, Mitteilungen in dem vorher schriftlosen Prakrit-Dialekt von Gandhara aufzuzeichnen.

Auch in Baktrien hatte die griechische Besetzung und Staatsgründung seit den Eroberungen Alexanders nicht nur das Gesicht der Kultur und Kunst geprägt, sondern dem Land ebenfalls die griechische Schrift vermittelt. Sie diente später auch jenen Eroberern, die das Griechische nicht mehr verstanden. So wurde die ostiranische Sprache der Kuschana in einem griechischen Alphabet geschrieben, das in Baktrien ihre Herrschaft überdauerte; denn als der buddhistische Pilger Hiuen-tsang im Jahre 629 n. Chr. auf dem Wege nach Indien Baktrien besuchte, wurde diese Schrift dort noch benutzt. Er erwähnt das für einen an die Silbenschrift gewöhnten Chinesen ungewöhnliche griechische Alphabet. Im Westen des Tarim-Beckens wurde diese Schrift sogar noch bis in das zehnte Jahrhundert, die Zeit der islamischen Eroberung, für die Niederschrift buddhistischer Texte in sakischer Sprache gebraucht.

In der ehemaligen persischen Satrapie Parthia hatte sich die griechische Schrift trotz der schon von Dareios I. am Ende des sechsten Jahrhunderts hier angelegten griechischen Kolonien, die sich in der Hauptsache aus den nach der Eroberung Milets und anderer Städte an der kleinasiatischen Westküste evakuierten Griechen zusammensetzten, nicht wie später in Baktrien durchsetzen können. Selbst in den parthischen Wirtschaftsurkunden aus Nisa gab man der aramäischen Schrift den Vorzug. Auch konnte hier jene Zweisprachigkeit, wie sie wenig später etwa durch die Urkunden von Avroman aus dem Westen des parthischen Reiches praktiziert wurde, nicht erreicht werden. Sehr bald setzte sich dann in Mittelasien die sogdische Schrift durch, die sich aus der aramäischen entwickelt hatte. Die ersten sogdischen Graffiti stammen wahrscheinlich schon aus der älteren parthischen Zeit.

Damals entstand im Osten der Nordroute der Seidenstraße von Mittelasien aus die seit dem 3. Jahrhundert v. Chr. nachweisbare neue Aufzeichnungsform der Runen.

Die Entwicklung der Runen als einer neuen Form der Schrift auf der Seidenstraße

Aus dem Bericht Herodots über den Handelsverkehr auf der Nordroute der Seidenstraße, aber auch aus den zahlreichen in Mittelasien gefundenen Münzprägungen aus Athen ist zu entnehmen, daß im fünften Jahrhundert der Handel hier in der Hand griechischer Kaufleute war. Für die Südroute konnten die aramäischen Kaufleute aus Mesopotamien die gleiche Stellung behaupten.

Nach Herodot benötigte eine Karawane auf der Nordroute für den Weg von der Mündung des Don bis nach Mittelasien einschließlich des dort bei den Argyppaioi erfolgenden Warenaustausches mit den Issedonen, deren Land von griechischen Kaufleuten nicht besucht wurde, sieben Dolmetscher. Das beweist, daß das Griechische schon zu dieser Zeit in allen Ländern, die die Straße nach Mittelasien berührte, bekannt war. Vergleichbar war damit auf der Südroute nur die Stellung des Aramäischen. Versuche der Skythen, ihre Sprache in griechischer oder aramäischer Schrift zu schreiben, sind weder für die Zeit Herodots noch für die folgenden Jahrhunderte bekannt.

Im Gegensatz zu diesem westlichen Teil gab es auf den von Mittelasien weiter nach Osten führenden Abschnitten der Routen der Seidenstraße keine Lingua Franca, wie es das Griechische und das Aramäische waren. Pflegten doch die Chinesen nicht wie die Griechen und Mesopotamier mit eigenen Karawanen nach Mittelasien zu ziehen und für diese Reisen einheimische Dolmetscher in Dienst zu nehmen. Im Handel mit den Chinesen übernahmen Issedonen, die auch Serer genannt wurden, von ihnen die Ware in China und verkauften sie am Oberlauf des Syr Darya und später auch weiter westlich in der Sogdiana. Ihre Kunden waren die Kaufleute aus Griechenland, Mesopotamien und Indien.

Issedonen und Serer waren damit die ersten Skythen, die in eigener Regie auf einem Abschnitt der Seidenstraße Handel trieben. Hierbei war, wenn es galt, Mitteilungen, die den Kauf und Verkauf der Ware betrafen, aufzuzeichnen, ohne Schrift auf die Dauer nicht auszukommen. So kann es nicht überraschen, daß sich erstmals seit Beginn des 3. Jahrhunderts v. Chr. in diesem Raum der Gebrauch einer Schrift nachweisen läßt, die man wegen ihrer Ähnlichkeit mit der so bezeichneten germanischen Schriftform *Runen* nennt. Diese Runenschrift, bei der die Zeichen nicht überall die gleichen sind, aber in ihren verschiedenen Formen deutlich eine Verwandtschaft erkennen lassen, findet sich ausschließlich in Mittelasien und im Gebiet der damals bis zur chinesischen Grenze wohnenden Völker. Für die ältere Gruppe dieser Runen war das im Norden die heutige Kasachische SSR und im Süden das heutige Afghanistan.

Zu den ersten bekannten Belegen für die ältere Gruppe dieser Runen gehören die Inschrift auf einer Silberschale, die in dem Kurgan von Issyk in der Kasachischen SSR gefunden wurde, und eine Aufzeichnung auf einem Silberbarren aus Aï Khanum im Nordosten

Afghanistans, die der Zeit vor 129 v. Chr., dem Jahr des Falls der Stadt, angehören muß. Zu den frühen Belegen für die jüngere Gruppe dieser Runen kann man eine mit dem Pinsel aufgetragene Aufzeichnung in Runen aus Surkh Kotal in Afghanistan rechnen. Sie stammt wahrscheinlich vom Ende des 2. Jahrhunderts n. Chr.

Allgemein bezeichnend für den Verwendungszweck dieser Runen ist, daß sie außer auf Gegenständen aus Edelmetall und keramischen Erzeugnissen vor allem auf Ostraka zu finden sind. Das gibt einen gewissen Hinweis auf den Inhalt dieser noch unentzifferten Zeichen. Hiernach dürfte es sich bei ihnen überwiegend um Aufzeichnungen handeln, die sich auf Geschäfte mit Waren beziehen. In diese Richtung weisen etwa die Runen auf dem Silberbarren aus Aï Khanum. Auch bei Besitzvermerken scheint man sich, wie die Schale aus dem Kurgan von Issyk zeigt, dieser Runen bedient zu haben.

Die alttürkischen Runen in Zentralasien

Mit der folgenden Epoche, die mehrere Jahrhunderte einander sich ablösender Westwanderungen sowohl von hunnischen Völkern wie von Hephthaliten und Awaren umfaßt, verschwinden für uns jene Aufzeichnungen in der Schrift der vortürkischen Runen, um dann mit der Wende vom 6. zum 7. Jahrhundert n. Chr. zuerst bei Talas im Siebenstromland als alttürkische Runen, die in ein Holzstäbchen geritzt sind, wiederaufzutauchen.

Das neue Runenalphabet hat mit dem älteren nur einige Zeichen gemeinsam. Das erklärt sich nicht nur durch eine inzwischen erfolgte Erweiterung, sondern hat noch andere Ursachen. Einmal liegen zwischen dem neuen und dem älteren Runenalphabet fast vier Jahrhunderte, zum anderen sprach das Volk, das sich jetzt der Runen bediente, eine andere Sprache als die wahrscheinlich ostiranischen Schöpfer der älteren Runen. Der von ihnen gesprochene türkische Dialekt verlangte zusätzliche Zeichen.

Die Spuren eines ersten Zusammenlebens von Iranern und Türken, die Voraussetzung für die Übernahme der Runen, ist für das gleiche Gebiet von Talas bezeugt, in dem auf Stäbchen die ersten alttürkischen Runen bezeugt sind. Die Nachweise lieferte die Archäologie, die in dem Gebiet von Kenkol im Siebenstromland in einzelnen Gräbern aus der Zeit um Christi Geburt die Skelette von Angehörigen einer indoeuropäischen Bevölkerung zusammen mit den überall dort bestatteten Mongolen antraf. Weitere Zeugnisse für dieses Zusammenleben bringt neben den Angaben der historischen Quellen vor allem die große Zahl iranischer Lehnworte im Alttürkischen. Diese Lehnworte zeigen die Übernahme einer höheren bisher von den Iranern getragenen Kultur.

In dem Zusammenhang dieser allgemeinen frühen Rezeption der iranischen Kultur durch die Türken erfolgte auch die Übernahme der Runenschrift der Serer und ihre Erweiterung durch die Türken. Diese Entwicklung begann wie in Talas auch an anderen Schwerpunkten des Handelsverkehrs auf der Seidenstraße. Es kann daher nicht überraschen, daß die Funde von Aufzeichnungen in türkischen Runen an der Nordroute der Seidenstraße beginnen und ihr und ihrer Abzweigung von Hami nach Nordosten bis in die äußere Mongolei folgen.

Das erste Zeugnis dieser neuen Schrift in Mittelasien sind die in der Zeit um 600 n. Chr. in das Holz eines Stäbchens eingekerbten Runen, die aus Talas, der Sommerresidenz der westtürkischen Khane, stammen. Die Art der Aufzeichnungen auf Holzstäbchen folgte offenbar dem chinesischen Vorbild, Bambusstäbchen als Schreibstoff für die Niederschrift von Mitteilungen verschiedener Art zu benutzen. Ihnen folgen fast ein Jahrhundert später die Tatenberichte der köktürkischen Khane vom Orchon, die als Inschriften erhalten sind. Andere Aufzeichnungen in Runen kennt man von der Südroute der Seidenstraße aus Tun-huang, der Turfan-Oase, dem Fort Miran und aus Mittelasien vom Archiv des sogdischen Stadtfürsten Diwastitsch auf dem Berge Mug bei Samarkand. Allen Aufzeichnungen ist gemeinsam, daß sie, soweit sie heute lesbar sind, sich auf militärische und politische Angelegenheiten beziehen oder, wie die etwas jüngeren Inschriften vom Jenissei im Einflußgebiet der Nordroute der Seidenstraße, das Andenken von Toten feiern.

Die Entstehung dieser Aufzeichnungen in alttürkischen Runen, die mit der Wende vom sechsten zum siebenten Jahrhundert beginnen, fällt mit einem verstärkten Verkehr auf der Seidenstraße zusammen. Seine Träger waren, wie aus den byzantinischen Quellen hervorgeht, nicht nur Sogder, Saken und Inder, sondern auf der Nordroute vor allem Türken. Sie besaßen schon in der zweiten Hälfte des sechsten Jahrhunderts in Konstantinopel in Gestalt der Mitata Handelsniederlassungen, die oft zur gleichen Zeit von mehr als hundert Kaufleuten bewohnt wurden. Man kann diese ersten türkischen Fernhändler als Vorläufer der uigurischen Kaufleute auf der Seidenstraße bezeichnen. Sie waren es offenbar, die die von ihnen erweiterten und vervollkommneten Runen von Zentralasien aus den verschiedenen türkischen Stämmen, wie den westtürkischen Onogur am Talas und Ili, den Kirgisen am oberen Jenissei und den Köktürken am Orchon, vermittelten.

Die europäischen Runenschriften auf der Nordroute

Angesichts der Verbreitung der Runenschrift von Mittelasien aus nach Osten müßte man auch eine Verbreitung im Westen erwarten. Sie läßt sich aber nicht nachweisen, nur einige Zeichen wurden von der dort zur gleichen Zeit entstandenen Runenschrift übernommen. Die in Südrußland und im Umfeld der unteren Donau seit dem Beginn des achten Jahrhunderts nachweisbaren Runenschriften sind, trotz der Verwandtschaft einiger ihrer Zeichen mit den Runen von Talas und denen der Orchoninschriften, eine eigene in sich geschlossene Gruppe, zu der auch die mehr oder weniger regionalen Abweichungen, die zwischen protobulgarischen und chazarischen Runen bestehen, gehören.

Aufzeichnungen, die zu dieser Gruppe gehören und von Chazaren stammen, lassen sich auf einer Silberflasche und auf Tongefäßen, die sich heute im Museum von Novotscherkask befinden, nachweisen. Zu ihr sind auch jene Runen zu rechnen, die in Sarkel auf den Scherben von Tongefäßen und auf dem gleichen Material auch in den Gorodischten von Majatskoje und von Chumarinskoje gefunden wurden. Sie stammen aus einem Gebiet, das erst die Onoguren und dann die Chazaren beherrschten. Das Reich der Onoguren umfaßte nach dem alanischen Geschichtsschreiber Jordanes im Jahre 552 auch die Kuban-Mündung. Jordanes berichtet von ihrer Herrschaft über das dort bestehende Zentrum des Pelzhandels, wo die aus Skandinavien stammende Ware verkauft wurde. Erst 680 hatten die Onoguren unter dem Druck der Chazaren ihre bisherigen Wohnsitze aufgegeben und sich unter den Namen *Bulgar* zwischen Balkan und Donau niedergelassen.

Auch die in Verbindung mit den Donaubulgaren auftauchenden Runeninschriften in Murfatlar und Pliska gehören zu dieser Gruppe. Es liegt daher nahe, für alle eine gemeinsame Herkunft anzunehmen.

Damit wird die Frage nach der Herkunft dieser Runengruppe gestellt. Auch bei ihr hat es vortürkische Runen gegeben. Man hat sie mit Recht in den Zeichen der alten armazischen Schrift gesehen, die vor der Einführung des Christentums in Georgien für Niederschriften in der Form von längeren Inschriften, aber auch nur für die Wiedergabe von Namen auf Schmuckstücken verwendet wurde. Eine Beziehung zwischen den Georgiern bzw. Iberern, den Byzantinern und den als Bulgaren bezeichneten Onoguren bestand aber nicht nur durch die Schrift. Wohnten doch Teile der Onoguren, wie noch der Name eines nach ihnen genannten Kastells verrät, in unmittelbarer Nähe der georgischen Grenze am Paß von Darial, so daß schon aus geographischen Gründen eine Rezeption nahe lag, um so mehr, als über den Paß von Darial eine wichtige Abzweigung von der Nordroute der Seidenstraße über den Kaukasus in byzantinisches Gebiet führte. Das erklärt auch, wie es möglich war, daß Namen, die in aramazischen Runen aus Mc'heta, der alten georgischen Hauptstadt, bekannt sind, von bulgarischen Würdenträgern geführt wurden. Ein Beispiel hierfür ist der Name *Asparukes*, den eine Gemme aus Mc'heta nennt. Dieser Name wird 680 auch von einem bulgarischen Khan geführt.

Ein Zusammenhang zwischen bulgarischen und chazarischen Runen mit der armazischen Schrift scheint daher schon von der Geschichte her gegeben. Diese Vermutung wird direkt und indirekt durch zwei Berichte bestätigt. Beide lassen erkennen, daß es zur Vermittlung dieser Schrift an die Bulgaren und die Chazaren im Rahmen der christlichen Mission bei den türkischen Stämmen nördlich des Kaukasus in der ersten Hälfte des sechsten Jahrhunderts gekommen sein muß. In einem von ihnen, dem um 552 n. Chr. geschriebenen Teil eines syrischen Werkes des sogenannten Zacharias Rhetor, ist davon die Rede, daß monophysitische syrische Missionare für ihre Mission bei den nördlich des Kaukasus wohnenden Onoguren, den Chazaren und anderen ihnen verwandten Turkstämmen in Südrußland ein eigenes von ihnen geschaffenes Alphabet benutzt hätten. Auch von dieser Schrift darf man annehmen, daß sie wie alle ihre Vorgängerinnen nicht nur Erfindung war, sondern sich an eine schon damals vorhandene und dem Volk, für das sie bestimmt war, bekannte Schrift anlehnte. Man braucht hier nur an die Entstehung der uigurischen aus der sogdischen Schrift zu denken.

Dem zweiten Bericht, der sich in der Chronographie des Theophanes findet, ist zu entnehmen, daß der erste Versuch der Bekehrung der Bulgaren zum Christentum, der bei Zacharias Rhetor erwähnt wird, damals am Widerstand der bei diesem Volk bestehenden buddhistischen Gemeinde scheiterte. Trotzdem haben Bulgaren und Chazaren die von den syrischen Missionaren entwickelte Runenschrift, wie die bulgarischen und chazarischen Graffiti in Runen wahrscheinlich machen, weiter benutzt. Allerdings wurde sie, wie vor allem die sechzig Graffiti von Murfatlar in der Dobrudscha zeigen, auch noch durch Runenzeichen, die mit denen der Talas- und Orchon-Inschriften verwandt sind, erweitert. Die Übereinstimmung geht hier so weit, daß nicht nur die gleichen Runen, sondern auch die gleichen Worttrenner, wie sie in diesen Inschriften vorkommen, verwendet wurden.

Die Vermittlung dieser Runen scheint, wie die chazarischen Graffiti auf Tongefäßen und auf Tonscherben zeigen, im Rahmen des Fernhandels der Chazaren mit Mittelasien erfolgt zu sein. Hierbei wurden offenbar Tongefäße, die zum Transport von Gewürzen, Apothekerwaren oder Duftstoffen verwendet wurden, mit Bemerkungen in alttürkischen Runen versehen, die sich auf den Gegenstand, den Preis und die Beschaffenheit der Ware bezogen. Es ist bezeichnend, daß der Handel der Chazaren mit den Warägern, der sich im wesentlichen auf Bernstein und Pelze beschränkte, eine vergleichbare Rezeption von warägischen Runen nicht kennt, weil hier nicht die gleichen Voraussetzungen für die Übermittlung der Runen bestanden wie im Handel mit Zentralasien. So erklärt es sich, daß von den sechzig Graffiti mit Runen aus Murfatlar nur zwei eine Übereinstimmung mit warägischen Runen besitzen.

Auch das Fehlen sogdischer Handschriften und anderer Aufzeichnungen in dieser Schrift und Sprache in Südrußland und im Donauraum macht deutlich, daß hier nicht wie nach der Turfan-Oase und anderen Oasenmärkten im Randgebiet Chinas Kaufleute aus der Sogdiana gekommen waren. (Das Grab eines sogdischen Kaufmannes im Nordkaukasus aus dem neunten Jahrhundert bildet hier eine Ausnahme.) Die Verwendung der Runen macht deutlich, daß es überwiegend chazarische und vorher onogurische Kaufleute waren, die auf der Nordroute der Seidenstraße den Warenverkehr mit Mittelasien abwickelten. Es wiederholt sich hier also auf dem Westteil der Nordroute der Seidenstraße der gleiche Vorgang wie im Osten auf der Strecke von Mittelasien nach China, nur daß es dort die sogdischen Kaufleute waren, die von Mittelasien nach China reisten. Der von den byzantinischen Quellen geschilderte Handelsverkehr in entgegengesetzter Richtung in der zweiten Hälfte des sechsten Jahrhunderts, bei dem Sogder und Türken über die Nordroute nach Konstantinopel kamen, bestand nur kurze Zeit.

Die Verwendung der Runenschrift beschränkte sich nicht nur auf den Handel. Auch für die Beschriftung von Grabsteinen, für Besitzvermerke und für christliche Graffiti in griechischer Sprache wurde diese Schrift benutzt. Daß in der Höhlenkirche von Murfatlar neben späteren Inschriften in der kirchenslavischen Glagolitza auch sechzig Graffiti mit Runen in griechischer Sprache zu finden sind, kann nicht überraschen, wenn man an die Rolle der christlichen Mission bei der Entstehung der Runenschrift in Südrußland denkt. Nach dem gescheiterten ersten Versuch einer Bekehrung der Bulgaren zum Christentum hat es immer wieder Perioden einer Duldung des Christentums gegeben. Es sei hier nur an den Übertritt eines ihrer Khane in der Mitte des siebenten Jahrhunderts zum byzantinischen Christentum erinnert. Auch der Fund eines christlichen Kreuzes mit Inschriften in Runen in der Khansresidenz in Pliska weist in diese Richtung. Es spricht daher viel dafür, daß die Verfasser der griechischen Graffiti in Runen bulgarische Kaufleute waren, die in der Höhlenkirche von Murfatlar die hier verehrten Heiligen durch Devotionen um ihren Schutz für die gefährliche Reise nach Konstantinopel baten.

Die in Südrußland von den Chazaren und Bulgaren gebrauchten Runen wurden nicht zuletzt durch den Handelsverkehr auch bei den Handelspartnern dieser Völker, die einen Warenaustausch mit den Kaufleuten der Seidenstraße unterhielten, bekannt. Das gilt vor allem für Ägypten, das schon wegen der Lieferung von Sklaven Gelegenheit hatte, mit den Chazaren in Verbindung zu treten. So soll kürzlich auf einem der in Cambridge vorhandenen hebräisch geschriebenen Fragment aus der Geniza der Synagoge in Alt-Kairo auf der Rückseite ein Alphabet mit chazarischen Runen entdeckt worden sein. Angesichts des mosaischen Bekenntnisses der Chazaren liegt das durchaus im Bereich des Möglichen. Sogar im Abendland und im byzantinischen Kulturkreis sind Spuren der Einwirkung dieser Runen nicht zu übersehen, wobei die Vermittlung durch den Fernhandel anzunehmen ist. So findet sich in der Kosmographie des Aethicus Ister, der mit Virgilius, dem Bischof von Salzburg (700–784), identisch ist, ein Alphabet von Runen, bei dem einige der Zeichen mit den chazarischen Runen Südrußlands zusammenzuhängen scheinen.

Ähnliche Beziehungen lassen sich zwischen der Glagolitza, dem von dem Slawenapostel Konstantin (Kyrill) geschaffenen Alphabet, und den chazarischen Runen feststellen. Bekanntlich hat Konstantin vor seiner Mission bei den Slawen die Chazaren besucht, um ihre Bekehrung zum Christentum zu erreichen.

Diese Resonanz der Runen bei den Juden von Kairo, dem abendländischen Bischof und dem Slawenapostel macht deutlich, wie groß ihre Bedeutung für den Fernhandel gewesen sein muß.

Weist schon für sich allein die Verwendung alttürkischer Runen innerhalb der europäischen türkischen Runenschrift auf das Bestehen von Kontakten zwischen Südrußland und Mittelasien, so gilt das um so mehr für jene Runeninschriften, die mit Bildern verbunden sind. Wenn auch bei dem Schatz von Nagy-Szent Miklós nur ein Teil der Gegenstände – im ganzen fünf – Aufzeichnungen in Runenschrift tragen, so gehören doch alle Gegenstände dieses Schatzes nach Stil und Technik der Goldschmiedearbeit zusammen. Ihre Bedeutung liegt darin, daß sie, soweit sie Darstellungen besitzen, auf Zusammenhänge mit Mittelasien weisen. Erwähnt sei die Behandlung des Motivs der Entführung des Ganymed durch Zeus in Gestalt eines Adlers. Ein ähnliches Motiv, das ebenfalls an die Themen der hellenistischen Kunst anknüpft, zeigt ein Holzrelief aus dem Palast des Fürsten von Samarkand in Pändzikänd mit der Wiedergabe der auf einem Parther reitenden Göttin Kybele. Beide Darstellungen, die von Phänzikänd und die von Nagy-Szent Miklós, gehen auf eine gemeinsame hellenistische Vorlage zurück, die damals in Mittelasien verwendet wurde. Sie muß eine starke indische Komponente enthalten haben. Im ganzen weist die Vermischung indischer und griechischer mythischer Vorstellungen auf Mittelasien, wo indischer Einfluß in der griechisch-baktrischen Kunst in Fresko, Relief und Plastik seit der Zeit der griechisch-baktrischen Könige und der der ihnen nachfolgenden Kuschana nachweisbar ist. In Nagy-Szent Miklós kommt er bei der Wiedergabe des Ganymed-Motivs zum Ausdruck, bei dem Zeus als Adler hier zur Inkarnation des Schlangengottes Garuda wird und Ganymed die Gestalt eines Naga-Mädchens erhält. (Eine aus Gandhara stammende Wiedergabe des gleichen Motivs durch eine Skulptur befindet sich heute im National-Museum in Neu-Delhi.) Die Vermittlung dieses Motivs nach Westen erfolgte offenbar durch sogdische Silberschalen über die Nordroute der Seidenstraße. Das bestätigt indirekt eine mit gleichem Motiv in Redikor bei Perm gefundene sogdische Silberschale.

Von dem aus Mittelasien kommenden Einfluß, der nicht nur Vermittler der Bilder, sondern auch einer Reihe von Zeichen der alttürkischen Runen war, ist jener andere zu unterscheiden, der wie die Runen, die aus den armazischen Schriftzeichen entwickelt wurden, auch aus Altgeorgien kam. Durch ihn wurden z. B. die griechisch-römischen Formen der dort üblichen Grabreliefs an die Bulgaren vermittelt. Ein Beispiel hierfür ist die bei Tschumen in der Nähe der ältesten bulgarischen Khansresidenz gefundene Grabstele. Die hier verwendete Runenschrift zeigt deutlich ihre Verwandtschaft mit den aus armazischen Grabinschriften bekannten Runen. Diese Verwandtschaft besteht nicht nur über die Runen, sondern auch durch das Motiv des Reliefs dieser Grabstele. Es wird deutlich, daß hier nicht wie in Nagy-Szent Miklós ein Einfluß aus Mittelasien, sondern aus Altgeorgien die entscheidende Rolle spielte, denn das Relief zeigt wie auf römischen Grabsteinen den Toten zwischen zwei Schlangen, die die Unterwelt symbolisieren. Derartige Motive, die auf bestimmte religiöse Vorstellungen zurückgehen, sind wohl für Anatolien, nicht aber für die Donauprovinzen typisch. Das spricht für die Herkunft des Motivs aus Georgien.

Zusammenfassend kann man daraus den Schluß ziehen, daß auch die Bildmotive, die sich in Verbindung mit den Runen finden, die gleiche Herkunft wie sie besitzen. Beide, Schriftzeichen und Bilder, wurden über die südliche Abzweigung der Nordroute der Seidenstraße vom Kaukasus aus vermittelt.

POLITISCHE VORAUSSETZUNGEN FÜR DIE ENTSTEHUNG DER SEIDENSTRASSE

Der erste entscheidende Schritt zur vollständigen Herstellung des Verkehrs auf der Seidenstraße war die Besetzung Mittelasiens durch die von den Chinesen als *Yüeh-chih* und *Wu-sun* bezeichneten Völker. Sie hatte man vor 176 v. Chr. im Westen noch unter den Namen *Serer* und *Issedonen* durch Kaufleute von ihnen, die aus ihren Wohnsitzen in der Provinz Kan-su nach Mittelasien kamen, kennengelernt. Ihre Landnahme in Mittelasien wurde in den westlichen Quellen mit der Überschreitung des Jaxartes durch vier im einzelnen namentlich genannte Völker (Tocharer, Pasianer, Sakarauler und Asier) registriert. Sie erfolgte im Jahre 129 v. Chr.

Die Bedeutung dieses Ereignisses bestand darin, daß durch die Einwanderung dieser ursprünglich in der späteren chinesischen Provinz Kan-su beheimateten Völker in Mittelasien der Verkehr nun ohne jede Vermittlung durch Zwischenhändler, die diese Völker bisher gestellt hatten, abgewickelt werden konnte. Mittelasien erhielt damit im Handelsverkehr mit China eine zentrale Bedeutung. Jetzt erfolgte der Warenaustausch mit China von dort aus und nicht mehr durch Kan-su. Die früher unter dem Namen *Serer* und *Issedonen* bekannten Völker wickelten von Mittelasien aus jenen Handelsverkehr mit China ab, den sie früher von Kan-su aus durchgeführt hatten. Die in China eingekauften Waren verkauften sie in Mittelasien an die aus dem Westen und dem Süden kommenden Fernhändler. Auf der anderen Seite brachten sie jene Handelsgüter, die sie von ihnen erworben hatten, von dort auf den chinesischen Markt. Mittelasien erhielt damit die Bedeutung eines Umschlagplatzes für die von allen Routen der Seidenstraße hier zusammenströmenden Waren.

Die chinesische Expansion nach Norden in ihrer Bedeutung für die Eroberung Mittelasiens durch Yüeh-chih und Wu-sun

Daß es zu dieser Landnahme gekommen war, hatte verschiedene Gründe. Der eine war die Westwanderung der Yüeh-chih und der Wu-sun oder, wie sie im Westen genannt wurden, der Issedonen und der Serer. Sie war eine Folge der chinesischen Expansion am Ende des 3. Jahrhunderts v. Chr. Damals versuchte nach der Einigung der chinesischen Staaten durch Shih-huang-ti seine Regierung, auch den Westen der vom Hoang-ho in einem Bogen umflossenen Ordos-Steppe unter chinesische Kontrolle zu bringen. Man stieß hierzu über die in der Mitte des vierten Jahrhunderts von einigen der sogenannten Kämpfenden Reiche im Süden und Osten der Ordos-Steppe errichteten Grenzbefestigungen nach Norden und Westen vor und vertrieb die Hiung-nu, ein im wesentlichen nomadisches Volk, das bisher dort Viehweiden besaß. Als das gelungen war, errichtete man einen mit Signaltürmen ausgestatteten Limes, der die nördlichen und westlichen Ufer des Hoang-ho in das bestehende Verteidigungssystem einbezog.

Die Hiung-nu zogen, nachdem ihre Heere bei dem Versuch der Rückgewinnung der Ordos-Steppe gescheitert waren, im Jahre 176 v. Chr. in die Länder der Wu-sun und der Yüeh-chih. Beide Völker wurden besiegt. Die Yüeh-chih, deren König im Kampf getötet worden war, verließen darauf, gefolgt von den Wu-sun, im Jahre 176 v. Chr. zum größten Teil das Land und zogen nach Westen. Hierbei unterwarfen sie die Saken im Siebenstromland. Ein Teil dieser Saken, die die chinesischen Quellen *Sai-wang* nennen, gab darauf seine bisherigen Wohnsitze auf und zog durch den Westen des Tarim-Beckens bis in die Gegend von Chotan. Von dort gelangten sie der sogenannten „Hängebrückenstraße" folgend nach Indien. Die von den Chinesen durch die Erwähnung der Hängebrücke gekennzeichnete Straße entsprach in ihrem Verlauf wahrscheinlich weitgehend der heutigen Hochstraße von Gilgit über das Karakorum-Gebirge nach Chotan im Tarim-Becken. Auch bei ihr wurde der Verkehr, bevor sie ausgebaut wurde, über die zahlreichen Gebirgsflüsse erst durch Hängebrücken möglich gemacht. Ihre Erwähnung unter diesem Namen durch die chinesischen Quellen trägt also zur Identifizierung des Weges, den die Auswanderer über das Gebirge genommen hatten, bei.

Da bei Wiederherstellung des alten Lautstandes der chinesischen Bezeichnung *Sai-wang* für die Zeit um Christi Geburt der erste Teil, Sai, *Sak gelautet haben muß, kann an der Identität der Sai-wang mit den Saka kein Zweifel bestehen. Der zweite Teil der Bezeichnung, *wang*, vermag das insofern noch weiter zu konkretisieren, als *wang* im Chinesischen die Bedeutung „König" besitzt. Es handelt sich also hier um den von Herodot erwähnten Stamm der „königlichen Skythen", denn nach Herodot war *Saka* nur die persische Bezeichnung für die von den Griechen *Skythen* genannten Stämme. Man kann daher davon ausgehen, daß es sich hier um die östliche Gruppe der aus Südrußland bekannten „königlichen Skythen" handelt. Es bleibt allerdings ungewiß, ob sie wie die Parther Rückwanderer aus Südrußland nach Osten oder bei der Westwanderung im Osten zurückgebliebene Teile dieses Stammes waren.

Der militärische Erfolg und die politische Tradition der Eroberer Mittelasiens

Im Jahre 129 v. Chr. überschritten Teile der Yüeh-chih und der Wu-sun, von denen die westlichen Quellen die Namen von vier Stämmen erwähnen, den Jaxartes und besetzten die Sogdiana und den Norden von Baktrien bis zum Hindukusch. Die parthischen Könige versuchten vergebens, sich der Eindringlinge zu erwehren. Der von Viehzucht lebende überwiegend nomadische Teil der Parther, dem auch der Königsklan angehörte, verließ damals die Sogdiana und vereinigte sich mit ihren Ackerbau treibenden Landsleuten um Nisa und Hekatompylos und drang nach Südwesten in das Reich der Seleukiden vor. Sie wurden in den nächsten Jahrzehnten aus dem Osten des Iran verdrängt. Schon vorher hatte auch ein Teil der Saken unter dem Druck der Yüeh-chih und der Wu-sun den Jaxartes überschritten und war von den Parthern in Seistan angesiedelt worden, wo auf einer Erhebung im Hilmend-See, dem Kuh i Khwaja, die Ruinen der mutmaßlichen Residenz ihrer Könige entdeckt wurden.

Jene Stämme, die 129 v. Chr. die Sogdiana und den Norden Baktriens bis zum Hindukusch besetzt hatten, unterstanden offenbar noch immer dem König der Wu-sun, dessen Residenz südlich des Issyk köl lag. Führten doch die obersten Führer der Eindringlinge den gleichen Titel *Yabgu* wie nach den chinesischen Quellen die obersten Stammeshäuptlinge der Wu-sun, die unmittelbar unter dem *Kun-mo* genannten König der Wu-sun standen. Der Titel *Yabgu* wurde in Mittelasien auch nach dem Untergang dieses Volkes noch in frühislamischer Zeit von einem Teil der mittelasiatischen Fürsten geführt. Auch berief man sich noch in der Mitte des siebenten Jahrhunderts bei einzelnen Stämmen auf die Herkunft von den Yüeh-chih aus der Provinz Kan-su. So bezeichneten sich die sogenannten Neun Stämme der Wen, deren Häuptlinge noch im 7. Jahrhundert n. Chr. über die acht sogdischen Staaten herrschten, als *Yüeh-chih* und wußten, aus welchem Gebiet in Kan-su sie stammten. In der Tat findet sich dort ihr von den Chinesen mit *Wen* umschriebener Stammesname **Hun* noch um 600 n. Chr. als Bezeichnung eines Gaues. Auch im Norden von Baktrien ist dieses Wissen um die Herkunft der früheren Eroberer des Landes noch anzutreffen. So bezeichneten sich die wahrscheinlich türkischen Hephthaliten nach jenem Volk, das vor ihnen dort gewohnt hatte, als *War*, ein Name, den die Chinesen mit *Hua* umschrieben. Von diesen *Hua* war damals noch bekannt, daß sie, bevor sie nach Mittelasien kamen, ein Stamm der Kü-chi gewesen waren. (So wurde die alte Bevölkerung zu beiden Seiten des östlichen Tien-shan, die vor allem in der Turfan-Oase beheimatet war, genannt.)

Die skythische Rückwanderung nach Mittelasien

Nicht nur die Yüeh-chih und die Wu-sun aus dem Osten hatten die Stellung Mittelasiens im Rahmen der Seidenstraße verändert. Man hat auch an seine ältere Bindung an den Westen und hier an

Südrußland zu denken. Auf ihr beruhte die den westlichen Abschnitt der Seidenstraße bildende Handelsverbindung zwischen Südrußland und Mittelasien. Sie, die seit der skythischen Westwanderung bestand, wurde hier durch eine Rückwanderung von Teilen der sogenannten königlichen Skythen weiter intensiviert. Von ihr hatte schon Herodot berichtet. Zu diesen Rückwanderern gehörten, wie auch aus einer anderen Überlieferung bekannt ist, die Parther. Hauptanlaß für diese Rückwanderung war offenbar der Feldzug Dareios' I. gegen die Skythen, bei dem er sie von der Don-Mündung über die Hauptstadt der Budiner bis zum War, der Wolga, verfolgte. Während damals der größere Teil der Skythen an einer anderen Stelle über eine Furt, die der Großkönig nicht gesperrt hatte, wieder nach Südrußland zurückgekehrt war, hatte ein anderer Teil, darunter die Parther, seinen Weg nach Mittelasien fortgesetzt. Der Ackerbau treibende Teil von ihnen erhielt dort ebenso wie die dem gleichen Erwerb nachgehenden Chwarezmier südlich der Wüste Kara Kum in den damals eingerichteten Satrapien Chwarezmia und Parthia neue Wohnsitze. In Parthia befanden sich die Städte Nisa und Hekatompylos. Einer der ersten Statthalter der schon in der Behistun-Inschrift erwähnten neuen Satrapien war für Parthia Hystaspes, der Vater Dareios' I.

Die politische und militärische Neuorganisation durch die Achämeniden und Alexander den Großen in Mittelasien

Mittelasien und seine Randgebiete umfaßten nach der vom Ende des sechsten Jahrhunderts stammenden Behistun-Inschrift außer *Parthawa* (Parthia) *Haraiua* (Areia im Gebiet von Herat), *Zranka* (= Drangiana = Seistan mit dem Schwerpunkt um den Hilmend-See), *Huwarazmija* (= Chwarezma, gemeint ist hier nicht Chiwa, sondern das Gebiet der Ackerbau treibenden Teile des Volkes in der heutigen Turkmenischen SSR), *Bachtia* (= Baktrien, der Nordosten des heutigen Afghanistan), *Suguda* (= Sogdiana, Hauptstadt war damals das offenbar von Kyrus gegründete *Kuruš-kath, die Stadt des Kyros) und *Saka* (diese Satrapie führte die Aufsicht über die nomadischen Saka). Die hier genannten Satrapien waren keineswegs Träger einer Verwaltungsorganisation, auf die sich damals die Regionalverwaltung stützen konnte. Die Satrapen hatten im wesentlichen nur den Tribut einzuziehen, die Truppenkontingente ihrer Satrapie zusammenzustellen und ihr Kommando zu übernehmen. Die Fürsten der einzelnen Stämme konnten in diesen Satrapien eine ziemlich weitgehende Unabhängigkeit behaupten.

Der erste Versuch, auch in Mittelasien diesen Zustand zu ändern, kam von Alexander dem Großen. Erst die von ihm und seinen Nachfolgern gegründeten Militärkolonien, wie z. B. Aï Khanum, waren in der Lage, diesen noch unter den Achämeniden lebendigen Partikularismus zu überwinden. Der makedonische Führungskern in den neugegründeten Städten mit einem Heroon des Stadtgründers als sakralem Mittelpunkt erwies sich als Kristallisationspunkt für eine neue Kultur, die man als skythischen Hellenismus bezeichnen kann. Für sie war es in religiöser Beziehung kennzeichnend, daß sie auf skythische Götter in griechischer Gestalt zurückgriff, wie z. B. auf Herakles. Seine Mythe erscheint schon in der Interpretatio Graeca bei Herodot. Wir kennen nicht den skythischen Namen des Herakles, wohl aber die skythische Mythe, in deren Mittelpunkt er steht. Hiernach war er der Stammesheros der Skythen, aus dessen Verbindung mit der Schlangengöttin, offenbar einer Erdgottheit, die skythischen Könige hervorgegangen waren. Von einer weiteren von Herodot mitgeteilten Mythe werden die skythischen Könige auf eine Verbindung des Himmelsgottes Zeus mit der Flußgöttin des Dnjepr zurückgeführt. Sowohl Bilder des Herakles wie jener Flußgöttin sind durch Darstellungen aus Mittelasien bekannt. Die Flußgöttin pflegte man hier auf einem Fisch stehend darzustellen. Zu diesen skythischen Gottheiten traten seit der Eroberung Mittelasiens durch Alexander kleinasiatische Gottheiten wie Kybele, die Große Mutter, Dionysos und iranische Göttinnen wie Anahita, die hier in hellenisierter Gestalt häufig mit der skythischen Flußgöttin gleichgesetzt wurde. Kybele und den ebenfalls hier zu nennenden griechischen Dionysos hatten schon die Skythen in Südrußland von den Griechen übernommen. Die Verehrung anderer Gottheiten, wie vor allem die der Dioskuren, kam mit den makedonischen Kriegern Alexanders nach Mittelasien.

Gegenüber diesen skythischen und griechischen Gottheiten konnte sich die Religion des Awesta in Mittelasien nur schwer durchsetzen, obwohl gerade hier im Osten des Iran der Religionsstifter Zarathustra in den ersten Jahrzehnten des siebenten Jahrhunderts gelehrt hatte. Der Grund lag offenbar in dem weiteren Vordringen der skythischen Völker, das zur Auflösung der hier bestehenden Gemeinden seiner Religion geführt hatte.

Der Beginn der Seidenstraße in Südrußland

Zu den Voraussetzungen für die weitere Entwicklung der Seidenstraße gehörten auch die politischen Veränderungen im Skythenreich in Südrußland, das die westlichste Station der Nordroute der Seidenstraße bildete. Als politische Erscheinung tritt dieses Reich erstmals in der Schilderung des Skythenfeldzuges des Dareios hervor. Damals umfaßte es neben dem Hauptstamm, den königlichen Skythen, in der Nogaischen Steppe und am Unterlauf des Dnjepr eine Reihe von anderen Völkern, die sich in mehr oder weniger großer Abhängigkeit von ihnen befanden. Zu ihnen gehörten, soweit sie die Nordroute der Seidenstraße berührten, die Sarmaten und Budiner. Eine große Bedeutung besaßen innerhalb dieses Reiches die Akkerbau treibenden Skythen. Von ihnen wurden regelmäßig große Mengen Getreide durch Vermittlung griechischer Kolonien wie z. B. Olbia über den Bosporus und die Dardanellen nach Athen und Korinth, aber auch nach den kleinasiatischen Griechenstädten exportiert. Dieser Getreideexport war die Ursache des Reichtums der Skythen an Goldschmiedearbeiten und Erzeugnissen des griechischen Kunsthandwerks. Er gab aber auch den Griechenstädten am Nordufer des Schwarzen Meeres das Kapital, um den Fernhandel über Mittelasien und die Issedonen und Serer mit China durchführen zu können. Es ist bezeichnend, daß eine der von Herodot überlieferten Mythen, die von der Einsetzung des skythischen Königtums berichtet, offenbar auf diese Ackerbau treibenden Skythen zurückgeht, denn sie stellt die Werkzeuge des Bauern in den Mittelpunkt. In der Mythe wird davon berichtet, daß goldene Werkzeuge, ein Pflug, ein Joch, eine Streitaxt und eine Schale, brennend vom Himmel fielen, die von einem Enkel des Zeus und der Flußgöttin des Dnjepr, dem jüngsten Sohn des Targitaos, fortgetragen werden konnten, den man darauf zum König machte. Der Pflug und das Joch, dazu bestimmt, die Ochsen vor den Pflug zu spannen, weisen auf eine Bevölkerung hin, die vom Ackerbau lebte. Diese vom Getreideanbau lebenden Skythen wohnten am Unterlauf des Dnjepr, auf dessen Flußgöttin und ihre Verbindung mit dem Himmelsgott Zeus sich die Sippe, aus der ihre Könige kamen, zurückführte. Die Gräber der skythischen Könige lagen unmittelbar südlich der Stromschnellen des Dnjepr in der Landschaft Gerrhos.

Dieses skythische Großreich scheint sich schon in der zweiten Hälfte des fünften Jahrhunderts in kleinere Reiche aufgelöst zu haben. Das für die Seidenstraße wichtigste war das bosporanische Königreich, so genannt, weil es die Halbinseln Kertsch und Taman umfaßte und damit nicht nur den Ausgang des Asowschen Meeres, den Kimmerischen Bosporus, sondern auch den unmittelbaren Zugang zu den griechischen Kolonien an der Südküste der Krim beherrschte. Gegen Angriffe der Skythen waren diese griechischen Kolonien an der Südküste der Krim durch die Bergkette des Jaila-Gebirges und durch die das Hochland beherrschenden Taurer geschützt, ein Volk unbekannter ethnischer Herkunft, das auf einer verhältnismäßig niedrigen Zivilisationsstufe stand. Im zweiten Jahrhundert v. Chr. verbesserte sich die Situation dieser griechischen Kolonien noch dadurch, daß es mit Neapolis als Hauptstadt in der Nähe des heutigen Simferopol zur Bildung eines neuen selbständigen Skythenreiches kam, das an der Landenge von Perekop den Zugang zur Krim verteidigte. Hierdurch blieben auch später die Märkte der Seidenstraße in den griechischen Städten der Südküste von dem Vordringen der Sarmaten und der ihnen um die Zeitwende folgenden Jazygen und Roxolanen in die Nogaische Steppe verschont.

Die indischen Routen der Seidenstraße im politischen Kraftfeld zwischen Iraniern, Griechen und Indern

Auch in Indien hatten politische Konstellationen die Entwicklung der Routen der Seidenstraße durch den nordwestlichen Teil des Subkontinents entscheidend gefördert. Der erste Anstoß in diese Richtung kam durch die Eroberung von Gandhara durch die Perser. Sie wurde durch die schon von Kyros eingeleitete Sicherung der persischen Grenze im Nordwesten Indiens vorbereitet, die mit der Errichtung der Satrapien Thatagusch (= Sattagydien) und Harahuwati (= Arachosien) begann. Beide Satrapien, die den Süden und Südwesten des heutigen Afghanistan umfaßten, deckten gleichzeitig den militärischen Nachschub für das am Oberlauf des Indus liegende Gandhara, dessen Satrap wahrscheinlich in Peschawar (sanskr. *Puškalavati*), dem *Paškiburi* der sassanidischen „Kaaba-Inschrift“, residierte. Gandharas jährliche Tributzahlung an den Großkönig betrug nach Herodot dreihundertsechzig Talente in Gold. Sie übertraf damit alle von den anderen persischen Satrapien gezahlten Tribute. Ein großer Teil dieses Goldes stammte wahrscheinlich aus Ladakh, dem damals nordwestlichen Grenzgebiet von Gandhara.

In der Zeit dieser persischen Eroberungen in Indien verkündete Buddha seine Lehre in der Sprache des Reiches von Magadha. Damals begann sich dieser Staat auf Kosten des weiter im Westen am Ganges liegenden Reiches von Koschala auszudehnen. Es kam zwischen beiden Staaten zu einem Kampf um die Vormacht, der im vierten Jahrhundert mit der Eroberung von Koschala durch Magadha entschieden wurde.

Solange diese beiden Reiche noch um die Vorherrschaft kämpften, waren sie für Einflüsse aus dem Osten geöffnet. In dieser Zeit gab es sogar zwischen diesem Teil Indiens und China eine Verbindung, die in einem kulturellen Austausch Ausdruck fand. Den Einfluß aus Gandhara verhinderte die damals noch unüberwindbare Wüste Thar. Mit dem Sieg von Magadha war das Indien des Ganges-Tales dem Westen näher gerückt. Die letzten Sperren fielen aber erst mit dem Zug Alexanders des Großen im Jahre 327 v. Chr. Sein Sieg über den indischen König Porus von Pura gab ihm zwar nicht die Herrschaft über das Tal des Ganges, öffnete aber für die indische Kultur das Tor nach Gandhara. Wenn auch Alexander am Hyphasis, dem heutigen Rawi, umkehren mußte, ohne sein Ziel, in das Tal des Ganges vorzustoßen, erreichen zu können, hatte sein Siegeszug in Indien doch eine große Resonanz und führte zu einem ersten nationalen Aufbegehren. Schon vier Jahre später machte sich Tschandragupta zum König von Magadha. Im Jahre 318 eroberte er, nachdem er die alten Dynastien gestürzt hatte, Nordwestindien bis zum Narbada. Der an seiner Mündung liegende Hafen Barygaza, über den der Handelsverkehr mit dem Westen abgewickelt wurde, fiel hierbei in seine Hand. Im Jahre 305 v. Chr. versuchte Seleukos I. die von Alexander dem Großen abgebrochene Eroberung Nordindiens wieder aufzunehmen. Er unterlag in diesem Krieg dem indischen Großkönig Tschandragupta. Areia, Arachosien und der Osten Gedrosiens wurden damals als Folge der Niederlage von dem Seleukiden an Indien abgetreten. Das bedeutete, daß nicht nur Gandhara, sondern auch das Kabul-Tal bis zum Hindukusch und der Norden Seistans damals indisch wurden. Die Folge war ein Eindringen indischer Kultur und Sprache in das Baktrien südlich des Hindukusch. Damals kam es dort zur Entstehung von Niederlassungen indischer Kaufleute, den wichtigsten Trägern jenes indischen Substrats, das die griechischen und iranischen Kulturformen in der Zeit der griechisch-baktrischen Könige und der Kuschana mitgeprägt hat. Außerdem führten jene Eroberungen zu einer Verbreitung der Kenntnis des Sanskrit und seiner Dialekte, die eine der Voraussetzungen für die Verbreitung der Lehre Buddhas war. Tschandragupta hatte damals politisch das Tal des Ganges mit dem des Indus verbunden und sein Reich auch nach Süden bis über den Dehkan ausgedehnt. Zu der Zeit, als sein Sohn und Nachfolger Bindusara starb, war der größte Teil Indiens unter einer Dynastie vereinigt.

Die Eroberungen der beiden Könige hatten der Verbreitung des Buddhismus überall den Weg geebnet. Schon unter Tschandragupta gab es in ganz Indien Anhänger dieser Religion. Der Grieche Megasthenes, der sich damals in Indien aufhielt, hatte in seinem um 300 v. Chr. niedergeschriebenen, nur durch Strabo bekannten Werk ›Indika‹ von der Verbreitung des Buddhismus geschrieben. Für die

Religion Buddhas war es von großer Bedeutung, daß Aschoka, der Nachfolger und Sohn Bindusaras, bevor er 272 v. Chr. den Thron bestieg, als Statthalter seines Vaters in der damals von der griechischen Kultur geprägten Stadt Taxila residiert hatte. Das erklärt, warum unter ihm Griechisch und Aramäisch gleichberechtigt mit dem Prakrit-Dialekt von Gandhara für die in seinem Namen erlassenen Verordnungen gebraucht wurden. Er errichtete für den Buddhismus, zu dem er sich bekannte, Stupas, Gedenksäulen und Grottentempel und ließ buddhistische Vorschriften durch seine mehrsprachig als Felsinschriften erhaltenen Edikte bekanntmachen.

Als Aschoka 232 v. Chr. starb, wurde der Norden Indiens nicht nur durch die Impulse der von diesem König geförderten buddhistischen Bewegung mit ihrer Ablehnung jeder weltlichen Aktivität erschüttert, sondern auch durch Feinde von außen. Um 250 v. Chr. war es zu einem Aufstand des Griechen Diodotos gegen die Seleukiden in Baktrien gekommen. Auch der um 232 nach Ostiran unternommene Feldzug Seleukos' II. Theos konnte die Abspaltung im Osten nicht mehr rückgängig machen.

Dieses seit 250 v. Chr. bestehende Teilreich in Baktrien vermochte sich nicht nur zu behaupten, sondern bemächtigte sich auch der Kontrolle über die Südrouten der Seidenstraße. Demetrios I. war es hier gelungen, auch im Tarim-Becken die Staaten im Süden von Jarkänd bis hin zu den Serern in Kan-su zur Anerkennung seiner Staatsschöpfung zu zwingen und damit diese Route für den Handelsverkehr mit China wieder zu öffnen. Um 190 v. Chr. war seine Stellung so gefestigt, daß er über den Hindukusch nach Nordindien vorstoßen konnte. Er gewann außer dem Kabul-Tal den Pandschab bis zur Küste und Seistan. Damit wurde Baktrien nach mehr als hundert Jahren indischer Herrschaft wieder griechisch. Dieser Demetrios lebte als *Yavarnaja Dimita*, „der Ionier Demetrios", im indischen Sprachgebiet fort. Seine Münzen ließ er mit indischer und griechischer Legende prägen.

Vielleicht hatte Demetrios in Aï Khanum residiert oder in dem nach ihm genannten Termez am Amu Darya, ehe er über den Hindukusch in das Kabul-Tal vorstieß, um von dort Nordindien zu erobern. Einer seiner Nachfolger, Menander, der Milinda der indischen Quellen, erreichte mit seinen Eroberungen die Indus-Mündung. Es gelang ihm sogar, den weiter südlich liegenden Hafen Barygaza zu gewinnen. Damit hatte er alle Landverbindungen der südlichsten Route der Seidenstraße auf indischem Boden unter seiner Kontrolle. In dieser Zeit benutzte der Buddhismus zum ersten Mal griechische Formen für die Wiedergabe seiner Lehre durch das Bild.

Zwischen 176 und 129 v. Chr. kam es zum Vorstoß eines Teils der Saken (chines. Sai-wang) nach Nordindien. Sie kamen aus dem Tarim-Becken und benutzten die Straße über die Hängebrückenpässe nach Nordindien. Ihnen schloß sich offenbar in Indien ein Teil der als Föderaten der Parther in Seistan angesiedelten Saken an. Beide zusammen begründeten die Herrschaft der Saka-Könige, die im Nordwesten Indiens an die Stelle der griechischen Reichsgründung trat. In Indien überlebte die Kultur, die sie entwickelt hatten, ihren Untergang. Sie wurde zu einer Form des Ausdrucks der Religion des Buddhismus. Einige der griechischen Könige waren vielleicht selbst Buddhisten. Nach den Inschriften in den Höhlen von Nasik, Jannar und Karle, wo sich die Stifter als *Yavana (= Ionier)* bezeichnen, gilt das auf jeden Fall für einen Teil ihrer Gefolgsleute.

Die griechische Herrschaft in Baktrien hat den Untergang des griechischen Reiches in Indien noch um ein knappes halbes Jahrhundert überlebt. Nach dem Zusammenbruch ihres Staates in Nordwestindien und dem Fall von Taxila zogen sich die griechisch-baktrischen Krieger unter Führung des Apollodotos in das Kabul-Tal zurück. Im Norden gegen die Angriffe der Yüeh-chih schützte der Hindukusch, im Süden gegen die der Saka, die unter Maues Puškalavati, das heutige Peschavar, genommen hatten, das Gebirge von Waziristan und die unzugänglichen Bergkämme des Sefid Kuh.

Als Apollodotos um 85 v. Chr. starb, hatte er den Griechen neben der Fortdauer politischer Unabhängigkeit auch die Kontrolle über die aus dem Indus-Tal durch Baktrien nach Norden führende Route der Seidenstraße gesichert. Erst mit Hermaios endete um 55 v. Chr. die griechische Herrschaft im Kabul-Tal, nachdem die Heere der Kuschana auch dort den letzten griechischen Widerstand gebrochen hatten.

Die vielen Hortfunde von Münzen mit Prägungen dieser letzten griechischen Könige in Baktrien lassen durch die große Zahl der Emissionen erkennen, daß die schmaler werdende politische und militärische Basis des griechisch-baktrischen Reiches seiner wirtschaftlichen Stärke, die auf der Kontrolle eines Teils der Seidenstraße beruhte, keinen Abbruch getan hatte. Die zahlreichen aus der Zeit nach dem Untergang der griechischen Herrschaft in Baktrien stammenden Münzhorte machen deutlich, daß auf die Periode einer intensiven Geldwirtschaft eine Zeit folgte, in der die Eroberer aus dem Norden die Geldstücke aus Edelmetall als Vermögensanlage horteten und damit dem Zahlungsverkehr entzogen, bis auch sie sich später durch eigene Münzprägungen an der wirtschaftlichen Aufwärtsentwicklung beteiligten. Man darf wohl vermuten, daß zwischen dem Aufhören der griechischen Münzprägungen unter Hermaios und den Prägungen des ersten bekannten Herrschers der Kuschana, Kujula Kadphises, eine Zeit lag, in der es noch keine eigenen Münzprägungen der neuen Herren des Landes gab.

DIE BEGEGNUNG CHINAS MIT DER GRIECHISCH-RÖMISCHEN WELT

Die Westwanderung der Yüeh-chih und Wu-sun im Jahre 176 v. Chr. hatte zwar Mittelasien im Handel mit China eine Schlüsselstellung gegeben und damit indirekt den Westen näher an China herangerückt, aber für das eigentliche China war damit in dieser Beziehung zunächst keine Änderung verbunden. Es sah so aus, als ob man sich dort mit der Herrschaft der Hiung-nu über das Tarim-Becken und die spätere Provinz Kan-su abgefunden hatte. Zu einer sichtbaren Wende kam es erst nach 129 v. Chr. Damals hatte man offenbar davon gehört, daß die Yüeh-chih die Parther aus der Sogdiana vertrieben und nach Phraartes II. auch den parthischen König Artabanes II., seinen Nachfolger, um 124 v. Chr. in der Schlacht getötet hatten.

Offenbar unter dem Eindruck dieser Ereignisse entstand in der chinesischen Reichsführung der Plan, durch ein Bündnis mit den Yüeh-chih in Mittelasien die Hiung-nu aus dem Tarim-Becken zu vertreiben, um damit selbst in der Lage zu sein, die Kontrolle über die nach dem Westen führenden Routen der Seidenstraße zu übernehmen. Hinter diesen Plänen der chinesischen Führer stand der chinesische Geheimagent Chang-ch'ien. Er hatte schon 138 v. Chr. versucht, Mittelasien zu erreichen. Da er fast zehn Jahre im Gebiet der Hiung-nu festgehalten worden war, konnte er erst 128 v. Chr., kurz nach der Einwanderung der Yüeh-chih, nach Mittelasien gelangen. Die Wirkung der Berichte Chang-ch'iens, der im Jahre 126 v. Chr. nach China zurückgekehrt war, beruhte darauf, daß er als erster in der Lage war, aus eigener Anschauung über die 176 v. Chr. aus Kan-su geflohenen Yüeh-chih, die bisher den Warenverkehr mit Mittelasien vermittelt hatten, zu berichten. Als Chang-ch'ien in Mittelasien war, hatte schon um 127 v. Chr. der Vorgänger des Partherkönigs Artabanes' II., Phraartes II., durch die Yüeh-chih, die er um Hilfe gegen die Seleukiden gebeten hatte, den Tod gefunden. Als Artabanes II. fiel, befand sich Chang-ch'ien schon auf der Rückreise. Der Eindruck, den er über Mittelasien nach China mitbrachte, war daher von den Erfolgen der Yüeh-chih gegen die Parther bestimmt.

Der Beginn der chinesischen Expansion nach Westen mit der Eroberung der späteren Provinz Kan-su

Obwohl es zu keinem Waffenbündnis mit den Yüeh-chih gekommen war, begannen die Chinesen ihre Offensive gegen die Hiung-nu. Sie mußten, wenn sie das Tarim-Becken gewinnen wollten, erst das ehemalige Gebiet der Yüeh-chih in der späteren Provinz Kan-su unter ihre Kontrolle bringen. Die Provinz, die sich wie ein langer Schlauch von der Grenze des eigentlichen China am Hoang-ho bis zur großen Salzwüste westlich von Tun-huang erstreckte, war der einzige Zugang zum Tarim-Becken. Diesem Zweck, der Unterwerfung Kan-sus, diente der 121 v. Chr. unternommene Feldzug des Prinzen Ho K'iu-ping. Ihm gelang es, beide Horden der Hiung-nu, die sich 176 v. Chr. in dem von Yüeh-chih und Wu-sun verlassenen Gebiet niedergelassen hatten, zu unterwerfen und als Föderaten im Norden des Nan-chan-Gebirges, das sich mit seinen Hängen entlang der Provinz Kan-su bis nach Tun-huang hin ausdehnte, anzusiedeln. Auch die zurückgebliebenen Teile der Yüeh-chih wurden damals chinesische Untertanen. In Verbindung mit dieser Eroberung ging man in den Jahren 113 und 112 v. Chr. sofort daran, einen neuen Limes von der fast zwei Jahrhunderte vorher errichteten Befestigungslinie am Hoang-ho bis über Tun-huang hinaus an das Nan-chan-Gebirge heranzuführen. Der mit zahlreichen Türmen für Signalzeichen und ständig stationierten Truppen ausgestattete Limes schloß das für den Anbau geeignete Land des neu eroberten Gebietes von der Steppe ab. Hier wurden jetzt zahlreiche Ackerbaukolonien, deren Bauern gleichzeitig Verteidigungsaufgaben wahrzunehmen hatten, angelegt. Sie waren die eigentlichen Träger der schon damals beginnenden Sinisierung.

Die Vorbereitung einer weiteren Expansion nach dem Westen durch die politische und militärische Infiltration des Tarim-Beckens

Wie es in diesen chinesischen Ackerbaukolonien hundert Jahre nach der Eroberung des Landes aussah, zeigen bemalte Ziegel, die in Gräbern in der Nähe der Stadt Su-chou gefunden wurden. Auf ihnen sieht man chinesische Bauern beim Pflügen, wobei sie sich der damals aus dem Westen übernommenen Form des Pfluges bedienen. Andere werden beim Worfeln des Kornes gezeigt. Auch fehlt nicht die Darstellung von Arbeitern beim Pflücken der für die Fütterung der Seidenraupen benötigten Blätter des Maulbeerbaumes. Andere Bilder geben eine Vorstellung von dem Leben der Nomaden in der Nachbarschaft dieser Bauern. Es sind Darstellungen, die die Yüeh-chih oder Hiung-nu bei der Jagd oder dem Treiben von Pferdeherden zeigen.

Viele der zurückgebliebenen Yüeh-chih sind damals in die chinesischen Grenztruppen eingereiht worden. Wir kennen ihr Aussehen durch Darstellungen an chinesischen Gebrauchsgegenständen. So zeigt z. B. ein Lampenständer, der bei Ning-hsia am Hoang-ho gefunden wurde, einen bärtigen Krieger mit Kaftan, hohen Lederstiefeln und dem unter dem Namen *Akinakes* bekannten Schwert.

Kan-su war auch das Land der Gestüte. Es ist daher kein Zufall, wenn eines der Bilder auf den Ziegeln auch Pferdeherden zeigt. Gab es doch hier auch vollplastische Darstellungen von Pferden, die die verschiedenen Eigenschaften eines guten Pferdes zum Ausdruck bringen sollten, wie z. B. das Bronzepferd von Wu-lei, das eine Schwalbe überholt, oder ein anderes Pferd, das einen mit einem Bogen bewaffneten, bärtigen Krieger unter die Hufe nimmt, bevor er noch in der Lage ist, seinen Pfeil abzuschießen. Die Vorbilder für beide Darstellungen stammen aus dem Westen. Das Pferd, das eine Schwalbe überholt, hat griechische Vorbilder und findet sich auch auf einer byzantinischen Miniatur in der Handschrift einer Reitlehre des 10. Jahrhunderts n. Chr. Das Unter-die-Hufe-Nehmen von Feinden durch Pferde kennt schon die altmesopotamische Kunst. In China findet es sich in Stein auf dem Grabhügel des Eroberers von

Kan-su, Ho K'iu-ping. Dieses Pferd ist wahrscheinlich einem uns nicht erhaltenen Bronzeoriginal nachgestaltet.

Pferdedarstellungen wie diese kamen wahrscheinlich schon im ersten Jahrhundert mit den sogenannten „himmlischen Pferden" aus Mittelasien nach China. Sie gehören zu den ersten Beispielen der Rezeption westlicher Pferdedarstellungen, wobei die Vermittlung durch jene Pferdedressurbücher erfolgte, die zugleich mit den Pferden nach China kamen. Originale von ihnen mit Miniaturen sind in tibetischer Übersetzung aus dem neunten Jahrhundert erhalten.

Die Rolle der Provinz Kan-su bei der chinesischen Rezeption aus dem Westen

Die Mauern und die Militärlager konnten allein nicht die neugewonnene Provinz Kan-su für China erhalten. Entscheidend war hier die Abdrängung der Hauptmacht der Hiung-nu. Sie durften nicht wieder in der Lage sein, nach Süden vorzustoßen. Das war nur mit einer Offensive durch die Alashan-Steppe in Richtung auf die wichtige von den Hiung-nu benutzte Karawanenstraße zu bewirken, die von Su-chou in Kan-su aus zum Edsin-gol nach Norden bis zu seiner Mündung in den Gashun-nor führte. Dort begann ein neuer Weg. Nach zweihundertfünfzig Kilometern durch die Gobi bis zum Ulan-nor und dann am Ongin-Fluß entlang, der in diesen See mündete, erreichte er das Bergland mit dem nach Nordwesten zum Baikal-See fließenden Flußsystem der Selenga. Dort befand sich das Kernland der Hiung-nu. Dieses strategische Konzept erwies sich als richtig.

Ein Menschenalter nach der Eroberung der späteren chinesischen Provinz Kan-su konnten chinesische Heere daran gehen, einen Vorstoß durch das Tarim-Becken nach Westen zu unternehmen. Dem chinesischen General Li Kuang-li gelang es in einer überaus verlustreichen Expedition, bei der er fast die Hälfte seiner Truppe verlor, die Landschaft Ferghana, das Tal des oberen Syr Darya und seines Nebenflusses, des Naryn, zu erreichen. Hier hatte sich wahrscheinlich lange Zeit der Markt befunden, den die Kaufleute der Serer und der Issedonen, der Yüeh-chih und der Wu-sun der chinesischen Quellen, besucht hatten. Damals wurden die dort liegenden Handelsplätze vermutlich nur noch von den im Westen Kan-sus zurückgebliebenen Teilen der Yüeh-chih, den sogenannten „kleinen Yüeh-chih", besucht. Sie waren es, die wahrscheinlich die Führer für die Expedition des Li Kuang-li gestellt hatten. Es zeigte sich allerdings bald, daß ein chinesischer Stützpunkt in Ferghana auf die Dauer nicht zu halten war. Li Kuang-li mußte daher mit einer Beute von angeblich zweitausend der berühmten „himmlischen" Pferde aus Mittelasien den Rückweg nach China antreten.

Die Erfahrung dieser Expedition veranlaßte die Chinesen zu einem Kurswechsel. Sie verzichteten auf die Gewinnung von Stützpunkten in Mittelasien und begnügten sich mit der Anlage von Militärgarnisonen und Ackerbaukolonien im Tarim-Becken, die sie einer als „Protektorat" bezeichneten Verwaltung unterstellten. Sie befand sich bis 70 v. Chr. in Lou-lan und wurde später nach Si-yü-tu-hu-fu nördlich von Kutscha verlegt. Die dort zum „Generalprotektorat" erhobene neue Verwaltungsstelle, die auch über eigene Übersetzungsbüros verfügte, war für das ganze Tarim-Becken zuständig.

Nach dem Rückzug aus Ferghana suchte China sich nun in Fortführung seiner Westpolitik des Oberherrschers der Wu-sun, des Kun-mo, zu bedienen. Ihm unterstanden zumindest formell die fünf Yabgus der Yüeh-chih, die über Mittelasien herrschten. Im Rahmen dieser jetzt mit anderen Mitteln geführten Mittelasienpolitik ist die Intensivierung sowohl der Beziehungen zwischen dem chinesischen Kaiserhof wie der zivilen Behörden der Hauptstadt mit den Wu-sun zu sehen. Es begann mit der Vergrößerung der Zahl von Dolmetschern, die die Sprache der Wu-sun verstanden, und der Erteilung der Erlaubnis, die Zahl der Warenspeicher für die Kaufleute der Wu-sun zu vermehren. Der nächste Schritt war die Anlage einer mit Signaltürmen unterhaltenen Verbindung, des „Feuertelegraphen", bis zu den Wu-sun. Sie sollte die von der Hauptstadt bis zum chinesischen Limes bei Tun-huang führende bisherige Linie über Lou-lan bis in die unmittelbare Nähe der Residenz des Kun-mo der Wu-sun im Quellengebiet des Naryn weiterführen. Noch heute beherrscht die Ruinen von Lou-lan der als *Stupa* bezeichnete Signalturm, über den die Nachrichten sowohl von wie nach der chinesischen Hauptstadt signalisiert wurden. Welchen Stellenwert man dem Reich der Wu-sun innerhalb der chinesischen Außenpolitik beimaß, zeigen die schon erwähnten Heiraten der kaiserlichen Prinzessinnen mit den Oberhäuptlingen der Wu-sun, Verbindungen, die auch von ihrer menschlichen Seite her in der chinesischen Literatur eine starke Resonanz fanden.

Der erste Zusammenstoß Chinas mit parthischen Truppen an den Toren Asiens und seine Bedeutung

Es war den Hiung-nu bisher gelungen, die Wu-sun in einer gewissen Abhängigkeit zu halten. Die Chinesen tolerierten sie, solange hierbei die Verkehrsverbindungen der Seidenstraße nicht von ihnen gestört wurden. Das aber geschah im Jahre 48 v. Chr., als sich einer der Oberhäuptlinge der Hiung-nu, Chi-chi, mit seiner Horde zwischen Tschu und Talas niederließ und von dort aus Mittelasien und die dorthin führenden Routen der Seidenstraße bedrohte. Darauf beschloß man im Jahre 36 v. Chr. den Angriff. Die sich am Sitz des Generalprotektorats in der Nähe von Kutscha trennenden beiden Expeditionsarmeen vereinigten sich im Jahre 35 v. Chr. vor der befestigten Residenz des Oberhäuptlings der Hiung-nu zu einer entscheidenden Schlacht. Chi-chi hatte zu seiner Unterstützung ein Kontingent mit schwerbewaffneten Infanteristen vom König der Parther erhalten. Die Teilnahme dieses parthischen Hilfskorps auf der Seite der Hiung-nu im Kampf gegen die Chinesen und die mit ihnen verbündeten fünfzehn Staaten des Tarim-Beckens führte zu der ersten bekannten Begegnung Chinas mit einer Macht aus dem Westen. Es waren parthische Truppen, die hier in einer neuen, nur knapp zwanzig Jahre vorher von den Römern übernommenen Ausrüstung gegen die Chinesen kämpften.

Eine Darstellung, die auch einen Bericht über diesen ersten Zusammenstoß zwischen Parthern und Chinesen enthält, ist sowohl in der Biographie des Ch'ien T'ang wie in dem in der Form von Bildern gegebenen Tatenbericht dieses Mannes, der die Expedition geführt hatte, erhalten. Hiernach besaßen die Soldaten des parthischen Kontingents viereckige Schilde und hatten sie im Kampf in einer Form aufgestellt, die sich nach dem chinesischen Bericht mit den Schuppen eines Fisches vergleichen läßt. Gemeint ist damit eine Aufstellung in geschlossener Formation, so daß sich die Schilde wie die Schuppen eines Fisches deckten. Weder diese Form der Aufstellung noch die für sie verwendeten Schilde passen zu dem, was in China über diese Kampfesweise bis dahin bekannt war. Was hiermit vergleichbar ist, findet sich nur bei den Soldaten römischer Legionen. Damals lag die Schlacht bei Carrhae, in der im Jahre 54 v. Chr. das römische Heer unter Crassus vernichtend geschlagen worden war, erst knapp zwei Jahrzehnte zurück, eine Zeit, die den Parthern genügte, um Taktik und Ausrüstung der Überwundenen so nachzuahmen, daß Truppen mit dieser Ausrüstung und Taktik im Jahre 35 v. Chr. zum Einsatz gegen die Chinesen zur Verfügung standen. Da Gefangene dieser Truppe auf alle fünfzehn Staaten verteilt wurden, die den Chinesen in diesem Feldzug Kontingente geschickt hatten, erklärt sich die außerordentlich große Verbreitung dieser römischen Ausrüstung im Tarim-Becken und auch in China. So finden sich hier nicht nur die viereckigen Schilde, sondern auch der bei den römischen Soldaten übliche Brauch, den Mantel über der Brust zusammenzuknoten. Man braucht hier nur an die chinesischen Darstellungen buddhistischer Wächterfiguren zu denken oder im Tarim-Becken an die aus dem sechsten Jahrhundert stammenden Lokapala-Figuren aus Mingoi bei Kutscha. Der über der Brust zusammengeknotete Mantel findet sich in dieser Verbindung sogar noch auf den uigurischen Miniaturen des zehnten Jahrhunderts.

Die andere Quelle über diese Begegnung, der in Bildern gegebene Tatenbericht, ist selbst ein Beispiel für die Rezeption westlicher Einrichtungen in China. Er gibt in dieser Form eine Übersicht über jene Kämpfe, bei denen Ch'ien T'ang das Oberkommando geführt hatte. Die Existenz des verlorenen Originals wird durch sein Vorzeigen im kaiserlichen Harem bestätigt, von dem die chinesischen Quellen berichten. Außerdem ist ein Teil durch eine Kopie erhalten, die sich in Gestalt eines Flachreliefs an der Ostwand der im ersten Jahrhundert

n. Chr. errichteten Grabkammer von Hsiao t'ang-shan befindet und also weniger als hundert Jahre nach den Ereignissen angefertigt wurde. Wie auf den westlichen Vorbildern, den in der Form von Bildern gegebenen Tatenberichten der assyrischen Könige und später, in der Zeit der Diadochen, der Griechen, sind mehrere zeitlich aufeinanderfolgende Szenen auf einem Bild zusammengestellt. In diesem Fall war der vielleicht nichtchinesische Maler überfordert, als er den Vergleich der Schilde mit den Schuppen eines Fisches aus dem Text in das Bild übersetzen mußte, denn er malte die Soldaten in großen Fischschuppen, statt nur die Schilde, wie es im Text stand, fischschuppenartig sich einander überdeckend darzustellen.

Wie weit und wie schnell die aus dem Westen rezipierten Ausrüstungen nachgeahmt wurden, zeigt auch ein römischer Panzer bei einem japanischen Haniwa aus der Yamato-Zeit. Die Vermittlung ist hier wahrscheinlich über die chinesischen Militärlager im Norden Koreas, wie die Ausgrabungen in Lo-lang zeigen, nach Japan erfolgt. Es war der Weg, über den auch andere Gegenstände, Originale oder Nachahmungen, nach Japan vermittelt wurden.

Zeugnisse für Kämpfe von Chinesen mit den Heeren der Fürsten Mittelasiens gibt es aus dieser Zeit nicht nur aus dem Gebiet von Talas im Siebenstromland, wo sich das Schicksal des Hiung-nu-Führers Tche-tche erfüllte, sondern auch aus der Sogdiana. Jener Feldzug, den Li Kuang-li zu Beginn des ersten Jahrhunderts v. Chr. unternahm und der für eine kurze Zeit das Ferghana-Tal unter chinesische Kontrolle brachte, scheint in zwei aus dieser Zeit erhaltenen Reliefs eine Resonanz gefunden zu haben. Sie wurden bei Ausgrabungen in Chaltschajan in einem palastartigen Gebäude gefunden. (Chaltschajan liegt im Süden der Sogdiana an der Grenze zu dem im Mittelalter *Tocharestan* genannten Gebiet, wo in dieser Zeit jene Tocharer wohnten, die unter den 129 v. Chr. über den Jaxartes gekommenen Yüeh-chih besonders genannt werden.)

Das eine von ihnen zeigt einen Kampf. Im Mittelpunkt steht ein berittener Offizier, der ethnisch offenbar einer anderen Nationalität angehört als die anderen auf dem Relief Dargestellten. Er trägt den gleichen Panzer wie jene berittenen Gardisten, die, als Tonfiguren nachgebildet, beim Grabe des ersten chinesischen Kaisers Shih-huang-i gefunden wurden. Seine Rüstung besteht aus miteinander verbundenen viereckigen Metallplatten, die, was ein zweites Relief bestätigt, auf einer Unterlage aus Leder befestigt waren. Dieses zweite Relief zeigt die Übergabe der erwähnten Rüstung des offenbar inzwischen getöteten oder gefangenen Offiziers an eine auf einem Thron sitzende Person, bei der es sich vielleicht um den *Yabgu* genannten Häuptling der Tocharer handelt. (Vgl. H.W. Haussig, Archäologie und Kunst der Seidenstraße, Darmstadt 1992, Bild 364 und 365.)

Die Reliefs bestätigen indirekt die chinesischen Angaben über die hohen Verluste bei dieser Expedition nach Mittelasien, denn beide deuten auf eine Niederlage der offenbar hier dargestellten chinesischen Expeditionstruppe.

Von einer Gegenoffensive aus Mittelasien weiß man erst aus einer Zeit, die fast zweihundert Jahre nach diesen Ereignissen liegt. Zu Beginn des zweiten Jahrhunderts n. Chr. hatte nach chinesischen Berichten der Großkönig der Kuschana, Kanischka, einen Feldzug über die Pamir-Pässe in das Gebiet von Jarkänd unternommen. Wie lange damals die Kuschana ihre Herrschaft über Jarkänd behaupten konnten, ist nicht bekannt. Jedenfalls scheinen jene in Jarkänd in früherer Zeit erwähnten Ackerbaukolonien chinesischer Soldaten beseitigt worden zu sein. Als Institution waren sie in den Westprovinzen des chinesischen Reiches eines der mächtigsten Instrumente der Sinisierung. Trotz dieser Kämpfe an der Pamir-Grenze scheinen die Handelsverbindungen über die Routen der Seidenstraße in Zentralasien in keiner Weise unterbrochen gewesen zu sein.

DER RÜCKZUG CHINAS AUS DEM TARIM-BECKEN UND DER ZUSAMMENBRUCH DER PARTHISCHEN MACHT IM OSTIRAN UNTER DEM DRUCK DER NOMADEN

Der Versuch Chinas, das Tarim-Becken nicht nur politisch zu behaupten, sondern es auch durch chinesische Ackerbaukolonien ähnlich wie Kan-su allmählich zu einer neuen Provinz zu machen, scheiterte nicht nur an dem Unabhängigkeitswillen einzelner Staaten wie Jarkänd, Chotan oder Kutscha, sondern vor allem an dem wirtschaftlichen Zusammenbruch, der den Untergang der ersten Han-Dynastie und die Diktatur Wang Mangs zu Beginn des ersten Jahrhunderts n. Chr. bewirkte.

Die Expansion nach Westen überstieg in ihrer bisherigen Form die Kräfte des Reiches. Die Folge war jener Rückschlag, der zu einem Rückzug eines großen Teils der chinesischen Garnisonen und zur Aufgabe der hier errichteten Ackerbaukolonien führte. Da sich zur gleichen Zeit im Westen das Reich der Parther ebenfalls in einer Periode des Niedergangs befand, war damit nicht nur für das Tarim-Becken, sondern auch für Mittelasien und hier für die Sogdiana und für Baktrien eine von beiden Großmächten unabhängige Entwicklung möglich. Im Tarim-Becken spielten zu dieser Zeit die einzelnen Staaten die von den Chinesen als *Hiung-nu* bezeichneten Nomaden gegen die chinesische Großmacht aus. In Mittelasien kam es zu der Bildung des Reiches der Kuschana.

Durch diese Phase eines Machtzerfalls bei Chinesen und Parthern wurde die Westwanderung eines großen Teils der Hiung-nu und der iranischen Stämme begünstigt. Diese Wanderung bedeutete für die Entwicklung der Kultur in den von ihnen berührten Ländern vor allem in Mittelasien und im Norden des Tarim-Beckens den Beginn einer inneren Umwandlung, die ihren Weg über Mittelasien hinaus nach beiden Richtungen nahm. Sie bereitete durch die Medien Bild,

Architektur, Schrift und Literatur das vor, was später die der buddhistischen und der islamischen Kultur gemeinsamen Züge bildete. Diese Gemeinsamkeit wurde durch die Grenzen der Religionen nicht getrennt. Sie bestimmten das buddhistische und das islamische Mittelalter in gleicher Weise. Die Seidenstraße erfüllte für die im Rahmen dieser Völkerwanderung entstehenden oder aus anderen Kulturen rezipierten Formen für China, für das Tarim-Becken und für Mittelasien die Aufgaben einer Vermittlerin.

Die Westwanderung der Hiung-nu in ihrer Bedeutung für die neuen Staatsbildungen in Mittelasien

Der Anstoß zur Westwanderung der Hiung-nu kam von den Nomaden im Nordosten Asiens. Seine Wirkung vergrößerte sich durch den schon erwähnten Zustand der Schwäche, in dem sich China im ersten Jahrhundert n. Chr. befand. Im Westen war es zur gleichen Zeit zu einem Rückzug der Parther gekommen. Sie waren aus dem Osten des Irans und Mittelasiens in Richtung auf Medien und Mesopotamien zurückgewichen.

Das Erlahmen der chinesischen Expansionskraft im Westen wurde von einer vom Norden Chinas ausgehenden und sich bis nach Südrußland fortpflanzenden Kettenbewegung verschiedener Völker begleitet. Sie ging von den Sien-pi aus, einem Volk, von dem die chinesische Geschichte nur einzelne Stämme kennt. Die Sien-pi unternahmen es noch vor dem Beginn unserer Zeitrechnung, die Hiung-nu – einst die Sieger über die Yüeh-chih – zunächst aus ihrem Kernland im Nordwesten Chinas, dem Gebiet um die Flüsse Orchon und Selenga, zu vertreiben. Die Folge war, daß in den letzten Jahrzehnten des ersten Jahrtausends vor Christi Geburt einzelne Gruppen der Hiung-nu nach Süden aufbrachen und sich den Chinesen unterstellten, die sie vor allem im Nan-shan-Gebirge ansiedelten. Da schon ein Jahrhundert vorher durch Ho K'iu-ping, den chinesischen Eroberer der Provinz Kan-su, zwei Horden der Hiung-nu, die sich 176 v. Chr. nach ihrem Sieg über die Yüeh-chih in Kan-su niedergelassen hatten, ebenfalls im Nan-shan-Gebirge

Wohnsitze erhalten hatten, mußte der Anteil der Nomaden an der Bevölkerung dieser Provinz weiter steigen.

Zu einer ähnlichen Entwicklung war es im Siebenstromland gekommen. Dorthin war Chi-chi mit seiner Horde der Hiung-nu im Jahre 48 v. Chr. gezogen. Zwar war er dort nur wenige Jahre später im Kampf gegen die Chinesen gefallen, aber der größere Teil von denen, die mit ihm gezogen waren, hatte die Niederlage überlebt und begonnen, sich im Gebiet der heutigen Kasachischen SSR niederzulassen. Jene iranischen Stämme, die vorher dort gewohnt hatten, verließen daraufhin ihre Wohnsitze und wandten sich nach Süden, um sich jenseits des Jaxartes eine neue Heimat zu suchen. Hierzu gehörten auch die von Strabo erwähnten Asioi. Ein Teil von ihnen hatte, wie Strabo berichtet, schon im Jahre 129 v. Chr. zusammen mit den Tocharern, den Sakaraulern und den Pasianern den Jaxartes überschritten, Völker, die die Chinesen alle zusammen als Yüeh-chih bezeichneten.

Was damals im Jahre 48 v. Chr. in Mittelasien geschah, als weitere Gruppen der Asioi unter dem Druck der Hiung-nu Mittelasien verließen, läßt sich nur indirekt erschließen. Da ist einmal jene Nachricht, die in den Auszügen des Iustinus aus dem Werk des Pompeius Trogus, eines Historikers der augusteischen Zeit, zu finden ist. Sie berichtet von einer Ablösung der Herrschaft der Saraucarer über die Tocharer durch die der Asianer. Die Tocharer, eines der Völker, die 129 v. Chr. den Jaxartes überschritten, hatten damals im Tal des oberen Amu Darya neue Wohnsitze gefunden. Zu dem von ihnen besiedelten Gebiet gehörten Städte wie Balch, Termez und Kunduz. Noch in islamischer Zeit wurde dieses Gebiet nach ihnen *Tukharistan* genannt. Dieser Name ist auch schon früher in den chinesischen Quellen zu finden. Das bei Trogus erwähnte Ereignis bezieht sich demnach auf die Unterwerfung der Tocharer durch die Asioi, die hier *Asiani* genannt werden, und den Sturz der bisher über sie herrschenden Dynastie der Saraucarer. An ihre Stelle war der Klan der Kuschana getreten, in dem man offenbar die Führer der siegreichen Asioi zu sehen hat. (Aus den chinesischen Quellen ist zu entnehmen, daß das hier erwähnte Reich der Tocharer von einem der fünf Yagbu beherrscht wurde, die Mittelasien offenbar noch im Auftrage des Herrschers der Wu-sun regierten.)

Um die Zeit des Sieges der Asioi über die Tocharer zu bestimmen, muß man davon ausgehen, daß Trogus für diesen Teil seiner Weltgeschichte das Werk des Griechen Timagenes benutzt hat, der schon im Jahre 55 v. Chr. nach Rom gekommen war. Ferner ist bekannt, daß Hermaios, der letzte der griechisch-baktrischen Könige, um 55 v. Chr. seine Unabhängigkeit verloren hatte. Da das Gebiet der Tocharer im Süden an das griechisch-baktrische Reich angrenzte, muß seine Eroberung vor dem Ende der Herrschaft des Hermaios liegen. Beide Vorgänge, die Beseitigung der Herrschaft der Saraucarer über die Tocharer und die der griechisch-baktrischen Könige über das Land südlich des Hindukusch, gehören zeitlich zusammen und bezeichnen den Beginn des Großreiches der Kuschana.

Damit stellt sich die Frage nach dem Gebiet, in dem sich jener Teil der Asioi, der schon 129 v. Chr. über den Jaxartes gegangen war, niedergelassen hatte. Die gleichzeitigen Quellen, die bei Strabo und über Timagenes bei Pompeius Trogus benutzt wurden, enthalten dazu nichts. Auch hier ist man auf die Berichte islamischer Quellen angewiesen. Der um die Jahrtausendwende schreibende, aus Chwarezm stammende Al Biruni kennt sie südlich des Amu Darya in einem Gebiet, das sich zu einem Teil mit der heutigen Turkmenischen SSR deckt. Einen weiteren Hinweis gibt der Name des von den Sasaniden in der zweiten Hälfte des dritten Jahrhunderts errichteten Limes, der sich von Gurgan am Kaspischen Meer über Gumbad weiter nach Osten bis in das Gebirge verfolgen läßt. Man nannte ihn *Qizil Alan*. Der Name weist auf die damals jenseits dieser Befestigung lebenden Alanen, die nach Ammianus Marcellinus nach den Massageten von den Hunnen in Mittelasien unterworfen wurden, ein Vorgang, der auch von den chinesischen Quellen erwähnt wird. Hiernach befanden sich damals die Wohnsitze der Asioi, jenes Volkes, das mit den As und Alan der islamischen Quellen identisch ist, im Norden der Satrapie Parthia, im Tal des Atrek. Von hieraus scheint von ihnen die Eroberung des Gebietes der Tocharer und später des griechisch-baktrischen Königreiches in Gang gesetzt worden zu sein, Erfolge, die die Voraussetzung für die Entstehung des Reiches der Kuschana bildeten.

Gleichzeitig aber mit diesem Vorstoß eines Teils der Asioi gegen die Tocharer muß es zur Auswanderung einer anderen Gruppe der As und Alan nach Westen gekommen sein. Flavius Josephus erwähnt sie schon im ersten Jahrhundert n. Chr. als in der Nähe der Don-Mündung ansässig. Es bleibt ungewiß, ob diese Gruppe der Alanen aus Mittelasien oder schon aus dem Siebenstromland infolge der Landnahme der Hiung-nu unter Chi-chi nach Europa aufgebrochen war. Die im Siebenstromland zurückgebliebenen Teile des Volkes werden unter dem Namen *Az* noch gegen Ende des siebenten Jahrhunderts in den Orchoninschriften erwähnt.

Man kann also für die Zeit um Christi Geburt von einer Völkerwanderung in der Form einer Kettenbewegung sprechen. Sie beginnt mit den Sien-pi im Nordosten, setzt sich dann über die Hiung-nu fort und erreicht mit den Asioi bzw. den As und Alan Mittelasien und Südrußland.

Die politischen und wirtschaftlichen Folgen des Rückzugs der Parther aus Mittelasien

Der Zerfall des seleukidischen Reiches war nach der Niederlage Antiochos' III. gegen die römischen Heere im Jahre 189 v. Chr. nicht mehr aufzuhalten. Er ermöglichte nicht nur das weitere Vordringen der Parther nach Westen, sondern auch später die Bildung der beiden Reiche Klein- und Großarmenien. Artaxata, die neue Hauptstadt von Großarmenien, war gleichzeitig eine der wichtigsten Stationen auf der Südroute der Seidenstraße. Die neuen armenischen Staatsbildungen machten es den nach Westen vordrängenden Parthern unmöglich, wie im Iran auch hier das Erbe der Seleukiden anzutreten. Sie mußten es mit den Armeniern und später mit den Römern teilen. An eine Wiederherstellung des alten Großreiches der Achämeniden war damit in keinem Fall zu denken.

Es zeichnete sich hier eine Entwicklung ab, bei der auf einen Höhepunkt der parthischen Macht in der Mitte des zweiten Jahrhunderts v. Chr. ein Niedergang folgte, den eine Periode mit Kämpfen um die nationale Selbstbehauptung begleitete. Hierzu kam es schon mehr als ein Menschenalter nach der Eroberung von Seleukia im

Jahre 147 v. Chr. Damals war diese östliche Residenz der Seleukiden zusammen mit der Provinz Medien in die Hände der Parther gefallen. Der Augenblick schien daher nahe, an dem mit der Eroberung Syriens, des westlichen Reichsteils der Seleukiden, die Parther das ganze seleukidische Reich in ihrer Hand vereinigen konnten. Noch 129 v. Chr. hatte der Partherkönig Phraartes II. den Seleukiden Antichos VII. besiegt. Nichts schien ihm den Vormarsch auf Antiochia, die westliche Hauptstadt der Seleukiden, zu verwehren. In diesem Augenblick überschritten einige Stämme der Yüeh-chih den Jaxartes und brachten das bisherige parthische Kernland im Osten des Iran in ihre Gewalt. Phraartes II., der mit einem Heer nach dem Osten geeilt war, versuchte vergebens, sie aufzuhalten. Er wurde damals von den Yüeh-chih geschlagen. Er selbst fiel in der Schlacht. Auch sein Nachfolger, Artabanes I., überlebte den Krieg gegen die Yüeh-chih nicht. Er wurde in einem Gefecht mit den zwischen Hindukusch und Amu Darya wohnenden Tocharern tödlich verwundet.

Die Abwesenheit der damals im Osten kämpfenden parthischen Könige hatte die politische Situation im Westen zu ihren Ungunsten verändert. Wenn noch der Nachfolger Artabanes' I., Mithridates II., in der Sicht der Römer unter Sulla der mächtigste Herrscher des Ostens war, wurde dieser Nimbus zerstört, als 86 v. Chr. der armenische König Tigranes II. nach der Eroberung von Syrien selbst den Titel „König der Könige" annahm, den die parthischen Herrscher führten.

Die Lage der Parther verschlechterte sich noch weiter, nachdem Tigranes II. Syrien erobert und ein armenisches Großreich geschaffen hatte, das vom Kaspischen Meer bis zur Küste des Mittelmeers und vom kilikischen Taurus bis zum ostmesopotamischen Gebirgsrand reichte. Durch diese Ausdehnung seines Reiches konnte er im Westen die wichtigsten Abzweigungen der Südroute der Seidenstraße kontrollieren. Nachdem dann zwischen 69 und 66 v. Chr. Tigranes II. von den Römern geschlagen worden war, folgte in Syrien auf die Herrschaft Armeniens die des römischen Weltreiches. Erst die römische Niederlage bei Karrhae im Jahre 54 v. Chr. hatte den Parthern wenigstens im eigentlichen Mesopotamien erneut den Besitz der Herrschaft gebracht, so daß sie damals wieder an eine eigene Ostpolitik denken konnten.

Im Rahmen dieser Ereignisse erfolgte ihre Unterstützung der Hiung-nu des Chi-chi im Siebenstromland bei Talas. Dort kämpfte ihr Hilfskontingent gegen die Chinesen und die mit ihnen verbündeten Yüeh-chih ebenso erfolglos wie im Ostiran, wo sich ihnen eine andere Macht entgegenstellte, denn hier verhinderte die Entstehung des Großreiches der Kuschana, das neben der Sogdiana und Baktrien auch Nordwestindien umfaßte, ihr Vordringen nach Osten und damit die Wiedergewinnung ihres 129 v. Chr. an die Yüeh-chih in Mittelasien verlorenen Gebietes.

Auch als wirtschaftliche Macht verdrängten die Kuschana die Parther. Sie gingen in ihrem Außenhandel neue Wege. Hierbei bevorzugten sie angesichts der ungeklärten Verhältnisse an den westlichen Abzweigungen der Südroute der Seidenstraße für ihren Warenaustausch den Seeweg über Barygaza nach den mesopotamischen Häfen am Persischen Golf. Eng verbunden mit dieser Änderung der Handelsrouten war auch der von ihnen vorgenommene Übergang von der Silber- zur Goldwährung. Damit wurde der bisher im Warenverkehr durch den höheren Silberwert im Westen bestehende Preisvorteil der syrischen und griechischen Kaufleute ausgeschaltet.

Es zeigt sich hierbei eine weitgehende wirtschaftliche Umorientierung des Kuschanreiches. Die Verbindung mit dem Iran wurde aufgegeben, die parthischen Münzen verschwanden. Sie behaupteten sich nur noch in Seistan, das weiter in loser politischer Abhängigkeit von den Parthern blieb.

Bei der eigenen Münzprägung der Kuschana war für die Goldmünzen der römischen Aureus und für die Prägungen in Silber der Silberdenar der frühen römischen Kaiserzeit das Vorbild. Die Angleichung an diese beiden Münzsorten in Gewicht und Metallgehalt verfolgte den Zweck, die bessere Konvertierbarkeit der Münzen zu erreichen. Hierdurch wurden sowohl die Geldzahlungen wie die Berechnungen der Warenpreise erleichtert. Es kann daher nicht überraschen, daß man auch römische Münzen zusammen mit den eigenen Prägungen der Kuschana in den Münzhorten in Baktrien gefunden hat.

Auch zu China hat das Reich der Kuschana damals die Konvertierbarkeit seiner Münzprägungen hergestellt. Das gilt vor allem für die Münzen aus Kupfer. Hier läßt sich z. B. in Chotan, der wichtigsten Stadt im Südwesten des Tarim-Beckens, die Nachprägung von chinesischen Käsch-Münzen mit dem gleichen Gewicht wie den von den Kuschana in Kupfer geprägten Tetra-Drachmen feststellen. Die Wertangaben auf diesen Käsch-Münzen waren chinesisch. Durch die Gleichheit im Gewicht war jetzt die Berechnung von Preisen der Waren für China in Baktrien möglich. Das Auftreten dieser Art von Münzen macht deutlich, daß jetzt nicht mehr nur eine dünne Schicht von Fernhändlern einen auf den Umsatz von Luxuswaren beschränkten Handel in den Händen hielt. Damals war schon eine große Gruppe der Handwerker und kleinen Händler am Warenaustausch auf der Seidenstraße beteiligt.

Hinzu kommt, daß auch der zu dieser Zeit beginnende buddhistische Pilgerverkehr für einen stärkeren Bedarf an Kupfergeld sorgte, denn die Konvertierbarkeit der kleinen Geldsorten erleichterte auch den Personenverkehr auf der Seidenstraße. Es kam hinzu, daß sich jetzt auch die Kaufleute bei Waren der Mittelklasse daran gewöhnten, den Preis nicht nur in Silber oder Gold, sondern auch in einer bestimmten Anzahl von Schnüren mit abgezählten Käsch-Münzen anzugeben. Es ist jene Zeit, auf die sich die Notiz einer griechischen Quelle bezieht, nach der die Chinesen den Preis der Seide auf den Seidenrollen anzugeben pflegten. Die Preisforderungen der Chinesen waren angesichts der Konvertierbarkeit auch dieser Münzen leicht zu erfüllen.

Der mit großen Summen operierende Fernhandel bediente sich weiterhin der Gold- und Silbermünzen, die die Kuschana prägten. Sie waren wegen ihrer Angleichung an das Gewicht der römischen Münzen leicht konvertierbar. Das entsprechende chinesische Geld bestand aus Gold- und Silberblechen, die mit den staatlichen Prägestempeln versehen waren. Hier stellte man mit Hilfe von Waage und Schere die Übereinstimmung im Wert zu den Münzen der Kuschana her.

Man kann daher zusammenfassend feststellen, daß sowohl im Reich der Kuschana wie zu einem Teil im Tarim-Becken die Voraussetzungen für die Durchführung von Geldgeschäften mit China geschaffen wurden, die man auf der Südroute der Seidenstraße abzuwickeln pflegte.

Die Bedeutung des Erlahmens der chinesischen Expansion für den Handelsverkehr auf der Seidenstraße

Ähnlich wie bei dem Reich der Parther im Westen kann man auch in China in dieser Zeit von einem Niedergang sprechen. Dieser Tiefpunkt knüpft sich hier an den Namen des Usurpators Wang Mang. Man könnte diesen Mann als einen Shih-huang-ti mit umgekehrtem Vorzeichen bezeichnen. Jener brach in seinen Reformen mit der alten Gesellschaftsform der Chou-Zeit. Wang Mang dagegen suchte an sie wieder anzuknüpfen. Er begann im Innern mit einer Verstaatlichung von Grund und Boden und beseitigte zu diesem Zweck das Privateigentum auf dem Lande. Hierdurch sollte mit der Einführung des alten Brunnenfeldsystems eine gleichmäßige Verteilung des Akkerbodens auf die Bauern erreicht werden. Ein Neuntel des Ertrages mußte nach seinem Willen an den Staat abgeliefert werden.

Zu jenem Teil seiner Reformen, der den Handel mit dem Westen beeinflußte, gehörte der Bruch mit der bisher geübten Praxis der Geldwirtschaft durch Abschaffung des Geldes in der bisherigen Form von Gold- und Silberbarren und von Käsch-Münzen aus Kupfer. (Letztere, die durch ein Loch in der Mitte auf Schnüre aufgereiht werden konnten, waren vor allem im Binnenhandel wichtig.) Statt dessen griff Wang Mang hier auf das Messergeld der Chou-Zeit und die Kauri-Muscheln der Urzeit zurück. Im Außenhandel gab er die auf die Dauer als Wertmaßstab mit Verlusten verbundene Seidenwährung auf und ließ nach dem Vorbild des westlichen Auslandes Gold- und Silbermünzen in runder Form prägen. Sie sollten den Fernhandel vereinfachen.

Der Zusammenbruch der Reformen Wang Mangs wurde in der Hauptsache durch die Beamtenschaft herbeigeführt, die von der Interessengruppe der Kaufleute und Großgrundbesitzer manipuliert wurde. Als im Jahre 23 n. Chr. Wang Mang gestürzt worden war, überlebten von seinen Reformen nur die von ihm eingeführten Staatsmonopole. Sie wurden auch von den Kaisern der Restauration beibehalten.

Erst ein halbes Jahrhundert nach dem Sturz des Wang Mang war China wieder in der Lage, an die Rückeroberung des Tarim-Beckens zu denken. Als man damit im Jahre 73 n. Chr. begann, gab es keine eigentliche Unterwerfung der dort bestehenden Staaten, sondern nur die Beseitigung der Oberherrschaft der Hiung-nu über das Tarim-Becken. Die einzelnen Staaten, die damals bestanden, blieben in ihrer Unabhängigkeit unangetastet. Ebenso fand man sich mit der inzwischen an vielen Orten erfolgten Beseitigung der chinesischen Ackerbaukolonien ab. Die Staaten des Tarim-Beckens blieben fortan außerhalb des eigentlichen chinesischen Hoheitsgebietes. Das kam auch in der Grenzüberwachung zum Ausdruck.

Die Differenzierung des Warenumsatzes im Tarim-Becken auf den Südrouten

Die chinesische Zollhoheit begann erst am Limes von Tun-huang. Gehandelt wurden, wie Aufzeichnungen sogdischer Kaufleute aus dem Jahre 193 n. Chr. erkennen lassen, neben verschiedenen Sorten chinesischer Seide auch Stoffe aus dem Bast der Ramie-Pflanze. Importiert wurden nach China Decken, Teppiche, Parfümwaren, Moschus-Duftbeutel, Kampfer und wohlriechendes Harz. Exportiert wurde von den Chinesen neben den begehrten Apothekerwaren auch Reiswein, der offenbar in Schläuchen zum Versand kam. Wenn in dieser Aufstellung, die sich auf den Warenaustausch einer sogdischen Karawane bezieht, speziell aus Indien kommende Waren nicht vertreten sind, wie z. B. die feinen Baumwollsorten, Edelhölzer und Perlen, erklärt sich das dadurch, daß für diese Zeit indische Kaufleute auch das Monopol des Vertriebs dieser Waren nach China für sich beanspruchten.

Entsprechend der nationalen Differenzierung im Handelsverkehr gab es in den Städten des Tarim-Beckens neben den sogdischen auch indische Handelskolonien. Jede dieser Kolonien benutzte für schriftliche Mitteilungen ihre Sprache. So fanden sich in den Ruinen der Städte sowohl Aufzeichnungen in ostiranischer sogdischer Schrift wie in den Zeichen des indischen Kharoṣthi oder des Brahmi. Die im Nordosten des Tarim-Beckens von den Bewohnern der Oasenstaaten gesprochene Sprache, die die tocharischen Dialekte A und

B in den Städten Kutscha und Karashahr umfaßte, und das Sakische im Süden und Westen des Tarim-Beckens bedienten sich nicht immer der gleichen Schrift. Die Saken im Westen, wie z. B. in Maralbaschi, schrieben ihre Sprache in griechischer Schrift; die in Chotan dagegen hatten sich für die indische Brahmi-Schrift entschieden, die Tocharer in Kutscha und Karashahr gebrauchten neben der indischen Brahmi-Schrift auch sogdische Schriftzeichen.

Das Medium der Holzarchitektur als einer der Rezeptionsträger für griechische und iranische Einflüsse auf den Routen der Seidenstraße

Die Holzarchitektur hatten jene Skythen als neues Element in die Kultur der Seidenstraße gebracht, die zuerst mit der griechisch-iranischen Kultur in Verbindung gekommen waren. Auf diesen Vorgang der Rezeption verweist die Bemerkung Herodots, daß Gelonos, der Hauptort der Budiner, von Griechen ganz in Holzbauweise errichtet worden sei, so daß auch die Tempel und die Befestigungen der Stadt keine Ausnahme gemacht hätten. Auch das Mobiliar war, wie die Funde im Tarim-Becken und in den Kurganen von Pazyrik zeigen, aus diesem Material hergestellt. Bei der Gestaltung der Möbel spielten nicht nur griechische, sondern auch mesopotamische Vorbilder eine Rolle. Die Bedeutung Südrußlands bei der Vermittlung griechischer Formen macht auch die Holzarchitektur in den skythischen Gräbern deutlich. Die Weitergabe der hier verwendeten Formen entlang der Routen der Seidenstraße ist von Südrußland über Mittelasien und das Tarim-Becken bis nach China zu verfolgen. Ein Beispiel liefert der schon erwähnte Holzsarkophag einer skythischen Königin aus Neapolis bei Simferopol aus dem vierten Jahrhundert. Dieser auf einem Katafalk stehende Sarkophag wurde an den Längsseiten von sechs Säulen getragen. Ihn schmückten, ebenfalls in Holz geschnitzt, Girlanden aus Lorbeerblättern, Pinienzapfen und großen Blumen. An jeder Ecke war eine Stele aufgestellt.

Vergleicht man hiermit einen Katafalk auf einem Wandgemälde aus Pändzikänd vom Beginn des achten Jahrhunderts mit der Darstellung der Trauer um den verstorbenen Buddha, wird die Übereinstimmung mit dem Katafalk von Simferopol schon bei dem Aufbau der Architektur deutlich. Der Katafalk trägt hier ein Dach in Gestalt einer roten Kuppel. Anders aber als in Simferopol ist der Verstorbene durch die offenen Bogen zu sehen. Die auch in Pändzikänd an den Ecken des Sarkophags aufgestellten Stelen tragen hier das buddhistische Symbol des Rades.

Diese Architektur der Katafalke, wie sie aus Südrußland und Pändzikänd bekannt ist, zeigt auch ein Ossuar aus Terrakotta, das dem sechsten Jahrhundert angehört. Es stammt aus Biya-Naiman am Zeravshan in der Sogdiana. Auch hier gibt es Bogen tragende Säulen. In den von ihnen gebildeten Nischen befinden sich Reliefs mit den Darstellungen von Männern und Frauen. Sie weisen schon durch die Kleidung der Dargestellten auf iranische Vorbilder hin. Auch diese Arkadenarchitektur mit den Reliefs in den Nischen der von Säulen getragenen Bogen läßt sich nicht nur in Terrakotta, sondern auch in Holz geschnitzt nachweisen. So sind aus Pändzikänd Reliefs aus Holz erhalten, die dazu bestimmt waren, die Rundbögen auszufüllen. Sie gehören dem Anfang des achten Jahrhunderts an. Dargestellt sind z. B. auf einzelnen Reliefs Kybele, die Große Mutter, die auf einem Löwen reitet, oder der Gott Helios, der den Sonnenwagen lenkt. Die hier benutzten Vorbilder waren in Form und Motiv griechisch.

Für diese Säulenarchitektur, bei der die tragenden Bögen noch in kleine Unterbögen gegliedert sind, gibt es ein Beispiel aus dem zweiten Jahrhundert n. Chr. aus Niya. Es handelt sich um die gleiche schon von dem Ossuar in der Sogdiana bekannte Bogenarchitektur, die in dieser Form offenbar aus dem Iran übernommen wurde. Das lassen auch die im Holz nachgeahmten Stuckformen mit Ornamenten in Pflanzengestalt erkennen.

Über die Seidenstraße war diese Holzarchitektur durch das Tarim-Becken nach China gelangt; so zeigen die Reliefs auf den Steinuntersätzen eines Sarges aus der Ch'i-Dynastie (550–577), die sich heute im Ostasiatischen Museum in Köln befinden, die von Holzsäulen getragene Eingangshalle eines Palastes, in dem fremde Gesandtschaften empfangen wurden. Hier scheinen die Palastanlagen von

Fürsten der dort bestehenden Oasenstaaten die Vorbilder gewesen zu sein, die ihrerseits die achämenidische Säulenarchitektur, wie sie aus Persepolis bekannt ist, übernommen hatten. Architekturteile, wie Säulen mit Sockel und Kapitelle aus Holz, die auf griechische Vorbilder zurückgehen, wurden an verschiedenen Stellen im Tarim-Becken gefunden. Im eigentlichen China haben sich, wenn man von den schon erwähnten Darstellungen absieht, von den über die Holzarchitektur der Skythen vermittelten griechischen Vorbildern nur Ornamente wie z. B. die Palmette und der Eierstab erhalten. Auch wurden die im Westen als Architekturdekoration verwendeten Weintrauben und Weinblätter in China für die ornamentale Gestaltung der Rückseite der Spiegel übernommen.

Die Nordroute als Vermittlerin eigener Architektur- und Dekorationsformen der Nomaden

Neben jener Holzarchitektur, die von den Skythen und den ihnen verwandten Völkern nach dem Vorbild griechischer und iranischer Vorbilder geschaffen wurde, gab es auch eine von ihnen selbst entwickelte Holzbauweise, die sich fast nur in Grabbauten erhalten hat. Zu nennen sind hier neben den Kurganen von Pazyrik im Altai die von Noin Ula in der Mongolischen Volksrepublik und die Grabanlagen von Lo-lang in Korea. Dort blieben in den Kurganen die vollständig aus Holzbalken ohne die Zuhilfenahme von Nägeln zusammengefügten Grabkammern unversehrt. Wenn z. B. Pazyrik nur die Technik des skythischen Zimmermannes erkennen läßt, vermag man von dem Aussehen der Palastanlagen durch ein Relief aus dem Grottentempel von Yün-kang eine Vorstellung zu gewinnen. Das Relief ist in die zweite Hälfte des 5. Jahrhunderts n. Chr. zu setzen. Der hier gezeigte Palast bildet die Kulisse für eine Darstellung Buddhas und seiner beiden Begleiter. Im Original hat sich eine palastähnliche Anlage in der gleichen Zimmermannstechnik wie in Pazyrik und von einem ähnlichen Aussehen wie auf dem Relief in Yün-kang aus dem Jahre 756 n. Chr. in Japan erhalten. Es ist das *Shosoin* genannte kaiserliche Schatzhaus in Nara. Das in Yün-kang nur zum Teil sichtbare Walmdach des Holzbaues findet sich in Nara wieder.

Auch das Mobiliar dieser Paläste und Häuser der Vornehmen bestand zu einem großen Teil aus Holz. Ein Vergleich der Möbel aus den Ruinenstädten im Tarim-Becken mit denen in Pazyrik zeigt die gleiche handwerkliche Arbeitsweise. Vergleicht man z. B. die Beine der Tische in Pazyrik mit denen von Niya, findet man die gleiche Art der Dekoration durch jene in die Länge gezogenen Tierleiber. Unterschiede gibt es nur in dem verwendeten Holz. Dem Zirbelholz in Pazyrik entspricht im Tarim-Becken das Holz der Pappel. In Europa hat sich, wie die Beschreibung des Priskos von dem in Holz errichteten Palast des Attila beweist, diese Bauweise bei den Hunnen bis in die zweite Hälfte des fünften Jahrhunderts erhalten.

Die Erzeugnisse der Kunst der Metallbearbeitung der Nomaden als Exportware auf der Seidenstraße

Ähnlich wie bei der Holzarchitektur und Holzdekoration hat man auch bei der Metallkunst zwischen einer von Griechen und Iraniern rezipierten und einer eigenen Kunst der Nomaden zu unterscheiden. Es zeigt sich, daß z. B. jener Vorgang, der sich bei der Vermittlung der sogenannten Rolltiere, einer Darstellungsform, die die Skythen in China entwickelt hatten, nach dem Westen beobachtet werden kann, sich in späterer Zeit wiederholt, obwohl damals andere ethnische Gruppen, die man mit Türkisch sprechenden Nomaden identifiziert, Träger der Übermittlung waren. Der Unterschied gegenüber der früheren skythischen Vermittlung liegt darin, daß es jetzt einheimische Kaufleute waren, die die Seidenstraße benutzten und auf dem Wege des Handels die von ihren Völkern entwickelten Formen vermittelten.

Die durch den Handel mit diesen Gegenständen entstehende Verbreitung bewirkte entlang der Nordroute der Seidenstraße eine gewisse Angleichung der Formen. Vor allem sind jetzt die Nomaden auch diejenigen, die die Motive erfunden und dargestellt haben. Ihre Handwerkersippen, von denen die der Schmiede die bekannteste ist, waren nicht nur die Hersteller von Waffen, sondern auch von Preßblechen, die mit Hilfe von Modeln zu einem Manufakturartikel wurden. Die Schmiedesippen spielten, wie das Beispiel der Türküt zeigt, auch politisch eine Rolle. Zum Teil waren es Angehörige eines besonderen Stammes, der sich allein auf die Herstellung von Waffen verstand, wie es die Türküt bei den Juan-Juan waren und in islamischer Zeit die Bewohner der Landschaft Ghor in Afghanistan bei den Gaznaviden. Eine ähnliche Stellung besaßen, nach den archäologischen Funden zu urteilen, bei den Hiung-nu auch die Bewohner des Beckens von Minussinsk am oberen Jenissei.

Von diesen Schmiede- und Erzgießersippen stammten auch die Bronzekessel, die in der Mongolei, in Nordchina, im Altai, im Ural und in Ungarn verbreitet waren. Bronzekessel gab es in jedem Nomadenzelt. Sie hingen über dem Herdfeuer und besaßen, obwohl mit Ornamenten unterschiedlich dekorativ gestaltet, immer Vorrichtungen zum Aufhängen wie zum Aufstellen auf den Boden. Ebenso wie die Fibeln, die Gürtelschnallen und die Gewandapplikationen wurden sie durch den Handel auf der Nordroute der Seidenstraße von der Mandschurei bis in die Ungarische Tiefebene verbreitet. Die Gewandapplikationen wurden, wie z. B. der Torso der Statue eines Skythen aus Krasnodar am Kuban zeigt, in verschiedenen Garnituren für Fest- wie Kriegsgewänder verwendet. Erst später wurden die Applikationen auch als Ornamente von den Webmustern der Seidenstoffe nachgeahmt. Neben den Applikationen aus Edelmetallen, die aus dünnem Blech bestanden, und denen aus Bronze wurden auch solche aus Leder und Filz verwendet.

Die Schmiede- und Metallgießersippen arbeiteten aber nicht nur für den Bedarf der Nomaden. Auch in China und im Iran waren die Erzeugnisse ihrer Metallkunst begehrt. Das gilt z. B. für die reich verzierten Kohlebecken aus Bronze mit Darstellungen aus der Lebenssphäre der Nomaden. Sie dienten zur Beheizung der Wohnräume, indem man sie unter ein mit Kissen und Decken bedecktes Holzgerüst schob, auf dem die Bewohner des Hauses in den kalten Wintermonaten Platz zu nehmen pflegten.

Im sechsten und Anfang des siebenten Jahrhunderts wurde sassanidisches Silber- und Goldgeschirr, wie Kannen, Vasen, Schüsseln und Pokale, in China in glasierter Keramik nachgeahmt. Als Vorbilder dienten zu einem großen Teil nicht die Originale, sondern Kopien, die offenbar von Goldschmieden der Nomaden stammten. Beispiele sind bei dem sasanidischen Geschirr aus Silber im Hausrat des Kaisers Shomu (724–748) zu finden, von seiner Gemahlin 756 dem Großen Buddha von Nara gestiftet. Jene dort auf einer Silbervase vorhandene Darstellung der sich entkleidenden Anahita ist nach Technik, Stil und Auffassung nicht mehr das Werk eines sasanidischen Goldschmiedes. Sie läßt sich hierin mit der Darstellung der Entführung Ganymeds durch Zeus auf einem Goldgefäß aus Nagy-Szent Miklós vergleichen, die in dieser Form, wie schon erwähnt, aus Nordwestindien, dem Reich der Kuschana, stammt. Die Nachahmungen durch Goldschmiede der Nomaden erklären sich dadurch, daß, wie die Funde beweisen, ein großer Teil dieses sasanidischen Gold- und Silbergeschirrs zu ihnen gelangte. Hierbei läßt sich nicht mehr entscheiden, was dabei durch Tribut, Plünderung oder Handelsverkehr in den Besitz der Reiterkrieger im Norden gekommen ist. (Wie geschickt die chinesischen Töpfer bei der Nachahmung waren, zeigt ein Goldpokal, der in der Ukraine bei Poltava gefunden und von Orbeli und Trever veröffentlicht wurde. Ein Vergleich mit der Nachschöpfung in glasierter Keramik in der Zeit der Sui-Dynastie in China zeigt die Vollendung der Wiedergabe in einem anderen Material.)

Schließlich sind unter den Handelswaren der Nomaden aus dieser Zeit Kronen, Diademe und Tiaren zu nennen. Bei ihnen handelt es sich vor allem um Erzeugnisse der Goldschmiedekunst der Skythen und der ihnen verwandten Völker, wie z. B. der Sarmaten. Von ihnen stammen die bei Kertsch gefundenen Kronen. Die Diademe gehörten ebenso wie die Kronen zu den Luxusgegenständen, die von skythischen Goldschmiedesippen für Kunden bei den benachbarten Völkern angefertigt wurden. In Verbindung mit den schon erwähnten Tiaren ist auch das als Kopfbedeckung verwendete Kamelaukion zu nennen, das bis in das zehnte Jahrhundert zu den Herrscherabzeichen der germanischen Könige gehörte. Sie hatten es im dritten Jahrhundert in Südrußland von den Alanen übernommen.

Auch die im neunten Jahrhundert vorkommenden Kronen der

tungusischen Häuptlinge aus dem Reich der Qitan (Liao) waren die Arbeit von Goldschmiedewerkstätten der Nomaden. Sie stammten, wie die feine Ziselierung der vergoldeten Bronze zeigt, wahrscheinlich aus Zentralasien.

Diese sowohl in Ostasien wie in Südrußland in der Erde gefundenen Kronen dienten niemals als Regalien oder Herrschaftsabzeichen, sondern waren für den Grabkult bestimmt. Das zeigt ihre Verbindung mit Masken aus dem gleichen Material, die mit ihnen zusammen in den Liao-Gräbern nachzuweisen sind. Auf den gleichen Grabbrauch bei den Nomaden in Südrußland weist eine Goldmaske aus Olbia, die dem vierten Jahrhundert angehört. Eine Rille, die sich bei ihr zwischen Haar und Stirn befindet, läßt erkennen, daß auch sie für eine Verbindung mit einer Krone von der Art bestimmt war, wie sie als Golddiadem bei Kertsch gefunden wurde.

Man kommt also zu dem Ergebnis, daß sich unter dem Einfluß griechischer, mesopotamischer und iranischer Einflüsse bei den Nomaden eine Kunst in Bronze oder Edelmetall, Leder, Filz oder Holz entwickelt hatte, deren Träger bestimmte Sippen oder Stammesgruppen waren. Sie stellten nicht nur Waffen, sondern auch Gegenstände des Kunsthandwerkes her, die mit Hilfe von Kaufleuten über die Nordroute der Seidenstraße abgesetzt wurden. Eine derartige Entwicklung, die den Umfang des Warenaustausches erheblich erweitert hat, läßt sich hier seit dem 4. Jahrhundert v. Chr. verfolgen.

DIE SEIDENSTRASSE UND DIE WESTWANDERUNG DER HUNNEN

Jede Route der Seidenstraße hat ein eigenes Gesicht entwickelt. Während die beiden Routen im Süden vor allem als Vermittler der großen Religionen in der Geschichte weiterleben, behauptet die Nordroute ihre Bedeutung für die Wanderungsbewegungen der Nomaden. Sie hat für eine gewisse Gleichartigkeit ihrer Kultur gesorgt, lebten sie nun in China, in Mittelasien oder in Südrußland. Durch die ständige Verbindung über diese Route und als Folge der Wanderungen entstand jene breite Zone Türkisch und zum Teil auch Mongolisch sprechender Völker, die noch heute die Mitte des asiatischen Kontinents beherrschen. Die Grundlage dieser Entwicklung war die Westwanderung der Hunnen.

Die Frage nach der Herkunft der Hunnen

Es kann an dieser Stelle nicht im einzelnen auf jene die wissenschaftliche Welt seit mehr als zwei Jahrhunderten bewegende Frage, wieweit das als *Hunnen* bezeichnete Volk mit der von den chinesischen Quellen als *Hiung-nu* bekannten Völkergruppe identisch ist, eingegangen werden. Die letzten Forschungen der Sinologen, die von dem Lautstand des Chinesischen in der Zeit um Christi Geburt ausgehen, der Zeit, aus der allein Worte der Hiung-nu erhalten sind, haben wahrscheinlich gemacht, daß dieses Volk um die Zeitwende eine Sprache gesprochen haben muß, die es nach dem Kriterium der Sprachverwandtschaft in die Nachbarschaft einiger noch lebender sibirischer Autochthonenstämme stellt. Das aber würde sie von den Hunnen trennen, denn im Gegensatz zu ihnen sprachen die Hunnen, nach den von ihnen überlieferten Namen zu urteilen, eine Sprache, die sie zu Verwandten alttürkischer Stämme macht. Auch die

Unterschiede im Aussehen und in der Kleidung machen eine Zusammengehörigkeit von Hiung-nu und Hunnen unwahrscheinlich.

Die Bezeichnung *Hunnen* wurde zuerst von sogdischen Kaufleuten gebraucht. Die erste fest datierbare Erwähnung des Namens findet sich in einem sogdischen Brief aus dem Jahre 193 n. Chr., der von der Eroberung der chinesischen Hauptstadt Chan-g'an berichtet. Als Eroberer werden hier „Hunnen" erwähnt. Chinesische Quellen, die über das gleiche Ereignis berichten, gebrauchen für sie den Namen *Hiung-nu*. Das wäre allein noch kein Beweis für die Identität, denn die Chinesen teilten mit den Völkern des Westens die Angewohnheit, Völker mit dem Namen ihrer Vorgänger, von denen sie sich durch ihre Wohnsitze und ihre Lebensweise nicht unterschieden, zu bezeichnen.

Der Name der Hunnen

Wie schon im ersten Kapitel wahrscheinlich gemacht wurde, ist der Name *Hunnen* ebenso wie die Bezeichnung *Awaren* kein echter Volksname, sondern bezeichnet jene übernatürlichen Wesen, deren Wohnsitze man sich am Rande des Okeanos vorstellte. Unter diesem Namen kennt Ptolemaios, der um 180 n. Chr. schrieb, ein Volk zwischen Bastarnern und Jazygen. In Mittelasien dient in einem Brief eines Sogders aus dem Jahre 193 v. Chr. der gleiche Name dazu, einen Stamm der Sien-pi in China zu bezeichnen. Beide Erwähnungen des Namens setzen die Kenntnis des schon bei Herodot nachweisbaren skythischen Weltbildes voraus, das abgesehen von Südrußland auch bei den Nomaden in Mittelasien und Nordchina verbreitet war.

Während in Nordchina und der Mongolei der Name *Awaren* in der türkischen Form *Apar* und der chinesischen *A-pa* für ein Volk in Mittelasien verwendet wird, hat man um 600 n. Chr. den Namen „Hunnen" für die Bewohner eines Gebietes im Westen der späteren chinesischen Provinz Kan-su gebraucht. Ältere Bezeugungen des Namens scheinen demnach in China zu fehlen. Das trifft aber nur bedingt zu. Wenn auch das seit der frühen Han-Zeit von den Chinesen für die Nomaden im Norden gebrauchte Wort *Hiung-nu* nach der Form seiner Aussprache in dieser Zeit eine Identität mit der Bezeichnung *Hunnen* ausschließt, gilt das nicht mehr für das 3. und 4. Jahrhundert n. Chr. In dieser Zeit kann das erste für die Schreibung des Namens gebrauchte Zeichen sehr wohl einen *Hun* lautenden fremden Namen wiedergeben.

Da auch die Chinesen, wie bereits erwähnt, Völkern an ihren Grenzen den Namen von deren Vorgängern zu geben pflegten, leuchtet es ein, daß sie eine *Hun* lautende Selbstbezeichnung der Sien-pi-Stämme, die die Nachfolge der Hiung-nu an den Grenzen Chinas angetreten hatten, mit dem gleichen Zeichen schrieben wie in der älteren Han-Zeit *Hiung-nu*.

Das zweite Zeichen dieses Namens, *nu*, besitzt im Chinesischen die Bedeutung „Sklave". Durch die Anfügung dieses Zeichens an den eigenen Namen wurde in China eine bestehende religiöse Bindung zum Ausdruck gebracht. Das läßt sich vor allem für die Zeit nach der Annahme des Buddhismus nachweisen. Aber auch bei den Sogdern in Mittelasien war es üblich, wie die überlieferten Namen beweisen, sich als Knechte einer Gottheit zu bezeichnen, wie z. B. der Name *Nanai Vandak* „Diener der Nanai", beweist. Diese Form der Bindung ist auch für die Völker anzunehmen, die sich nach jenen mythischen Wesen, die den Namen *Hun* führten, nannten. Das bestätigt die bei dem byzantinischen Autor Theophylaktos Simokatta erhaltene Überlieferung der Nomaden, die von der Annahme des Namens *Hun* bzw. *Kunni* durch die von anderen Völkern als *Awaren* bezeichneten Oguren, die 558 nach Europa gekommen waren, ausgeht. Sie gibt das Verhältnis dieser Oguren zu den Hun in der gleichen Form wieder, wie es die Chinesen durch das Anfügen des Wortes *nu* zum Ausdruck brachten. Auch hier wird dieses Volk als Knechte der Hun bezeichnet, indem sie von den Hun als von seinen Herren spricht.

Außer den Hunnen kennt die Quelle aber auch noch die War als Herren der sogenannten Awaren, nach denen sie dann *Warchuniten* genannt wurden. *War* bezeichnet nach Jordanes bei den Hunnen in Südrußland nicht wie bei den Skythen die Wolga, sondern den Dnjepr. Aus Herodot ist bekannt, daß die Flußgöttin des Dnjepr auch die Stammutter der Skythen war. Offenbar besaßen diese Oguren die gleiche Stammessage wie die Skythen.

Man hat also davon auszugehen, daß *Hunnen* nicht ein bestimmtes Volk bezeichnet, sondern ähnlich wie der Name *Awaren* von verschiedenen Völkern angenommen oder ihnen gegeben wurde. Seine Verbreitung in China, Mittelasien und Südrußland macht erneut deutlich, daß man noch zu dieser Zeit bei den Nomaden in Nordchina, in Mittelasien und in Südrußland das gleiche mythische Weltbild kannte. Das war eine der Voraussetzungen dafür, daß in der Kunst der Nomaden die gleichen Motive über den ganzen eurasischen Raum verbreitet wurden. Damit war auch die Grundlage für die Entstehung einer von Nordchina bis nach Südrußland reichenden Kulturgemeinschaft der Nomaden gegeben, die auch das von ihnen eroberte Gebiet der alten Kulturvölker in Nordchina und Ostiran mit einschloß. Diese Kulturgemeinschaft war eine wesentliche Voraussetzung für den Handel auf der Nordroute der Seidenstraße.

Von der Art der Informationen über die Stationen der hunnischen Westwanderung

Die Angaben in dem schon erwähnten sogdischen Brief lassen erkennen, daß sie auf die Mitteilungen eines wahrscheinlich auch sogdischen Augenzeugen der Ereignisse zurückgehen. Er hatte die Eroberung selbst miterlebt und kannte daher auch den Namen der Eroberer, bei denen es sich nach dem historischen Zusammenhang um Sien-pi-Stämme gehandelt haben wird, die in dieser Zeit immer weiter nach Südwesten drängten. Von ihnen scheint sich ein größerer Teil zu Beginn des dritten Jahrhunderts in der westlichen Hälfte der chinesischen Provinz Kan-su niedergelassen zu haben, wo der Name *Hunnen* noch um 600 n. Chr. als Stammesbezeichnung vorkommt. Zu ihnen gehörten auch die sogenannten T'u-yü-hun, die im dritten Jahrhundert im Kukunor-Gebiet neue Wohnsitze gefunden hatten. Man kann daher die Eroberung der beiden chinesischen Hauptstädte Lo-yang und Chan-g'an im Jahre 310 n. Chr. nicht, wie es die chinesischen Quellen tun, mit den Hiung-nu in Verbindung bringen. Hier waren die Eroberer ebenso wie später in der Sogdiana Stämme der Sien-pi, zu denen auch die Hunnen gehörten.

Zu den schon erwähnten Hunnen von Kan-su gehörte auch ein Teil jener Stämme, die zu Beginn des dritten Jahrhunderts unter den Liang in Kan-su ein Reich gegründet hatten, das erst 439 n. Chr. dem Angriff der T'o-pa Wei erlag. Ihr Reich vereinigte Kan-su und den Osten des Tarim-Beckens mit den Städten Kutscha und Karashahr.

Die mehr als zwei Jahrhunderte, in denen die Liang ihre Macht behaupteten, bedeuteten für den Handelsaustausch auf der Seidenstraße aber auch für die Verbreitung des Buddhismus Sicherheit und Förderung. Tun-huang, Su-chou und Liang-chou oder, wie sie von den Sogdern genannt wurden: *Thurwan, Čirwan* und *Kč'n* (= Kutsang) waren damals für den Karawanenhandel die wichtigsten Städte in Kan-su. Nach den Regierungsjahren der Herrscher, die in diesen Städten regierten, datierten die Kaufleute ihre Briefe. So geschah es z. B. bei jenem Schreiben, das ein Kaufmann im Jahre 193 n. Chr. aus Kan-su an den Fürsten von Samarkand geschrieben hatte. Es war nach dem Regierungsjahr des Regenten von Su-chou datiert und nicht nach der damals üblichen chinesischen Zeitrechnung. Diese Art der Datierung muß in der Kanzlei des Fürsten von Samarkand wohl bekannt gewesen sein. Auch sie weist indirekt auf das Bestehen einer sehr engen Beziehung dieses Fürsten in Kan-su zu dem von Samarkand.

Allgemein kann man feststellen, daß trotz der starken Infiltration von prototürkischen und prototibetischen Nomadenstämmen in Kan-su auch hier wie im Tarim-Becken und in Mittelasien die alten Oasenstaaten weiterbestanden. Allerdings war die chinesische Kontrolle in Kan-su offenbar stärker als im Tarim-Becken, wo sie häufig mehr oder weniger lange unterbrochen war und dann auch nur indirekt von sogenannten Beratern durchgeführt wurde, während sie in Mittelasien ganz fehlte.

Die Post, die die Karawanen aus Kan-su nach Mittelasien brachten, wurde an den Übergangsstellen des chinesischen Limes, wie dem Turm in der Nähe von Tun-huang, wo die beschlagnahmten sogdischen Briefe gefunden wurden, kontrolliert. Das war der

Grund, warum man in Mittelasien nur ungenügend über die Ereignisse in China unterrichtet wurde.

Erst recht galt das für Byzanz, wo man trotz des intensiven Handels bis zum Ende des 6. Jahrhunderts n. Chr. so gut wie nichts über China wußte. Hier lag der Grund allerdings nicht allein an der Unterbindung der Nachrichtenübermittlung an der chinesischen Grenze, sondern vor allem an den Sogdern, die, wie auch die chinesischen Quellen bestätigen, von sich aus eine Nachrichtensperre nach Westen über ihre Verbindungen mit China verhängt hatten. Diese Sperre wurde nur zeitweise durch unmittelbare Kontakte, wie jene, die während der hunnischen Landnahme in Mittelasien bestanden, unterbrochen. Auf diese Kontakte ist sowohl die erste Erwähnung der Chinesischen Mauer wie der Landnahme der Hunnen in der Sogdiana durch den Syrer Ammianus Marcellinus am Ende des vierten Jahrhunderts zurückzuführen.

Man kann allgemein feststellen, daß trotz des ununterbrochen bestehenden Handelsverkehrs auf den Routen der Seidenstraße zwischen dem Westen, Mittelasien und China infolge dieser Nachrichtensperren nur sehr sporadisch Informationen über die politischen Vorgänge in Mittelasien von dort nach Westen drangen. Das erklärt, warum es über die hunnische Landnahme in Mittelasien, die dem Vordringen dieses Volkes nach Südrußland unmittelbar vorausging, nur zwei Berichte gibt, die beide aus Mittelasien stammen. Der älteste wurde gegen Ende des vierten Jahrhunderts in Rom durch den Syrer Ammianus Marcellinus aufgezeichnet. Was er mitteilt, geht wahrscheinlich auf chionitische Gefangene der Römer zurück. Hatten doch die Chioniten unter ihrem König Grumbates als Verbündete des Perserkönigs Schapurs II. an der Belagerung von Amida teilgenommen. (Die lateinische Bezeichnung *Chioniten* ist von der mittelpersischen Form des Namens *hion* abgeleitet. *Hion* wurde ein Teil der Bewohner Mittelasiens von den Persern genannt. Sowohl die Fürsten der Kuschana wie später die der Hephthaliten bezeichneten sich auf ihren Münzen als Herrscher der Hion.)

Der zweite Bericht über diese Ereignisse stammt aus China und geht auf eine sogdische Gesandtschaft zurück, die in T'ai, der älteren Hauptstadt der T'o-pa, mit den neuen Herren Chinas wegen der in

Ku-tšang in Kan-su von den Chinesen gefangenen sogdischen Kaufleute verhandelte. Die Sogder waren dort gefangengenommen worden, als die Truppen der türkischen T'o-pa die Stadt, in der die Ts'ü-kü genannten letzten Herrscher der Liang residierten, erobert hatten.

Schon die Tatsache, daß ein sogdischer Fürst im Jahre 439 n. Chr. in der Lage war, selbst Gesandte nach China zu senden, beweist, daß diese sogdischen Stadtherren auch unter den Hunnen eine ähnlich unabhängige Stellung besaßen wie schon vorher unter den Sasaniden. Spricht doch auch die Inschrift des persischen Königs Narseh (293–302) aus Paikuli, die in parthischer und mittelpersischer Sprache abgefaßt ist, in der Sogdiana von dem „König von Chwarezm" und in Baktrien von dem „König der Kuschana" als Vasallen des persischen Großkönigs. An die Stelle der sasanidischen Großkönige waren in Mittelasien in der Mitte des vierten Jahrhunderts die Oberkhane der Hunnen getreten.

Die hunnische Landnahme in Mittelasien und in Südrußland

An Einzelheiten über den Verlauf der hunnischen Eroberung Mittelasiens berichten die sogdischen Kaufleute nach den chinesischen Aufzeichnungen nur die Eroberung der Sogdiana und des von den Alanen bewohnten Gebietes durch die Hunnen. Die hier wie bei Ammianus Marcellinus erwähnten Alanen wohnten damals in dem heute zur Turkmenischen SSR gehörenden Teil Mittelasiens. An sie erinnert der von den Sasaniden in der Turkmenen-Steppe gegen die Hunnen errichtete Limes, den man nach den in seiner Nähe wohnenden Alanen *Qizil-Alan* nannte. Er war auch unter dem Namen „Alexandermauer" bekannt und begann, wie schon erwähnt, an der Küste des Kaspischen Meeres bei der Mündung des Gurgan-Flusses. Hier, bei der gleichnamigen Stadt, befand sich ein Durchlaß für die Südroute der Seidenstraße. Heute ragt der aus gebrannten Ziegeln errichtete Bau infolge der seit Jahrhunderten üblichen Verwendung der fast vierzig Zentimeter hohen Ziegel für andere Bauten nur noch wenig über den Boden hinaus.

Der Bericht Ammians über die hunnische Eroberung ist älter und ausführlicher als die in den chinesischen Quellen erhaltenen Angaben der Sogder. Er berichtet erst von der Unterwerfung der Massageten durch die Hunnen, ehe er wie die chinesische Überlieferung deren Sieg über die Alanen erwähnt. Den Angaben bei Ammian ist weiter zu entnehmen, daß diese Hunnen offenbar von dem wegen seines langen Zufrierens als „Eis führender Ozean" bezeichneten Baikal-See kamen, bevor sie in das Land der Sogder vordrangen, die hier den Namen der früher dort wohnenden Massageten erhalten haben.

Von Ammian wird für die Hunnen der gleiche Weg beschrieben, wie ihn die Inschrift für Kül tegin von einem Feldzug der Köktürken nach Westen kennt. Sie waren vom Orchon, einem Nebenfluß der in den Baikal-See mündenden Selenga, gekommen und bis zu dem sogenannten „Eisernen Tor" im Süden der Sogdiana gezogen.

Diese nach Mittelasien eingewanderten Hunnen haben mit dem im Jahre 374 n. Chr. nach Südrußland vorgedrungenen gleichnamigen Volk nichts zu tun. Ammian, der über die näheren Umstände der Landnahme dieser Horde der Hunnen nicht orientiert war, hatte, um die Lücke in seiner Darstellung zu füllen, an dieser Stelle den Bericht über die fast ein Menschenalter früher erfolgte hunnische Einwanderung in Mittelasien eingeschaltet. Diese Gruppe der Hunnen kam nicht vom Baikal-See, sondern aus dem Gebiet zwischen den Flüssen Ili, Tschu und Talas. Sie hatte den Weg über die Nordroute der Seidenstraße gewählt. Der byzantinischen Überlieferung ist weiter zu entnehmen, daß sie erst die Meerenge von Kertsch überschritten, bevor sie über die Krim nach Südrußland kamen. Einer ihrer Hauptstämme trug den Namen *Onogur* (= Zehn Stämme). Unter diesem Namen sind auch die im Siebenstromland zurückgebliebenen Teile dieses Stammesverbandes in den chinesischen und alttürkischen Quellen bekannt.

Die beiden Hunnenhorden in Mittelasien und Südrußland gehörten ursprünglich zu einem Stammesverband, in dem die nach Südrußland ausgewanderte Horde unter dem Namen *Onogur* den westlichen Heeresflügel bildete; er ist als Name und als Bezeichnung der Stammesstruktur bei den Bulgaren bis in das neunte Jahrhundert nachweisbar, während die sogenannten *Toquz oguz* (= Neun Stämme) den östlichen Heeresflügel stellten, der sich in Mittelasien niedergelassen hatte. Diesen Stammesverband erwähnen die chinesischen Quellen noch im siebenten Jahrhundert in Mittelasien. Sie kennen ihre Häuptlinge als Herrscher über die acht sogdischen Stadtstaaten und bezeichnen sie hier als Angehörige der „Neun Stämme der Wen" (chinesisches *Wen* kann ein fremdes *Hun* umschreiben). Mit diesen Neun Stämmen ist offenbar der aus den Orchoninschriften als *Toquz oguz* bekannte Stammesverband aus dem Orchon-Gebiet gemeint.

Über die Herkunft der als *Onoguren* bekannten Hunnen, die aus dem Siebenstromland nach Südrußland auswanderten, berichten die chinesischen Quellen. Hiernach handelte es sich bei ihnen um eine Gruppe der Sien-pi, die um 166 n. Chr. nicht nur das Reich der Wusun, sondern auch die ehemaligen Wohnsitze der nördlichen Horde der Hiung-nu in Besitz genommen hatte. Um 280 n.Chr. hatten Teile dieser Sien-pi das nördliche Ufer des Syr Darya erreicht. Ein Jahrhundert später traten sie ihre Wanderung in Richtung Westen, nach Südrußland, an. Demnach müssen die Sogder, bei denen (nach J. Harmatta) der Name *Hunnen* für uns zum ersten Mal im Jahre 193 n.Chr. erwähnt wird, sie schon seit dem Jahre 166 n.Chr., dem Zeitpunkt ihrer Landnahme im Siebenstromland, gekannt haben.

Die Westwanderung beider Horden der Hunnen erfolgte zunächst über die gleiche Route der Seidenstraße. Die *Onoguren* benutzten den Westteil der Nordroute und die Toquz oguz vom Baikal-See nach Mittelasien den Ostteil des gleichen Verkehrsweges. Andere ethnisch mit ihnen verwandte Stämme, die zu ihrer Stammesföderation gehörten, folgten ihnen zu einem späteren Zeitpunkt. Das waren zunächst die Hephthaliten, die um die Mitte des fünften Jahrhunderts die Herrschaft der Hunnen in Mittelasien ablösten. Sie waren nach den chinesischen Berichten aus dem Altai gekommen. Ebenso gehörten zu ihnen die sogenannten europäischen Awaren, die sich in Mittelasien niedergelassen hatten, dann aber um 558 nach einem vorangegangenen Aufenthalt von uns unbekannter Dauer im nordwestlichen Teil des Kaukasus sich zuerst in der Dobrudscha und dann um 568 an der Theiß neue Wohnsitze gesucht hatten.

Diese Awaren hatten während des Krieges der Türken gegen die Hephthaliten ihre Wohnsitze an der damaligen persischen Grenze im Bergland der heutigen Turkmenischen SSR aufgegeben und waren nach Westen gezogen. Hierbei waren sie auf einer Abzweigung der Südroute der Seidenstraße in den Kaukasus gelangt, ehe sie dann um 558 über die Meerenge von Kertsch und Südrußland in das byzantinische Reich gekommen waren.

Die Nordroute der Seidenstraße als Vermittlerin von Informationen aus Ostasien

Auch an der Art der Berichterstattung durch den Byzantiner Theophylaktos Simokatta über den Fernen Osten zeigt sich, wie stark Mittelasien damals als zentrales Informationszentrum das Bild vom Osten der Seidenstraße geprägt hat. Schon die Bezeichnungen, die er für die dort lebenden Völker verwendet, bringen das zum Ausdruck. So erwähnt er die aus den chinesischen Quellen bekannte Vernichtung der Juan-Juan durch die Türküt im Jahre 552 und die Flucht eines Teils von ihnen im Jahre 555 n. Chr. zu den westlichen Wei, von denen sie an die Türküt ausgeliefert wurden. Die Quelle macht hierbei deutlich, daß die von ihr für sie verwendete Bezeichnung *Awaren* nur für die Juan-Juan richtig ist, nicht aber für die von den altaischen Stämmen in Südrußland mit diesem Namen bezeichneten Warhuniten. Offensichtlich wird mit dieser Unterscheidung die Bemerkung sogdischer Gesandter in Konstantinopel wiedergegeben, die sich damit gegen eine dort verbreitete Bezeichnung wandten. Auch hier lassen sich also deutlich zwei Informationsquellen unterscheiden.

Auf sogdische aus Mittelasien stammende Berichte gehen sowohl die byzantinische Beschreibung von China wie die chinesische des byzantinischen Reiches zurück. So berichtet z. B. der byzantinische Autor Theophylaktos über den um 589 n. Chr. errungenen Sieg des späteren Kaisers der Sui über das südlich des Chiang-se-kiang bestehende Reich der Ch'en. Nach dem byzantinischen Bericht hätten die „Schwarzgekleideten" während der Regierung des Kaisers

Maurikios (582–602) die „Rotgekleideten“ mit Krieg überzogen und durch ihren Sieg das Reich vereinigt. Da die Sui von Norden kommend den Chiang-se-kiang überschritten, wurden sie von den Chinesen entsprechend der taoistischen Farbenlehre als „Schwarzgekleidete“ bezeichnet, denn die Farbe „Schwarz“ war bei ihnen gleichbedeutend mit „Norden“. Für den Süden wurde dagegen die Farbe „Rot“ verwendet. Daher wurden die von den Sui angegriffenen Soldaten des Ch'en-Staates als „Rotgekleidete“ bezeichnet.

Auch die um 630 von Theophylaktos in Verbindung mit diesem Bericht aufgezeichnete Beschreibung von China stammt von Sogdern wie umgekehrt die etwas jüngere des byzantinischen Reiches in den chinesischen Quellen. Das geht indirekt aus jenen Bemerkungen hervor, die sich auf Vorzüge beziehen, die das nördlich von China liegende Gebiet der Türküt sowohl gegenüber der Sogdiana wie dem Gebiet der Onoguren im Siebenstromland besäße. Es wird bei dieser Gelegenheit auf die häufig in der Sogdiana auftretenden Seuchen und die sich bei den Onoguren im Siebenstromland wiederholenden Erdbeben hingewiesen. Beides gäbe es im Land der Türküt nicht. Ein Byzantiner, dem diese Plagen aus eigener Erfahrung wohl bekannt waren, hätte zum Vergleich nicht die Sogdiana und das Siebenstromland, sondern sein eigenes Land gewählt.

Der byzantinische Bericht über China kennt sogar die chinesische Bezeichnung des Kaisers von China, *T'ai shang*, übersetzt sie aber falsch mit „Sohn Gottes“. *T'ai shang* heißt: „Höchster Herrscher“. „Sohn Gottes“ ist eine ungenaue Wiedergabe der Bedeutung eines weiteren chinesischen Titels des Kaisers, der *T'ien-tsu* (= Sohn des Himmels) lautet. Auch dieser Fehler weist auf Mittelasien, denn noch in den islamischen geographischen Werken des zehnten Jahrhunderts wie dem in Chwarezm entstandenen ›Ḥudūd al-ʿĀlam‹ wird der chinesische Kaiser als *Faghfur* (= Sohn Gottes) bezeichnet.

Die farbenprächtige Schilderung, die der byzantinische Autor auf Grund des sogdischen Berichtes von China gibt, erwähnt auch die beiden chinesischen Städte Lo-yang und Ch'ang-an. Lo-yang war die Residenz des Kaisers. Sie wird in dem Bericht mit dem türkischen Wort für China, *Tabgač*, bezeichnet. Für Chan-g'an gebraucht er den Namen *Khumdan*. Damit gibt er die damalige chinesische Aussprache eines *Hsien-yang* lautenden Namens wieder. *Hsien-yang* hieß die alte Hauptstadt der Kaiser der Ts'in-Dynastie, unter der China ein Kaiserreich geworden war. In westlichen Quellen wird Khumdan zum ersten Mal in dem sogdischen Brief vom Jahre 193 n. Chr. erwähnt.

Theophylakt beschreibt die Lage von Khumdan zwischen zwei Flüssen, an deren Ufern Zypressen wuchsen. Mit der gleichen Anschaulichkeit, die auf die Beobachtungen eines Augenzeugen hinweist, wird auch die Beisetzung und Inthronisation eines chinesischen Kaisers beschrieben. Der Bericht läßt erkennen, daß der Besuch der Gesandten, deren Bericht hier zitiert wird, während eines Regierungswechsels in China stattfand. Weitere Bemerkungen beziehen sich auf den buddhistischen Kult und die Lebensweise der Chinesen. In dem gleichen Zusammenhang wird hier auch eine Beschreibung der Seidenraupenzucht gegeben.

Ein Vergleich dieser byzantinischen Beschreibung Chinas und seiner Nachbarländer mit der chinesischen Schilderung des byzantinischen Reiches zeigt weitgehend das gleiche Schema im Aufbau der Darstellung. Diese Gemeinsamkeit ist nicht zufällig, denn beide Beschreibungen gehen auf Sogder zurück, die sowohl die chinesische Hauptstadt Chan-g'an wie das byzantinische Konstaninopel besucht hatten. Vielleicht waren es sogar die gleichen Personen. Beide Beschreibungen erwähnen übereinstimmend die geographische Lage, gehen dann auf die Person des Kaisers und die von ihm durchgeführten Zeremonien ein. Sie schildern das Aussehen der Hauptstadt und zählen die Erzeugnisse des Landes auf, soweit sie für den Handel von Interesse waren, und sprechen dann von den Kriegen. Bei dem byzantinischen Reich waren das der Krieg mit den Persern und später der mit den Arabern. In China gehörte hierzu die um 589 von der Sui-Dynastie durch einen Krieg erreichte Vereinigung des Südreiches Ch'en mit dem übrigen China.

Die Beschreibungen lassen auch erkennen, daß die Sogder in der Lage waren, die eigenen Wegemaße in die der Byzantiner und Chinesen umzurechnen. So geben sie die Entfernung von der türkischen

Grenze bis zur chinesischen Hauptstadt mit 1500 Meilen und die von Ikar bis zum Goldenen Berg, der Residenz des obersten türkischen Qagans, mit 400 Meilen an. Die beiden Hauptstädte Tabgač und Khumdan (Chan-g'an) waren nach ihrem Bericht nur wenige Meilen voneinander entfernt. Für die chinesische Beschreibung hatten sie ihre Wegemaße in chinesische Li umgerechnet.

Als Nachbar von Tabgač (= China) in der griechischen Form *Taugašt* wird in der byzantinischen Beschreibung bei Theophylakt Indien bezeichnet. Wenn man das auf den indischen Subkontinent bezieht, scheint hier ein Fehler vorzuliegen. Nach den indischen geographischen Vorstellungen, wie sie für diese Zeit das Brhat Samhita wiedergibt, lag im Norden von Indien, in Baktrien, das Land Himatala, das Reich der Hephthaliten, darauf folgte Kaschgar, dessen Bewohner *Khasa* genannt wurden, weiter Kutscha, das Reich der nach dieser Stadt genannten Kučikas, und schließlich das der Činas, der Chinesen. Demnach wurde die im Norden des Tarim-Beckens entlangführende Route der Seidenstraße, die am Limes von Tun-huang chinesisches Reichsgebiet erreichte, zu dieser Zeit noch als Grenze des indischen Subkontinents bezeichnet. Das bedeutet, daß die Inder das Tarim-Becken als Teil Indiens ansahen. Damit entspricht die Beschreibung bei Theophylakt den damaligen geographischen Vorstellungen. Das gilt auch für den von Prokop in der Mitte des sechsten Jahrhunderts gebrauchten Namen *Serinda*. Er setzt sich offenbar aus der schon durch Ptolemaios bekannten Bezeichnung des Tarim-Beckens, *Serike*, und *Hind*, dem Namen für Indien, zusammen. Gemeint ist jener Teil Indiens, aus dem die Eier des Seidenspinners *(Bombyx mori)* kamen. Das traf nur für das Tarim-Becken zu, wo man die Seide aus den Kokons herstellte, nicht aber für das eigentliche Indien, in das man Rohseide und Seidenfäden einführte. Hier unterschied man deutlich von der chinesischen Seidenrolle, *či-napattah*, die selbst hergestellte Wildseide, *kauseya*, die in Technik und Qualität der koischen Seide im Mittelmeerraum entsprach.

Serinda war angeblich auch das Land, aus dem ein nestorianischer Mönch Eier des Seidenspinners nach Byzanz gebracht hatte. Die angesichts der bekannten kurzen Lebensdauer der Eier und der großen Entfernung unglaubwürdige Erzählung bezieht sich offenbar auf die Einführung der Seidenraupenzucht in der Sogdiana. Dorthin hatte der Mönch in seinem Stock die Eier aus dem Tarim-Becken, dem Serinda der Quelle, geschmuggelt.

Die in der Beschreibung Chinas vorkommende Verbindung von Angaben aus einer sogdischen Fassung des Alexanderromanes mit Bemerkungen, die sich auf China beziehen, wie die angebliche Gründung der beiden chinesischen Hauptstädte durch Alexander den Großen, nachdem er die Sogdiana und Baktrien erobert hatte, lassen erkennen, daß man in Konstantinopel nicht in der Lage war, die Aussagen der Sogder voll zu verstehen. Man glaubte, hier einen Bericht über die Sogdiana, Baktrien und die in diesem Zusammenhang als „Schwarzer Fluß" bezeichnete Wolga vor sich zu haben.

Dieses Mißverständnis, das zu der Verwechslung Mittelasiens mit China führte, ist zu einem Teil aus dem damals von den türkischen Herrschern Mittelasiens geführten Titel zu erklären. Sie bezeichneten sich als *Tabgač Qagan*, ein Titel, den noch die Karachaniden führten. Er erklärt sich wahrscheinlich aus der Heirat eines westtürkischen Khans mit einer Prinzessin aus der chinesischen Wei-Dynastie, die von den T'o-pa abstammte. Diese Heirat, die im letzten Jahrzehnt des sechsten Jahrhunderts erfolgte und sogar in der frühislamischen Chronik von Buchara erwähnt wird, veranlaßte die türkischen Khane wegen der Zugehörigkeit dieser Prinzessin zur chinesischen Kaiserdynastie, sich als *Tabgač Qagan* zu bezeichnen, ein Titel, den man im Westen schon im siebenten Jahrhundert in der armenischen Überlieferung als „Kaiser von China" interpretierte. Es handelt sich in diesem Fall um einen ähnlichen Vorgang, wie er bei der Übernahme des byzantinischen Cäsar-Titels durch einen Teil der westtürkischen Khane zum Ausdruck kommt. Sie nannten sich *Gesar von From*, das mit „Caesar von Rom" wiedergegeben werden kann.

Der Einfluß der hunnischen Landnahme auf die politische und wirtschaftliche Situation der westlichen Stationen der Nordroute

Während in der chinesischen Provinz Kan-su ebenso wie im Tarim-Becken und in Mittelasien die alten staatlichen Strukturen in der Form der Stadt- und Oasenstaaten die großen Wanderungen überstanden hatten, war die Situation in Südrußland eine wesentlich andere. Hier gab es im allgemeinen keine Stadtstaaten mit einer hochentwickelten Bewässerungswirtschaft, die schon im Interesse ihres Funktionierens eine Beibehaltung der erprobten staatlichen und ökonomischen Strukturen empfohlen hätte. Städte, die sich in dieser Beziehung entfernt mit denen in Mittelasien und anderen weiter im Osten liegenden vergleichen lassen, gab es nur an der Küste der Krim, wo man entweder den schmalen Platz zwischen dem Meer und dem Gebirge oder die in das Gebirge hineinreichenden Flußtäler wie das Belbek-Tal für eine intensive Agrarwirtschaft ausnutzte. Im Gegensatz zu ihnen lebte die überwiegende Zahl der Städte auf dem Festland und auch auf der Halbinsel Kertsch nicht nur vom Transit der Waren der Seidenstraße, sondern auch vom Handel mit dem Hinterland. Von ihm war ihre Versorgung mit Lebensmitteln abhängig.

Trotz dieser anderen, für Krisen wesentlich empfindlicheren wirtschaftlichen Struktur brachte das Eindringen der Alanen und später der Hunnen in Südrußland für diese Städte zunächst keine Veränderung ihrer Situation. Das gilt besonders für die Städte an der Nordroute der Seidenstraße und an ihren Abzweigungen. Nur ein kleiner Teil ist damals zerstört worden. Die meisten, wie vor allem jene, die am westlichen Ufer des Schwarzen Meeres und auf der Halbinsel Kertsch lagen, blieben unversehrt. Entscheidend für ihre Erhaltung war, daß erst das Römische und später das Oströmische Reich ihre Verteidigung übernommen hatten. Aus dem griechischen Pantikapaion war damals die byzantinische Niederlassung Bosporus geworden. Hierhin wie ebenso nach Cherson hatte Byzanz eine starke Besatzung gelegt. Auch Phanagoria auf dem anderen Ufer der Meerenge wurde zu dieser Zeit noch gehalten. Nach den zahlreichen aus dieser Epoche stammenden Bodenfunden, die vor allem auf der Krim gemacht wurden und die sich heute in der Eremitage in Leningrad befinden, kann man sagen, daß es sowohl in Cherson, im äußersten Westen der Krim, wie im Osten in Bosporus nicht zu einem durch die Völkerbewegungen im südrussischen Raum entstandenen Rückgang des Wohlstandes gekommen ist. Diese Situation blieb bis zum Ende des 6. Jahrhunderts n. Chr. die gleiche.

In der ersten Hälfte des dritten Jahrhunderts war es den germanischen Herulern gelungen, sich an der Don-Mündung festzusetzen. Das geschah in der gleichen Zeit, in der die Ostgoten über Jütland und Ostpreußen nach Südrußland vorstießen. Wie die Waräger verbanden sie mit den Aufgaben eines Kriegers die Geschäfte eines Kaufmannes. In ihren Händen ruhte jener Pelzhandel, der von den Suehans im Südosten Skandinaviens ausging und über die Ostsee und Rußland den an der Don-Mündung liegenden Pelzmarkt der Nordroute der Seidenstraße erreichte. Diese Heruler an der Donmündung waren noch in der ersten Hälfte des vierten Jahrhunderts von dem Ostgotenherrscher Hermanarich unterworfen worden. Durch das Eindringen der hunnischen Onoguren in Südrußland wurden sie von dort verdrängt, und das Monopol der Pelzeinfuhr ging in die Hände der Onoguren über.

Zu einer Unterbrechung der Nordroute der Seidenstraße hatte die Vertreibung der Heruler durch die Onoguren nicht geführt, da der Handelsverkehr auf dieser Route damals von der Donmündung über Phanagoria und die Meerenge von Kertsch nach Bosporus und von dort nach Cherson umgeleitet worden war. Den Importfunden christlichen Charakters von der Krim, die in Chwarezm gemacht wurden, ist zu entnehmen, daß der Handelsverkehr mit den christlichen griechischen Niederlassungen bis zum Ende des sechsten Jahrhunderts nicht unterbrochen wurde.

Für das Gleiche in umgekehrter Beziehung, den Warenimport über Mittelasien aus China, sprechen nicht nur die schon erwähnten chinesischen Seiden des ersten Jahrhunderts nach Chr. aus den Gräbern bei Pantikapaion und die chinesischen Spiegel aus der gleichen Zeit von der Mündung des Kuban, sondern auch Funde aus späteren Jahrhunderten. So lassen die Beigaben einiger nordkaukasischer

Gräber für das späte siebente Jahrhundert ein Fortbestehen der Handelsbeziehungen mit China erkennen, das von den literarischen Quellen nur bis zum Ende des sechsten Jahrhunderts bezeugt wird. So fanden sich in einem nordkaukasischen Grab aus dieser Zeit sogdische Gewänder aus Brokatseide mit Ornamenten, die, wie die Fresken von Afrasiab bei Samarkand beweisen, dort im achten Jahrhundert getragen wurden. Es sind Ornamente, die z. B. aus einem von Perlbändern umrahmten Simurg bestehen. Auch die von chinesischen Grabfiguren, japanischen Gigaku-Masken und Gemälden bekannten spitzen Kopfbedeckungen der Sogder sind in einem Exemplar, das aus gefütterter Seide besteht, in diesem Grab anzutreffen. In ihm fanden sich auch Aufzeichnungen in chinesischer Schrift, die auf dem zu dieser Zeit im Westen noch nicht bekannten chinesischen Papier gemacht wurden. Sie weisen auf die damals noch bestehende enge Verbindung der Sogder mit China. Offensichtlich hatte der hier bestattete sogdische Kaufmann vorher China besucht und seither chinesische Aufzeichnungen mit sich geführt. Der Fund beweist, daß es vorkam, daß sogdische Kaufleute, die vorher in China gewesen waren, später Konstantinopel besuchten. Damit wird der Weg deutlich, auf dem die Nachrichten über China, die der byzantinische Historiker Theophylaktos Simokatta um 630 n. Chr. mitteilt, nach Westen gekommen waren.

Im Jahre 582 war Bosporus in die Hand der Türküt gefallen. Es ist nicht bekannt, ob die Stadt später wieder von den Byzantinern zurückerobert werden konnte. Zu den Folgen dieses Ereignisses gehörte, daß sich der Warenaustausch auf der Seidenstraße jetzt wieder auf den Handelsplatz an der Donmündung, der früher den Herulern gehört hatte und wo später der chazarische Handelsplatz Sarkel lag, konzentrierte. Hierhin kamen jetzt auch die Kaufleute aus dem byzantinischen Cherson. Die Zeit, als man in der Mitte des zweiten Jahrhunderts n. Chr. fast vor den Toren von Cherson Sogdaia als sogdische Kolonie gegründet hatte, deren Name noch im Namen der Stadt *Sudak* fortlebt, sollte sich nicht wiederholen.

Einst hatten im 6. und 5. Jahrhundert v. Chr. die Taurer im Bergland der Krim die griechischen Städte vor den Skythen geschützt. Jetzt gewannen ihre Nachfolger, die byzantinischen Städte, in den

Krimgoten, die nach Vernichtung des Gotenreiches am Dnjepr nach Süden auf die Krim geflüchtet waren, ähnlich zuverlässige Verteidiger. Sie hatten sich im Gebiet um die Bergstadt Doros im Jaila-Gebirge niedergelassen. Dort konnten sie ihre Sprache und ihre Religion bis in das 16. Jahrhundert bewahren. Ihre Höhlenkirchen um Mangub kaleh und die Scheinsarkophage mit arabischen Schriftbändern und dem christlichen Kreuz, die offenbar über den Gräbern ihrer Häuptlinge errichtet worden waren, zeigen, daß die Khane der Goldenen Horde anders als später die osmanischen Sultane den Christen auf der Krim die Pflege ihres christlichen Kultes nicht verwehrten.

Die Perser hatten noch in der Mitte des vierten Jahrhunderts ähnlich wie schon in Mittelasien im Kaukasus Befestigungen errichtet, die den Hunnen auch hier ein Überschreiten der iranischen Grenze unmöglich machen sollten. Hierzu gehörten die heute noch erhaltenen Wehranlagen am Paß von Derbent an der Küste des Kaspischen Meeres und Kastelle wie *Onoguris* am Paß von Darial. Da auch das oströmische Reich von dieser Sicherung der Pässe Nutzen zog, hatte es sich damals an diesen Anlagen und den Kosten für die Unterhaltung der dort stationierten persischen Truppen beteiligt.

Einige hunnische Stämme nördlich des Kaukasus, wie die Sabiren und ein Teil der Bulgaren, wurden häufig von den Persern durch Geldzahlungen für Angriffe gegen die Donaugrenze des oströmischen Reiches gewonnen. Andere standen in byzantinischem Dienst und unternahmen für byzantinisches Geld Plünderungszüge auf persisches Gebiet. Auch bedienten sich beide Großmächte zur Verstärkung ihrer Truppen hunnischer Söldner. Sie stellten einen großen Teil der Hilfstruppen in ihren Heeren. Häufig kam es vor, daß die Perser mit Hilfe der von ihnen bezahlten Stämme den Handelsverkehr auf der Nordroute der Seidenstraße zu stören versuchten. Sie verlegten hierbei den Karawanen aus Mittelasien den Weg nach Phanagoria und damit auch den Zugang nach Bosporus. In derartigen Fällen pflegten die Byzantiner die Karawanen durch ossetisches und georgisches Gebiet nach Trapezunt umzuleiten.

Es erhebt sich zum Schluß die Frage, wieweit man im Westteil der Nordroute der Seidenstraße bei den Hunnen in Südrußland von einem Weiterleben skythischer Kultur sprechen kann. Auf diese Frage läßt sich eine Antwort nur in Verbindung mit den in Südrußland zu dieser Zeit einander ablösenden ethnischen Gruppen finden. Auch die Skythen waren ethnisch gesehen keine Einheit. Man kann sie nur als Kulturgemeinschaft bezeichnen. Hierbei hat man von den Beschreibungen durch ihre Nachbarvölker, die Perser und die Griechen, auszugehen. Schon in der ältesten erhaltenen Beschreibung der skythischen Völker in der Grabschrift des Dareios von Nakš-i-Rustem aus dem Jahre 486 v. Chr. kennt man Skythen in Mittelasien und Südrußland. Man spricht von ihnen als den *Saka haomavarga*, den „haoma essenden Saka" und den *Saka tigrachauda*, den „spitzmützigen Saka" in Mittelasien und von den *Saka tyaiy paradraya*, den „Saka jenseits des Meeres" in Südrußland. Auch Herodot kennt diese drei Gruppen. Später, mit dem ersten Jahrhundert n. Chr., wird diese skythische Kulturgemeinschaft, wie die Beschreibung bei Ptolemaios zeigt, noch um die „Skythen jenseits des Himaos" (die Skythen im Tarim-Becken) und die „Indoskythen" (die Skythen im Nordwesten Indiens, die Kuschana) erweitert.

Auch bei den Skythen in Südrußland kann man ethnisch von keiner Einheit sprechen. Schon Herodot deutet mit seiner Erzählung von der skythischen Überwindung des Aufstandes der Sklaven, mit denen die unterworfenen Völker gemeint waren, an, daß die Skythen in Gestalt der sogenannten „königlichen Skythen" nur eine verhältnismäßig kleine Schicht von Eroberern bildeten, die andere Völker beherrschte.

Die Unterschiede werden nicht nur ethnisch, in sprachlicher oder anthropologischer Beziehung deutlich. Auch die Lebensweise zeigt Unterschiede, die gegenüber der der Skythen bestanden. Man braucht hier nicht nur an die Issedonen zu denken, die wegen ihres rituellen Verzehrens von Leichenteilen als *Anthropophagen* (Menschenesser) bezeichnet wurden. Ein anderes Beispiel dafür sind die sogenannten *Amadoken*, ein nichtskythisches Volk in Südrußland, bei dem die besondere Behandlung seiner Reitpferde zur Entstehung seines Namens bei den Skythen führte. Bei diesem Namen handelt es sich um die Wiedergabe des iranischen Wortes *amadaka*. Was damit gemeint ist, wird in der von Ammianus Marcellinus gegebenen Beschreibung der Hunnen deutlich. Nach ihm hätten sie das rohe Fleisch während des Reitens unter den Sattel gelegt, um es später zu verzehren. Das geschah aber nicht, um durch das Reiten das Fleisch weichzumachen, vielmehr wollte man durch diese Fleischstücke verhindern, daß Druckstellen, die durch den Sattel auf dem Rücken des Pferdes entstanden waren, sich entzündeten. Dieses Verfahren wird noch heute bei den Turkmenen, Kirgisen und Kasachen angewendet. Demnach müssen die Amadoken schon damals Holzsättel verwendet haben, während die Skythen, wie auch die Funde in den Kurganen von Pazyrik beweisen, Satteldecken statt eines Sattels gebrauchten. Der Holzsattel läßt sich schon Ende des 5. Jahrhunderts n. Chr. in Japan nachweisen. Wie die als Haniwa erhaltenen Darstellungen mit diesen Sätteln zeigen, trugen die Pferde hier die von den Sarmaten und Skythen her bekannten Phalera als Schmuck des Geschirrs.

Offenbar haben die Skythen die Amadoken trotz der bestehenden Kulturgemeinschaft als Fremdlinge betrachtet, denn nach Ptolemaios scheinen sie mit den im gleichen Gebiet am unteren Dnjepr von ihm zwischen Bastarnern und Jazygen erwähnten Hunnen identisch zu sein. Als *Hunnen* bezeichneten die Skythen aber damals Völker, die nach ihrer Vorstellung vom Rande der Welt gekommen waren.

Wir haben also davon auszugehen, daß es schon vor dem Jahre 374 n. Chr., in dem die als *Hunnen* bezeichneten altaischen Völker nach Südrußland vordrangen, zu einem Kontakt zwischen Skythen und Hunnen gekommen sein muß, der die Grundlage zum Weiterleben ihrer Kultur bei den Hunnen gegeben hat. Das ist schon deshalb von Bedeutung, weil vor der hunnischen Eroberung die ostgotische Landnahme in Südrußland erfolgte. Aus der Beschreibung der Eroberungen des Hermanarich in der Mitte des vierten Jahrhunderts, die Jordanes gibt, läßt sich aber entnehmen, daß damals nur noch das Gebiet um die Mündung des Dnjepr und die Nogaische Steppe von skythischen Stämmen bewohnt waren. Es fällt daher schwer, an einen kulturellen Kontakt zwischen den Skythen in Südrußland und den 374 eingewanderten Hunnen zu glauben. Die skythische Kultur muß den Hunnen demnach schon zu einem früheren Zeitpunkt vermittelt worden sein. Sie hat zunächst bei den am Anfang des 3. Jahrhunderts v. Chr. in Südrußland eingewanderten Ostgoten weiterleben können. Bei ihnen kannte man nicht nur die Mythe von der Herkunft der Hunnen, sondern berief sich auf eine gotisch-skythische Kontinuität, die man durch die Inanspruchnahme skythischer Könige für die gotische Geschichte zu beweisen suchte.

Die nach Südrußland im Jahre 374 eingewanderten Hunnen hatten mehr von den Goten als von den Skythen übernommen. Das zeigen die gotischen Namen ihrer Führer, aber auch die Übernahme von Kulten wie dem des germanischen Kriegsgottes Thor, dessen Schwert man verehrte. Wenn sich aber trotzdem in einem Herrschernamen der Hunnen Hinweise auf die skythische Stammessage finden, muß es schon in früherer Zeit zu ihrer Rezeption gekommen sein. Ein Beispiel hierfür ist das Vorkommen des Namens *Skuttas*. So hieß einer der Vertrauten Attilas. *Skuttas* gibt das gleiche Wort wieder wie die griechische Form *Skythes*, deren Bedeutung von den Griechen mit *Toxaris* (= Bogenschütze) angegeben wird. *Skuttas* entspricht dem althochdeutschen *Skutja*, das die gleiche Bedeutung besitzt. Man kannte demnach wahrscheinlich bei den Hunnen die Stammessage der Skythen, nach der *Skythes* durch das Spannen des Bogens des Herakles für sich die Königswürde gewann.

Auch in einem anderen hunnischen Herrschertitel könnte man einen Hinweis auf skythische Mythen sehen. Es handelt sich hier um *Dengizig*, das einen Sohn Attilas bezeichnet. In Verbindung mit dem Wort *Chan* würde das einem Herrschertitel entsprechen, der die Bedeutung „meeresgleicher Chan" besäße. Den gleichen Titel in der Form *Dschingis Chan* hatte der mongolische Eroberer Temudschin erhalten. Damit sollte vielleicht auch der Anspruch auf die Weltherrschaft durch das die Erde nach skythischer Vorstellung umgebende Weltmeer zum Ausdruck gebracht werden.

Auch bei den alten Slawen ist, wie ihre Wörter als Bezeichnung für Riesen zeigen, die Kenntnis skythischer Mythen vorauszusetzen. Sie ist offenbar durch die Nachbarschaft von Slawen mit skythischen Völkern zu erklären. Wird doch einer der slawischen Stämme mit dem skythischen Wort für Grenzvölker, *Anten*, bezeichnet.

Das Erbe der Skythen wurde nicht nur in der Gestalt von Mythen an die Goten, Slawen und Hunnen vermittelt, auch in der materiellen Kultur lassen sich Spuren des skythischen Einflusses finden. Das gilt in erster Linie für die Goten. Von ihnen wurden wesentliche Bestandteile der skythischen Tracht übernommen, wie die Kopfbedekkung der Häuptlinge, das Kamelaukion, und bei den Kriegern Helm und Panzer. Das gleiche gilt für die verschiedenen Formen des Schmuckes. Die Übernahme von Motiven der skythischen Kunst, die mit den Mythen eng zusammenhängen, ist dagegen kaum nachzuweisen. Die Motive haben bei ihnen ihre alte Bedeutung als Illustration von Mythen verloren und sind zum Ornament geworden. Sie finden sich bei den Hunnen und ihren Nachfolgern, den Awaren, auf Preßblechen, Riemenzungen, Gürtelschnallen und Gewandspangen. Sie halten auch in der Technik der Ausführung einen Vergleich mit skythischen Arbeiten nicht aus.

Eine ferne Resonanz der skythischen Kunst findet sich noch bei den zum Christentum bekehrten Russen. Die um 1165 errichtete Maria-Schutz-Kirche an der Nerlja in der Nähe von Wladimir bewahrt noch in einem Relief der Außenfassade ein skythisches Motiv. Es zeigt einen Greifen, der ein Tier reißt. Es erinnert an den Stoff in Noïn Ula, auf dem das Opfer des Greifen aber ein Damhirsch ist. Er steht damit der griechischen Vorlage in Gestalt eines Mosaiks aus Pella, das dem 3. Jahrhundert v. Chr. angehört, näher als das Relief an der Fassade der russischen Kirche.

Byzantinischer und ostiranischer Einfluß haben sehr bald das skythische Erbe in der materiellen Kultur der Altaier und Slawen in Südrußland verdrängt und damit bald die letzten Spuren einer skythischen Einwirkung ausgelöscht.

ZENTRALASIEN UNTER DER HERRSCHAFT DER TÜRKÜT

(Ihre Bedeutung für den Warenaustausch auf der Seidenstraße)

Der Weg der Türküt zur Großmacht in Asien

Nach den chinesischen Quellen wohnten die Türküt zunächst im Altai, wo sie Erze förderten und aus ihnen Waffen für die Juan-Juan schmiedeten. Außer diesen Türküt im Altai gab es noch eine andere türkische Gruppe. Ihr politischer Schwerpunkt lag bei Talas im Siebenstromland. Von dort aus begann sie in die politischen Verhältnisse der Sogdiana einzugreifen.

Die Sogdiana wurde damals von acht sogdischen Fürsten unter der Oberherrschaft der Hephthaliten regiert. Nach der frühislamischen Überlieferung der Chronik von Buchara war der Grund des Eingreifens der Türküt die Vertreibung der Dihkane, die offenbar die Folge einer mazdakitischen Revolution war. Von den zu ihm geflohenen Dihkanen aufgefordert, hatte der damals in Talas residierende Qagan der Türküt Buchara erobert, dort seinen Sohn als Herrscher eingesetzt und die Dihkane zurückgeführt. Hierdurch kam es zum Krieg mit den Hephthaliten, deren Reich nicht nur die Sogdiana, sondern auch Baktrien und den größten Teil des Tarim-Beckens mit den dort bestehenden Oasenstaaten umfaßte. In dem Krieg gegen sie waren die Türküt mit dem König der Perser, Chosrau I. Anuschirvan, verbündet. Einen weiteren Bundesgenossen gewannen sie in der Person des Katulf, eines hephthalitischen Fürsten, der sich den Persern angeschlossen hatte. Nicht zuletzt wegen des Eingreifens dieser Bundesgenossen konnten die Türküt am Ende die Hephthaliten unterwerfen. Während des Krieges war es zu der Auswanderung einiger Stämme der Ogur gekommen. Sie führten sich, wie schon erwähnt, auf die War und Kunni bzw. War und Hun als ihre ältesten Herrscher zurück. Mit ihnen waren jene übernatürlichen Wesen gemeint, denen sie die Entstehung ihrer Stammesgemeinschaft zuschrieben. Nach dem byzantinischen Autor Theophylakt hatte man sie im Westen ebenso wie die in dem gleichen Bericht im Osten erwähnten Juan-Juan als *Awaren* bezeichnet.

Über den Weg, den die damals aus Mittelasien ausgewanderten Ogurenstämme, die sich selbst *Warhuniten* (aus *War* und *Hun*) nannten, zurücklegten, berichten neben Theophylakt noch andere byzantinische Quellen. Ihre Nachrichten werden durch eine aus sasanidischer Überlieferung schöpfende frühislamische Überlieferung ergänzt. Hiernach war diese Gruppe der Oguren aus dem persisch-hephthalitischen Grenzgebiet, wahrscheinlich dem Bergland des Kopet dagh, nach dem Kaukasus ausgewandert. Dort hatten ihnen die Perser offenbar den Schutz der byzantinisch-persischen Grenze gegen das unter byzantinischer Oberherrschaft stehende Kolchis anvertraut. Das geht indirekt aus einer Notiz bei Baladhuri hervor, nach der der persische König Chosrau ihrem Häuptling den Titel „Qagan" und „Herrscher des Thrones" verliehen hatte. Den gleichen Titel *Qagan* führten auch später die Herrscher der nach Südosteuropa ausgewanderten und dort unter dem Namen *Awaren* bekannten Ogurenstämme. Der Name *Awaren* wurde offenbar auch für die im Kaukasus zurückgebliebenen Teile dieser Oguren weiter gebraucht. Sie scheinen später in dem dort wohnenden, lezgisch sprechendem Teil der daghestanisch-kaukasischen Völker aufgegangen zu sein. Die ursprünglich von ihnen gesprochene altaische Sprache, auf die vielleicht der bis zum 17. Jahrhundert lebendige Dialekt der Kaitak zurückgeht, ist über ihn nur aus armenischen, georgischen und osmanischen Vokabularen bekannt. Durch die Vermittlung der Alanen, zu denen noch die im Kaukasus zurückgebliebenen Teile dieser sogenannten *Awaren* enge Beziehungen unterhielten, hatten sie damals Verbindungen zu dem in Kolchis kommandierenden byzantinischen Befehlshaber aufgenommen und 558 Gesandte nach Konstantinopel geschickt. Von dort erhielten sie als Föderaten in der heutigen Dobrudscha neue Wohnsitze, die sie erst im Jahre 568 verließen, nachdem türkische Gesandte in Konstantinopel ihre Auslieferung verlangt hatten. Sie setzten sich damals in dem von den Langobarden aufgegebenen Teil Pannoniens fest. Das dort von ihnen gegründete Reich fand in der zweiten Hälfte des achten Jahrhunderts durch die Franken seinen Untergang.

Am Ende des Krieges gegen die Hephthaliten war der Sieg der Türküt und Perser über sie vollkommen. Ihr Land wurde geteilt. Hierbei blieben die Staaten der einzelnen Fürsten, die bisher unter hephthalitischer Oberherrschaft gestanden hatten, wie die der Sogdiana und ebenso die der Oasenstaaten Baktriens und des Tarim-Beckens, unangetastet. Für sie waren jetzt an die Stelle der Hephthaliten die Türküt als Oberherren getreten.

Die Folgen des Sieges der Türküt über die Hephthaliten für den Iran

Eine der Folgen des Sieges war, daß die persische Grenze, die vorher bei Gurgan am Südostende des Kaspischen Meeres begann, jetzt nach Norden bis zum alten Flußbett des Uzboi vorgeschoben wurde und nun mit der Provinz Abarshahr das Hochland um den Kopet dagh mit einschloß. Hierdurch waren auch Merw und Nischapur wieder persisch geworden. Damit war zugleich eines der wichtigsten Zentren der damaligen Seidenerzeugung und der Herstellung von Baumwolle unter die Kontrolle der persischen Könige gekommen. Hierbei handelte es sich nicht um jene Manufakturen, in denen die Wildseide, die unter dem Namen „Koische Seide“ bekannt war, gewebt wurde, sondern um Betriebe, die die Fäden des Seidenspinners, für dessen Ernährung man Plantagen von Maulbeerbäumen angelegt hatte, verwendeten.

Die Bedeutung der Siege der Türküt im Osten für die Entwicklung des Warenverkehrs auf der Seidenstraße

Zur gleichen Zeit, als Istämi, der türkische Großkhan, mit den Hephthaliten kämpfte und sie besiegte, wurden von seinem Bruder T'u-men die im Gebiet von Orchon und Selenga wohnenden Tölish unterworfen. Nach diesem Sieg gelang es T'u-men, unterstützt von seinem Bruder Istämi, die Juan-Juan zu vernichten. Das unter diesem Namen von den chinesischen Quellen erwähnte Volk wohnte offenbar in dem von den Chinesen *Pei-shan* genannten Gebirge, das zwischen dem Edsin gol und der Oase Hami liegt. Von diesem Bergland aus konnten sie sowohl die Straße von Turfan über Hami nach An-hsi in der Provinz Kan-su wie die Karawanenstraße, die durch den Norden der Alashan-Steppe am Lang-shan-Gebirge vorbei weiter bis nach Ta-t'ung, dem Grenzübergang über die Große Mauer nach Pei-Ts'i, führte, kontrollieren.

Die Vernichtung der Juan-Juan, von denen ein Teil bei dem westlichen Nachfolgestaat des T'o-pa-Reiches, Pei-Chou, Zuflucht suchte und der andere weit im Osten an der mandschurischen Grenze bei den Mukri, den Bökli der Orchoninschriften, untergetaucht war, bedeutete für den östlichen Teil der Nordroute der Seidenstraße eine Befreiung. Jetzt konnte man über Turfan und Hami ungehindert nach Su-chou in Kan-su reisen und auch die Abzweigung von Hami nach dem ostchinesischen Staat Pei-Ts'i und weiter bis Korea und Japan benutzen.

Berichte über das Schicksal der Juan-Juan enthalten chinesische und griechische Quellen. Die Informationen, die der schon erwähnte Theophylakt Simokatta besaß, stammten von Sogdern aus Mittelasien. Aus ihren geographischen Vorstellungen erklärt sich die Bezeichnung der Juan-Juan als *Awaren*, jene Wesen, die nach den Mythen am Rande des *Okeanos* genannten Weltmeeres wohnten, denn für die Sogder lag Nordostasien schon außerhalb der ihnen bekannten Welt. Für die Stämme in Südrußland und im Kaukasus aber gehörten bereits die Völker im Norden Mittelasiens zu den mythischen Bewohnern der Küste des Okeanos.

Man kann also feststellen, daß, je weiter man auf der Seidenstraße nach Osten kam, sich auch der geographische Horizont veränderte. Die Kenntnis der Welt reichte in Mittelasien weiter nach Osten als in Südrußland und im Kaukasus.

Auch im Westen gelang es den Türküt, die Nordroute der Seidenstraße in ihrer ganzen Ausdehnung unter ihre Kontrolle zu bringen. Mit der Eroberung von Bosporus in der Nähe des heutigen Kertsch war der letzte byzantinische Stützpunkt an dieser Straße in ihre Hände gefallen.

Der türkische Partikularismus als Folge der politischen Struktur und der besonderen wirtschaftlichen Interessen der einzelnen Reichsteile

Das Reich der Türküt gliederte sich in vier Khanate. Einer der Khane mit dem Titel *Bilgä Qagan* (= weiser Qagan) bekleidete die Würde eines Oberkhans. Ihm folgten als nächste der *Yabgu Qagan* und, ihm im Rang nachgesetzt, die beiden Unterkhane. Nachfolger des Oberkhans wurde sein jüngerer Bruder. War ein solcher nicht vorhanden, nahm der Sohn des ältesten Bruders die Stelle ein. So war Istämi nach dem Tode seines Bruders T'u-men Oberkhan geworden. Diese Erbfolgeordnung war häufig die Ursache von Auseinandersetzungen innerhalb der regierenden Dynastie. Sie bewirkten im Jahre 582 die Spaltung des Reiches der Türküt in ein Ost- und ein Westreich. Doch bevor es hierzu kam, erfolgte jener Zusammenstoß der Türküt mit Persien, der den Krieg zwischen beiden Mächten auslöste, nachdem das byzantinische Reich von den Türküt als Bundesgenosse gewonnen werden konnte. Es gab zwei Gründe für diesen Konflikt. Einmal wollten die Türküt ihr Reich wieder bis zur alten hephthalitisch-persischen Grenze ausdehnen, also Merw und Nischapur wiedergewinnen, zum anderen ging es um den Absatz der Seide auf der Südroute der Seidenstraße. Als die Perser 568 einer sogdischen Karawane, die zusammen mit einer von dem sogdischen König Maniak geführten Gesandtschaft durch ihr Land reisen wollte, nicht die Erlaubnis zum Durchzug in das byzantinische Reich gegeben hatten, kam es zum Bruch, denn der Perserkönig hatte sich nicht nur geweigert, dieser sogdischen Karawane die Reise über die Südroute in das byzantinische Reich zu gestatten, sondern er hatte auch den Befehl gegeben, die von ihr mitgeführte Seide zu verbrennen.

Um diese Entscheidung des Großkönigs zu verstehen, muß man wissen, daß es den Persern, kurz bevor die Gesandtschaft der Türküt bei ihnen eintraf, gelungen war, den Jemen militärisch zu besetzen. Hierdurch konnten sie die Meerenge des Bab el Mandeb für die byzantinischen Indienfahrer sperren. Damit waren sie nicht nur in der Lage, den Handel mit Seide, sondern auch den mit anderen Waren aus Indien und China nach dem byzantinischen Reich zu kontrollieren. Maßgebend für die Verhängung einer Sperre der Seidenimporte aus Mittelasien war sicher die Rücksicht auf die eigenen Seidenmanufakturen. Sie suchte man vor der Konkurrenz der aus China importierten Seiden zu schützen, denn diese mußte ihren Absatz gefährden.

Für die Türküt brachte die Handelsblockade der Perser große finanzielle Verluste. Nahm sie ihnen doch die Möglichkeit, die Seide, die sie als Tribut von den chinesischen Teilstaaten erhielten, durch Vermittlung der Sogder auf dem Wege des Transits über Persien im byzantinischen Reich abzusetzen. Da die Perser ihnen hierfür die Genehmigung zur Benutzung der Südroute der Seidenstraße versagten, blieb ihnen nur noch die Nordroute, die bisher der Kontrolle der Perser entzogen war. Daher wurde sie auch im Jahre 569 von der Gesandtschaft der Türken, die von dem sogdischen Fürsten Maniak geführt wurde, für ihre Reise nach Konstantinopel benutzt.

Was dort von Türken und Byzantinern verhandelt wurde, ist zu einem Teil durch Auszüge aus den stenographischen Protokollen über den Empfang der Gesandtschaft durch den byzantinischen Kaiser bekannt. (Die auf ihnen beruhende Darstellung dieser Ereignisse ist ebenfalls nur in Auszügen erhalten.) Die handelspolitischen Ziele ihrer Reise hatte die Gesandtschaft hiernach in diesen Verhandlungen in vollem Umfang erreicht. Es kam in der Hauptstadt zu der Errichtung des dabei vereinbarten eigenen türkischen Mitaton, einer Handelsniederlassung für sogdische und türkische Kaufleute. Sie wurde in den folgenden Jahren oft gleichzeitig von mehr als hundert türkischen Kaufleuten benutzt.

Zu den damals erreichten politischen Vereinbarungen gehörte der Abschluß eines Angriffsbündnisses gegen die Perser. Beide Abkommen sollten durch den türkischen Großkhan in Gegenwart der byzantinischen Gesandten in seiner Residenz auf dem sogenannten „Goldenen Berg" ratifiziert werden. Zu diesem Zweck begleitete eine byzantinische Delegation unter dem praefectus praetorio per orientem, Zemarchos, dem höchsten für den Osten zuständigen Reichsbeamten, die nach Zentralasien zurückkehrenden Türken.

Den erhaltenen Auszügen aus den Berichten der Gesandten ist zu entnehmen, daß auch für diese Reise die Nordroute der Seidenstraße benutzt wurde. Man hatte von Konstantinopel aus zunächst den Seeweg über das Schwarze Meer bis zur Südküste der Krim benutzt und dann nach Anlaufen verschiedener Häfen an der Meerenge von Kertsch und an der Küste des Asowschen Meeres nördlich der Don-Mündung die Schiffe verlassen. Von diesem nicht genannten Ort am Unterlauf des Don aus reiste die Gesandtschaft als Karawane auf dem Landweg weiter. Nachdem man wahrscheinlich die Wolga in der Nähe des heutigen Wolgograd mit Hilfe einer Furt überschritten hatte, folgte man offenbar der schon von Herodot beschriebenen Karawanenstraße bis nach Chwarezm. Von hier aus erreichten die Gesandten (vielleicht über die Pässe des Alai-Gebirges) das Tarim-Becken, wo sie dem Tarim nach Osten bis Kutscha folgten. (Die in der Beschreibung erwähnte Bezeichnung des Tarim als *Oich* kennt schon Ptolemaios, der vom *Oich-ard*, dem „Oich-Fluß", spricht.) Von Kutscha aus gelangte man nach dem Ektag-Gebirge, wo der „Goldene Berg", die Residenz des Großkhans Istämi, lag. Nachdem die Gesandten dort an mehreren Empfängen des Khans teilgenommen hatten, begleiteten sie ihn in seine Sommerresidenz nach Talas. Dort kam es dann trotz der Einwendungen einer ebenfalls hier anwesenden persischen Gesandtschaft zur Ratifizierung des in Konstantinopel abgeschlossenen Bündnisvertrages durch den Großkhan.

Auch mit den damals noch bestehenden chinesischen Teilstaaten, die in der byzantinischen Überlieferung mit dem ursprünglich sogdischen Namen *Tabgač* bezeichnet werden, schloß der Großkhan Verträge.

Das politische Zusammengehen von Türküt und Byzantinern führte dazu, daß die Perser, um nicht gleichzeitig von mehreren Seiten angegriffen zu werden, den Türküt einen Tribut von jährlich vierzigtausend Goldsolidi zahlten. Auf diese Weise erhielten sie sich den Frieden mit ihnen bis zum Tode des Großkhans Istämi im Jahre 579. Nach dem Thronwechsel hatte sein ihm in der Sogdiana nachfolgender Sohn, den die Griechen *Turkshathos* nannten, die Tribute erhöht. Darauf war ihm von den Persern der Krieg erklärt worden. Obwohl sie jetzt gleichzeitig gegen die Byzantiner und die Türküt kämpfen mußten, errangen sie nach längeren Kämpfen mit den Türküt den Sieg. Die türkische Offensive, die sich nach der Eroberung der byzantinischen Festung Bosporus an der Straße von Kertsch auch gegen den Süden, die persischen Stellungen im Kaukasus, richtete, war zusammengebrochen.

Die Ursachen des Bruchs zwischen dem Iran und den Türküt

Der Grund für den Bruch zwischen Persern und Türküt war nicht nur die Erhöhung der Tribute, sondern auch das Vordringen der Türküt im Kaukasus, das die persische Interessenssphäre berührte. Waren doch die türkischen Heere nach der Eroberung des byzantinischen Bosporus weiter an der Küste des Schwarzen Meeres bis Kolchis in das Gebiet um das heutige Batum vorgedrungen, nachdem sie schon vorher im oberen Kubantal erst die Utiguren und dann am Terek auch die Alanen unterworfen hatten. Die türkischen Heere standen damit unmittelbar vor den persischen Grenzbefestigungen am Paß von Derbent und am Übergang nach Georgien über den Paß von Darial. Der darauf von den Persern gegen sie nicht nur im Kaukasus, sondern auch in Mittelasien geführte Krieg endete mit einer schweren Niederlage der Türküt, die jetzt nicht nur selbst an die Perser Tribute zu zahlen hatten, sondern auch einen Teil ihrer Eroberungen im Krieg gegen die Hephthaliten an die Perser abtreten mußten. Damals wurde die vor dem Beginn der hunnischen Eroberung Mittelasiens im 4. Jahrhundert n. Chr. bestehende persische Grenze am mittleren Amu Darya wiederhergestellt, so daß außer Merw jetzt auch Balch und Herat erneut unter persische Oberherrschaft kamen. Die später von anderen Khanen der Türküt unternommenen Versuche, das abgetretene Gebiet wieder zurückzugewinnen, waren bis in die erste Hälfte des siebenten Jahrhunderts hinein ohne bleibenden Erfolg.

Für den Verkehr auf der Nord- und der Südroute der Seidenstraße waren die politischen und militärischen Auseinandersetzungen zwischen Persern und Türküt von großer Bedeutung. Schon im Jahre 570 gelang es den Persern nämlich, auch den Verkehr auf der Nordroute der Seidenstraße zu stören, indem sie die Turkstämme in Südrußland, unter ihnen die unter den Namen *Bulgar* bekannten Onoguren, die Utiguren und nördlich des Passes von Derbent die Sabiren durch Geldzahlungen auf ihre Seite zogen. Durch ihre Angriffe auf die von Mittelasien kommenden Karawanen erreichten sie es, daß die für die Türken 569 errichtete Handelsniederlassung in Konstantinopel, die als *Mitaton* bezeichnet wurde, zeitweise von türkischen Kaufleuten kaum benutzt werden konnte. Ein Teil der Kaufleute in der Sogdiana entschloß sich damals, um der Sicherheit ihrer Waren willen die hohen persischen Durchgangszölle zu zahlen und für den Weg in das byzantinische Reich die Südroute der Seidenstraße zu wählen.

Die Autonomie der sogdischen Stadtstaaten unter der Herrschaft der Türküt

Bei den Entscheidungen, welche Route für den Weg nach Konstantinopel benutzt werden sollte, spielte die Autonomie der einheimischen Staaten in der Sogdiana eine große Rolle. Sie ergab sich aus der seit alter Zeit bestehenden Gliederung der Sogdiana in acht selbständige Fürstentümer, einem losen Staatenbund unter Führung eines Oberhauptes, das von den Griechen *Turkshathos* und von den Arabern *Tugshada* genannt wurde. Diesen Staatenbund bezeichnete man, wie die chinesischen Quellen berichten, als „die Neun Stämme". Der in chinesischer Umschreibung überlieferte Stammesname *Wen* könnte einen *Hun* lautenden Namen wiedergeben. Noch im siebenten Jahrhundert n. Chr. behaupteten diese über die acht sogdischen Staaten regierenden Fürstendynastien, von den Yüeh-shih abzustammen, und gaben als ihre Heimat einen Ort im Westen von Kan-su an. Der Titel ihres Oberhauptes, **Turkshada*, war auch den Chinesen bekannt, die ihn mit dem Zusatz *pat*, dem iranischen Wort für „Herrscher" (im religiösen Sinn), erwähnen. Der zweite Bestandteil von **Turkshada* enthält das iranische Wort für „König", das auch in der Form *Shad* als türkischer Häuptlingstitel verwendet wurde. Auch der Name *Maniak*, den jener sogdische Fürst trug, der die türkische Gesandtschaft nach Konstantinopel führte, ist iranisch.

Nach dem Tode des Maniak hatte Istämi anstelle des noch nicht regierungsfähigen Sohnes dieses Fürsten dessen Amt als **Turkshada* dem *Yagma-Tarchan übertragen. (Die griechische Quelle überliefert den Titel offenbar auf Grund eines Abschreibefehlers in der Form *Tagma-Tarchan*. Den türkischen Stamm der Yagma kennen noch im zehnten Jahrhundert die islamischen Geographen im Siebenstromland.) Nach dem Tode des *Yagma-Tarchan, der **Arslan* hieß, wurde ein Sohn des Istämi zum *Turkshada ernannt. Die politischen Ansichten dieses Mannes, den die Griechen *Turkshathos* nannten und den unter einem anderen Namen auch die chinesischen Quellen kennen, sind durch den Bericht des byzantinischen Gesandten Valentinos, der ihn im Jahre 579 besuchte, bekannt. Anlaß dieses Besuches waren der Thronwechsel in Byzanz, den man dem türkischen Herrscher offiziell durch Gesandte mitteilte, und der Tod des Istämi. Daher nahm an der für Istämi veranstalteten Trauerfeier, die der später am sogenannten Goldenen Berg erfolgten endgültigen Beisetzung offenbar vorausging, auch diese Gesandtschaft teil. Ihre Anwesenheit bei der Trauerfeier, die in der Sogdiana stattfand, wo Istämi offenbar gestorben war, wird nicht nur ausführlich von einer zeitgenössischen byzantinischen Quelle beschrieben, sondern auch von der in alttürkischen Runen geschriebenen Inschrift für Kül tegin vom Orchon erwähnt. Nach dem Bericht der griechischen Quelle war dem byzantinischen Diplomaten Valentinos von dem als *Turkshathos* bezeichneten türkischen Fürsten neben anderem auch vorgeworfen worden, daß man türkischen Karawanen für den Weg nach Konstantinopel die Route über den Paß von Darial durch Georgien und Armenien vorschreibe, obwohl der Weg von der Don-Mündung über Dnjepr, Bug, Dnjestr und Donau viel kürzer sei.

Vor der Niederlage des in den griechischen Quellen *Turkshathos* genannten türkischen Khans durch die Perser waren die Kaufleute aus den sogdischen Staaten genötigt, für die Reise in das byzantinische Reich die Südroute der Seidenstraße durch den Iran zu benutzen. Sie hatten hierbei zwischen dem Weg über den Amu Darya bei Amul oder dem älteren Übergang über den Atrek bei Gurgan zu wählen. Bei Gurgan befand sich der wichtigste Durchlaß durch den von den Persern an ihrer Nordostgrenze errichteten Limes. Außerdem konnte man von Kath, der Hauptstadt von Chwarezm, aus neben der Nordroute vom Unterlauf des Amu Darya, dem Flußbett des nur stellenweise an der Oberfläche fließenden Uzboi folgend, die Küste des Kaspischen Meeres erreichen. Von dort war es möglich, mit dem Schiff zum westlichen Ufer zu kommen, wo die Karawanenstraße begann, die in das byzantinische Reich führte.

Die Autonomie der ostiranischen Staaten in Baktrien unter türkischer und persischer Herrschaft

Wie in der Sogdiana konnten auch in Baktrien die einheimischen Fürsten ihre Selbständigkeit behaupten. Ihre Existenz hatten die Türküt nach der Vernichtung des Reiches der Hephthaliten nicht angetastet. Das gleiche gilt für jene Staaten, die infolge eines Wechsels des Kriegsglückes die persische Oberherrschaft gegen die der Türküt eintauschen mußten.

So war nach der Niederlage der Türküt gegen Bahram, den Feldherrn des persischen Königs Hormizds II., anstelle von Balch Kunduz zum Zentrum der türkischen Macht in Baktrien geworden. Dort regierte jetzt der türkische Statthalter. In Balch dagegen teilte sich der *Barmaka* genannte buddhistische Priesterkönig die Macht mit dem *Marzban* genannten persischen Statthalter, dessen Palast mit seinem reichen Freskenschmuck noch im zehnten Jahrhundert erhalten war. Mit dem persischen Marzban scheint auch der später in Balch residierende nestorianische Erzbischof in die Stadt gekommen zu sein. Balch und Herat, die andere große Handelsstadt Baktriens, unterstanden politisch einem als „Hephthalitenkönig“ bezeichneten Fürsten. Dieser Fürst wurde noch um die Wende vom sechsten zum siebenten Jahrhundert als im Besitz seiner Macht erwähnt. Mit „Hephthaliten“ sind hier nicht die mit dem gleichen Namen bezeichneten Träger des von den Türküt zerstörten Reiches gemeint (sie waren, wie auch chinesische Quellen bestätigen, Nomaden), sondern der seßhafte Teil der Bevölkerung, der in Städten wohnte. Die Bezeichnung weist auf ähnliche Erscheinungen, die sich bei der Erwähnung anderer Völker in Mittelasien finden. So wurden die

Sogder nach den Türküt, unter deren Oberherrschaft sie standen, von den byzantinischen Quellen auch *Turkoi* (Türken) genannt. Ähnlich war es bei der Bezeichnung der ostiranischen Bevölkerung in Baktrien. Sie erwähnt ein armenischer Geschichtsschreiber des fünften Jahrhunderts als „*Hunnen*, die man *Kuschan* nennt".

Das Problem der inneren politischen Geschlossenheit des Reiches der Türküt

Eine weitere Frage, die sich für die Beziehung des Reiches der Türküt zur Seidenstraße stellt, ist die nach seiner Ausdehnung. Weder die in byzantinisch-griechischer noch die in alttürkischer Überlieferung erhaltenen Tatenberichte der türkischen Khane können als Beweise dafür angesehen werden, daß die Völker, deren Unterwerfung von ihnen berichtet wird, später auch Bestandteile ihres Reiches bildeten. Das zeigt ein Vergleich der Berichte über die Siege der einzelnen Khane. So war der Khan, der die Hephthaliten unterworfen hatte, dem Istämi-Qagan bei der Vernichtung der Awaren (gemeint sind die Juan-Juan) zu Hilfe gekommen. Wer mit diesem Qagan, der hier Hilfe geleistet hatte, gemeint war, ist der Überlieferung zunächst nicht zu entnehmen. Dem gleichen Qagan leisteten die „drei anderen Khane" gegen den Rebellen Turum, einen Verwandten dieses Qagans, Hilfe. Man kann daraus nur feststellen, daß die erhaltenen Tatenberichte sich auf einen der hier erwähnten vier Khane beziehen, die an der Spitze der Khanate standen, aus denen sich das Reich der Türküt auch nach der griechischen Überlieferung zusammensetzte. Von diesen vier voneinander unabhängigen Khanen bekleidete einer den höchsten Rang und hatte das Recht, auf dem sogenannten „Goldenen Berg" zu residieren. Aber die Erwähnung dieses Berges als Residenz eines Khans kann man nicht als Beweis für das Bestehen eines gemeinsamen politischen Reichszentrums der Türküt heranziehen, denn schon die mit den Ereignissen fast gleichzeitige griechische Überlieferung kennt zwei Residenzen türkischer Khane mit diesem Namen. Die eine mit der Bezeichnung „Ektag" wird in der griechischen Quelle fälschlich mit „Goldener Berg" übersetzt. Gemeint ist damit, daß im Ektag-Gebirge die als „Goldener Berg" bezeichnete Residenz des Oberkhans der Türküt lag. *Ektag* wird heute jener Gebirgszug genannt, der im Norden die Dzungarei umgibt. Ein anderer Name für die Residenz eines Khanes, *Ektel*, läßt sich ebenfalls nicht lokalisieren. Die Lage eines dritten „Goldenen Berges" ergibt sich aus den angegebenen Entfernungen zwischen ihm und der chinesischen Hauptstadt. Hiernach und nach anderen Angaben, die sich z. B. auf das Fehlen von Erdbeben im Wohngebiet der dort lebenden Türken beziehen, muß auf das Vorhandensein dieses dritten „Goldenen Berges" geschlossen werden, den man vermutlich im Umkreis des oberen Orchon zu suchen hat.

Diese Diskrepanz in den angeblich gemeinsamen politischen Institutionen, die schon in dem Vorhandensein von mehreren Bergen zum Ausdruck kommt, die man als „Goldener Berg" und Residenz des Oberkhans bezeichnete, zeigt sich auch in der historischen Überlieferung.

Die alttürkische Inschrift für Kül tegin vom Orchon aus dem Beginn des achten Jahrhunderts versucht, diese Unterschiede in der Überlieferung zu verwischen. Sie tut so, als ob Bumin und Istämi, die man bei den Köktürken als die Reichsgründer betrachtete, zur gleichen Zeit gestorben wären, denn nach ihrer Darstellung hätten die gleichen Völker Vertreter zu den Trauerfeiern für beide Khane geschickt. Die Gleichheit der Trauerbotschaftsländer könnte für eine gewisse Gleichzeitigkeit beider Ereignisse sprechen. Bumin müßte hiernach etwa zur gleichen Zeit wie Istämi gestorben sein. Das allerdings würde, wenn man ihn mit dem in den chinesischen Quellen erwähnten T'u-men, dem älteren Bruder des Istämi, gleichsetzt, nicht zutreffen, denn T'u-men ist schon 552 gestorben, während der Tod des Istämi in das Jahr 580 zu setzen ist. Es spricht daher viel dafür, daß mit Bumin der 581 verstorbene Khan T'a-po gemeint ist, den die Inschrift von Bugut erwähnt.

Mit dem Tod des T'a-po läßt auch die chinesische Überlieferung die Trennung zwischen Ost- und West-Türküt beginnen. Schon vorher hatte der Übertritt dieses Khanes zum Buddhismus auch in religiöser Beziehung eine Trennung zwischen beiden Khanaten herbeigeführt. Auch die Bekehrung zum Buddhismus bewirkte keine stärkere Hinwendung der Osttürken zum Westen. Man erhielt zwar von dort die heiligen Schriften, das war aber insofern ohne Bedeutung, als die Westtürken in ihrer großen Mehrheit an ihrer alten Religion festhielten, bei der die Verehrung der Elemente Feuer, Wasser *(yir suw)* und Erde im Mittelpunkt stand.

Die Folgen der Westpolitik der Türküt für den Zusammenhalt ihres Reiches

Die sich aus der Struktur des staatlichen Aufbaus des Reiches der Türküt erklärende weitgehende Autonomie der einzelnen Reichsteile mußte bei einer Belastung von außen den Zusammenhalt des Reiches in Frage stellen. Man kann daher die von den Chinesen für das Jahr 582 erwähnte Trennung der östlichen von den westlichen Türküt als eine Folge der Niederlage des unter dem Namen *Turkshathos* in der griechischen Überlieferung bekannten Sohnes des Istämi in seinem Krieg gegen die Perser erklären.

Dem sowohl von den chinesischen wie von den byzantinischen Quellen erwähnten Nachfolger des Istämi, Tardu, gelang es lange Zeit, diese partikularistischen Gegenbewegungen, die von den einzelnen Stämmen ausgingen, durch geschicktes Taktieren zu neutralisieren. Erst nach dem Jahr 599, in dem er bei einem Feldzug gegen die Perser eine schwere Niederlage erlitten hatte, kam es zu einem erneuten Abfall, der wieder von den östlichen Stämmen des Reiches ausging. Tardu war damals bei dem Versuch, die 580 verlorenen Teile Mittelasiens, vor allem die Städte Balch und Herat, zurückzuerobern, durch die armenischen Hilfstruppen des persischen Großkönigs entscheidend geschlagen worden. Die Folge war eine Kette nicht abreißender Aufstände, an denen sich zuletzt fast alle Stämme seines Reiches beteiligten. Sie zwangen ihn, bei den T'u-yü-hun im Osten Tibets Zuflucht zu suchen.

Von diesem Khan Tardu ist der Kopf eines Briefes, den er an den byzantinischen Kaiser Maurikios richtete, erhalten. Der Titel, den er sich darin beilegt, scheint sowohl auf Bestandteile eines griechisch-baktrischen wie eines persischen Königstitels zurückzugehen. Diese

Verbindung zweier Herrschertitel könnte man im Rahmen der Westpolitik dieses Khans sehen. Sie weist indirekt auf ein politisches Programm, das auf die Usurpierung der persischen Königswürde und die Gewinnung der Herrschaft über Baktrien zielte. Erst unter einem seiner Nachfolger, dem Khan T'ong-che-hu, den die Byzantiner *Ziëbel* nannten, konnten die Türküt dieses außenpolitische Programm des Tardu wenigstens zum Teil verwirklichen. Damals waren sie im Bunde mit den Byzantinern und hatten die Perser von Mittelasien und vom Kaukasus aus angegriffen, während sich die byzantinische Offensive von Südwesten aus in Bewegung setzte. Im Jahre 628 mußte der an allen Fronten besiegte Iran kapitulieren. Der Lohn für den Khan der Türküt war der byzantinische Caesar-Titel.

Allerdings konnte in der Folge keiner der beiden Überwinder des persischen Großkönigs seines Sieges froh werden. Dem byzantinischen Kaiser nahmen ein Jahrzehnt später die Araber, was er damals gewonnen hatte, während den Khan der Türküt schon nach zwei Jahren der Dolch eines Mörders traf. Seinen Sohn, den Statthalter über Baktrien, räumte man durch Gift aus dem Wege. Zur gleichen Zeit begann die große chinesische Offensive des Kaisers T'ai-tsung. Erst traf sie mit dem Reich von Kao-chang die Turfan-Oase, dann 630 das Reich der Osttürken. Auch die Oasenstaaten des Tarim-Beckens mußten wieder die chinesische Oberhoheit anerkennen, nachdem die chinesischen Heere bis zu den Grenzen der Sogdiana und Baktriens vorgedrungen waren.

Die Bedeutung des Reiches der Türküt und seiner Nachfolgestaaten für die Entwicklung der alttürkischen Schrift und der alttürkischen Literatursprache

Der Verlust der nationalen Unabhängigkeit wurde von einem Teil der türkischen Stämme, der sich als *Köktürken* bezeichnete, nicht verwunden. Sie schufen sich knapp sechzig Jahre nach dem Untergang des Reiches der Türküt wieder einen türkischen Staat. Er konnte sich ein halbes Jahrhundert behaupten, bis ihn die Uiguren vernichteten und ihre eigene Staatsgründung an seine Stelle setzten.

Die Köktürken, die sich in dem Tatenbericht ihres Khanes auf die große Zeit der Machtentfaltung unter den Türküt beriefen, waren selbst zu schwach, um dieses Reich erneuern zu können, auch wenn ihre Krieger in der Sogdiana bis an die Grenzen von Baktrien vordrangen. Sie konnten auf die Dauer nicht behaupten, was ihre Heere unterworfen hatten. Ihre politische Schwäche hat sie aber nicht an der Weitergabe der Kultur hindern können, die die Türküt in Verbindung mit den Sogdern als Kaufleuten der Seidenstraße entwickelt hatten. Durch sie begann jener Prozeß des Lernens, der die türkischen Stämme allmählich auf die gleiche kulturelle Höhe führen sollte, wie sie die von ihnen unterworfenen alten Kulturvölker erreicht hatten. Sein Anfang wird durch die Entstehung einer eigenen Schrift gekennzeichnet. Zunächst schrieb man das, was man aufzeichnen wollte, in sogdischer Schrift und Sprache. Das bezeugen die zahlreichen Lehnwörter, die ausnahmslos Gegenstände oder Einrichtungen eines höheren Lebensstandards betreffen, ebenso wie die ältesten Inschriften, zu denen jene auf der Stele aus Bugut vom Ende des sechsten Jahrhunderts gehört, die, in sogdischer Sprache abgefaßt, auch eine Sanskrit-Version aufweist.

In dieser Phase des Lernens, die zu der Entwicklung einer eigenen alttürkischen Schriftsprache führte, dienten nicht nur die Sogder als Lehrmeister, sondern man schöpfte noch aus einer älteren Kultur. Auf sie weisen innerhalb des alttürkischen Runenalphabets jene Zeichen, die schon vor der Zeitwende in Mittelasien für die Niederschrift kurzer Mitteilungen gebraucht wurden. Das Volk, das sie damals verwendete, waren wahrscheinlich die Serer. Von ihrer Schrift scheinen die Türküt einige Zeichen übernommen zu haben, die sie durch Hinzufügung weiterer sogenannter Runen erweiterten.

Es spricht viel dafür, daß dieser Prozeß erst nach der Errichtung des Reiches der Türküt begonnen hat, denn die ältesten bekannten Aufzeichnungen, wie die Runen auf dem Holzstäbchen von Talas, können nicht früher als in die Zeit um 600 n. Chr. gesetzt werden. Wenn die Köktürken, wie die in Runen geschriebenen Texte der Orchon-Inschriften beweisen, schon eine Runenschrift besaßen, durch die sie in der Lage waren, vollständige und gegliederte Sätze zu einem Bericht zusammenzufassen, setzt das eine längere literarische

Übung voraus, durch die allmählich diese Literatursprache geschaffen wurde. Von ihr aus war es nur ein kleiner Schritt in der Entwicklung, die alttürkische Schriftsprache zu der uigurischen Lingua Franca der Seidenstraße umzuformen.

Wie groß der Abstand zwischen der vollkommen ausgebildeten Schriftsprache der köktürkischen Orchon-Inschriften und den fast gleichzeitigen noch ohne feste Satzgliederung geschriebenen Inschriften vom oberen Jenissei der Kirgisen ist, zeigt ein Vergleich. Die dort vorhandene Ungelenkheit des Ausdruckes verbunden mit einer Unfähigkeit, Gedanken in klaren Sätzen auszudrücken, unterscheidet diese Inschriften von den köktürkischen Sprachdenkmälern. Der Zustand der Sprache in den Jenissei-Inschriften ähnelt dem der Sprachreste, die die Turkstämme in Südrußland hinterlassen haben. (Ihre Khane benutzten, wie die Tatenberichte der protobulgarischen Khane zeigen, das Griechische.)

Vielleicht noch älter als die Runen ist die sogenannte uigurische Schrift. Um sie zu schreiben, gebrauchte man die Rohrfeder oder den Pinsel. Die Rohrfeder kam aus dem Westen von den Griechen, nicht aber der Pinsel, der eine Erfindung der Chinesen war. Für die Bezeichnung der Tätigkeit des Schreibens mit beiden Werkzeugen bediente man sich des türkischen Wortes *bit-i*, das aus dem chinesischen Wort für „Pinsel", *bi*, abgeleitet ist. Schon unter der Herrschaft der T'o-pa im fünften Jahrhundert hatte man daraus das türkische Wort für Schreiber, *bitičin*, gebildet. Hiernach muß der Prozeß, der mit der Entwicklung einer türkischen Literatursprache endete, schon im 5. Jahrhundert v. Chr. begonnen haben.

Die Rolle der Türküt bei der Abwicklung des Zahlungsverkehrs in Zentralasien

Wenn es schon für die Schrift der Runen Vorläufer gibt, die nach den erhaltenen Zeugnissen noch in die Zeit vor Christi Geburt hinabreichen, gilt das nicht minder für andere Erscheinungen, die ebenfalls in den alttürkischen Sprachdenkmälern ihren Ausdruck fanden. Gemeint ist z. B. der Geldverkehr, auf den ein Wort weist, das sowohl die Bezeichnung für ein Geldstück wie für ein Gewicht ist. Es ist das alttürkische Wort *s(a)tir*, das auf die griechische Form *Statir* zurückgeht. Der Statir, in Gold oder Silber geprägt, war in dem Jahrhundert vor und dem nach der Zeitwende der Wertmaßstab, nach dem die Preise der Luxuswaren im Handel auf den Märkten Zentralasiens berechnet wurden. Er war die Münze der griechisch-baktrischen Könige und der Fürsten der Kuschana. Unter den Kuschana orientierte er sich in Gewicht und Metallgehalt nach dem römischen Aureus. Die Bezeichnung *Statir* blieb auch, als man im Handel auf der Seidenstraße längst zur Silberwährung übergegangen war. Noch die Tribute der Perser an die Türküt im sechsten Jahrhundert wurden in byzantinischen Goldsolidi, die dem Statir im Wert entsprachen, festgesetzt. War doch der Solidus an die Stelle des Aureus getreten. Er blieb in der vorislamischen Zeit wie sein Vorgänger auch in Zentralasien die Leitwährung. Sie wurde daher bei Zahlungen von Tributen für die Angabe der zu zahlenden Summen verwendet.

Die gleichen Türküt, die sich ihre Tribute von den Persern in Goldsolidi zahlen ließen, verwendeten im Handel mit ihren Nachbarvölkern, wie vor allem mit China, Silberbarren in der Form von runden Scheiben. Daneben wurden auch Silberschüsseln bzw. Silberschalen im Handelsverkehr als Zahlungsmittel verwendet. Die Beschreibung, die die byzantinische Gesandtschaft von dem im vorderen Teil seines Palastzeltes aufbewahrten Schatz des türkischen Großkhans Istämi gab, erwähnt sowohl die runden Silberbarren als auch die aus dem gleichen Metall hergestellten Schüsseln, die man auf Wagen gelagert hatte. Silberschüsseln und Silberschalen wurden im byzantinischen Reich und in Persien hergestellt. Sie wurden bei einzelnen Völkern im Norden Rußlands, wie bei den Mordwinen im Kama-Wolga-Gebiet, nach der Zahl der Funde zu urteilen, besonders geschätzt. Dort, wo einst der Handel mit den kostbaren Steinen des Ural und mit Pelzen und Gold aus Sibirien seinen Mittelpunkt besaß, wurden sie im Boden gefunden. Sie stammen fast ausschließlich aus byzantinischen oder persischen Hofmanufakturen. Hierauf weisen die Silberstempel auf den byzantinischen und die Königsbilder auf den persischen Schalen hin.

Handwerker der Türküt als Hersteller von Exportwaren für die Seidenstraße

Man wird sich in diesem Zusammenhang fragen, wieweit die Türküt nicht nur an dem Handel mit Waren, sondern auch an ihrer Erzeugung beteiligt waren. Da die byzantinischen Quellen allgemein von „türkischen Kaufleuten" sprechen und in diese Bezeichnung auch die Sogder einschließen, scheint auf den ersten Blick der Nachweis einer Tätigkeit türkischer Kaufleute schwierig. Deutlicher sind hier die chinesischen Berichte. Sie sprechen von Bergleuten und Schmieden der Türküt, die die Verhüttung von Eisenerz und die Herstellung von Waffen betreiben. Die Ausübung dieser Tätigkeit wird indirekt auch dadurch bestätigt, daß den Mittelasien besuchenden byzantinischen Gesandten von den Türken Eisen zum Kauf angeboten wurde. Gemeint ist hiermit offensichtlich das von den Chinesen schon im 7. Jahrhundert v. Chr. hergestellte Gußeisen, aus dem z. B. ein Teil der Käsch-Münzen geprägt wurde. Dieses Gußeisen war, wie Chang-ch'ien im zweiten Jahrhundert v. Chr. berichtet, nach Mittelasien gelangt und wurde später auch hier hergestellt. Seine Angaben werden von Plinius dem Älteren bestätigt, der von „serischem Eisen" spricht.

Das sogenannte „serische Eisen" wurde vor allem für die Panzerung verwendet. In China hatte man den aus zusammengesetzten runden eisernen Scheiben bestehenden Lamellenpanzer entwickelt. Die aus Gußeisen hergestellten Scheiben, die auf einer Ledergrundlage angebracht wurden, machten Bewegungen für die Träger dieser Panzer erheblich leichter als der viel schwerere Kettenpanzer.

Diese wegen ihrer Herkunft als „sogdische Panzer" bezeichneten Lamellenpanzer wurden auch in Medina am Anfang des siebenten Jahrhunderts getragen. Bekanntlich forderte Mohammed nach dem Sieg über die Banu Kainuka einen der unter diesem Namen bekannten Lamellenpanzer für sich als seinen Anteil an der Beute. Diese neuen Panzer aus Zentralasien waren ebenso wie die ebenfalls zur Zeit Mohammeds im Hedschas erwähnten chinesischen Spiegel über die Seidenstraße nach Medina gelangt. Eine Vorstellung von ihrem Aussehen vermitteln die Fresken in der sogenannten „Höhle des

Malers" bei Kutscha aus dem sechsten Jahrhundert. Die heute zerstörten Fresken zeigten Berittene, die diese Panzer trugen.

Nicht nur die Türküt, sondern auch die Tibeter hatten seit alter Zeit Eisenerz verhüttet. Auch sie hatten, wie die Türküt, von China die Herstellung des Lamellenpanzers übernommen. So erwähnt der in der ersten Hälfte des zehnten Jahrhunderts in Kairo schreibende Mas'udi in seinen ›Goldwäschereien‹ (Murudsch al-Dhahab) eine im sechsten Jahrhundert erfolgte Sendung dieser Panzer aus Tibet nach Persien.

Die Reiche der Türküt als Kulturbrücke zwischen Iran und China

Wichtig war die Bedeutung der Türküt auch für den Transfer chinesischer Fertigwaren nach dem Westen. Hierzu gehörte besonders die in China hergestellte Keramik. Sie gelangte wohl zunächst in der Form von Gefäßen für die Aufbewahrung von Gewürzen, wie z. B. für den Ingwersaft, oder für den Transport von Apothekerwaren nach dem Westen. Von Gefäßen dieser Art mit Lüster- oder Unterglasurmalerei sind seit der islamischen Zeit Nachahmungen nachweisbar. Man denke hier an die Ingwertöpfe oder die als *Albarelli* ebenfalls erst aus späterer Zeit bekannten Apothekergefäße. Sie bewahren zum Teil in den Motiven noch vieles von der Formenwelt ihrer chinesischen Vorbilder.

Ein weiteres Beispiel für den Transfer über das Reich der Türküt bietet der Export persischer Seide nach China. Sein Beginn läßt sich durch ein Fragment von dem Stoff eines Banners, das sich heute im Nationalmuseum in Tokio befindet, datieren. Wenn man nämlich den Zeitpunkt der Herstellung der ersten reinseidenen Gewebe im Iran bestimmen will, muß man von der Seidenherstellung im byzantinischen Reich ausgehen, die später als im Iran begann. Wie aus dem Bericht des Theophanes von Byzanz, der um 582 schrieb, hervorgeht, hatte Justinian (gemeint ist Justin II.) den 568 in Konstantinopel eingetroffenen türkischen Gesandten die damals schon bestehenden byzantinischen Seidenmanufakturen und die Plantagen mit Maulbeerbäumen gezeigt. Auch der um 552 schreibende Prokop setzt die Seidenraupenzucht in Byzanz für seine Zeit voraus. Man muß daher als Zeitpunkt ihrer Einführung die erste Hälfte des sechsten Jahrhunderts annehmen. In Persien ist das demnach noch früher geschehen. Dorthin war sie durch die nestorianischen Missionare, die bei den Hephthaliten in Mittelasien das Christentum predigten, gekommen. So erklärt sich die Bemerkung einer griechischen Quelle, daß es ein Perser war, der die Eier des Seidenspinners in das Byzantinische Reich gebracht hat.

Die Bedeutung der Türküt für die Verbreitung der persischen Seidenstoffe in China lag vor allem darin, daß sie durch die gemeinsame Grenze mit China und dem Iran die Verbindungen zwischen beiden Ländern herstellen konnten. Das gilt auch für die Verbreitung persischer Stoffmuster in China. Die Türküt hatten im Jahre 589 durch ein Bündnis mit dem ersten Kaiser der Sui, Yang Chien (541–604), diesem die Möglichkeit gegeben, das chinesische Reich nach vier Jahrhunderten der Spaltung wieder zu einigen. Türkische Gesandte in Konstantinopel hatten über die Unterwerfung des letzten damals noch chinesischen Teilstaates, des Südreiches Ch'en, durch die Truppen des Sui-Kaisers berichtet. Bei dieser Gelegenheit kam es auch zu Kontakten dieses Kaisers mit dem persischen König, die zu der gegenseitigen Übersendung von Geschenken führten. Nach Mas'udi hatte der chinesische Kaiser dem persischen Großkönig Chosrau (gemeint ist hier offenbar der zweite Träger dieses Namens) ein Seidengewand übersandt, das den Kaiser auf dem Thron, umgeben von Dienern mit Fliegenwedeln, zeigte. Dieses hier von Mas'udi aufgrund einer vorislamischen Überlieferung erwähnte Bild auf dem übersandten Gewand ist in seinem Aussehen durch eine Kopie des berühmten chinesischen Malers Yen-Li-pen aus der zweiten Hälfte des siebenten Jahrhunderts bekannt. Es findet sich in einer von diesem Maler geschaffenen Rolle mit Kaiserbildern, die sich heute im Museum of Fine Arts in Boston befindet.

Die entsprechende Gegengabe des persischen Großkönigs ist sogar in einer chinesischen Kopie erhalten. Sie ist nicht viel später als das Original entstanden und zeigt in einem von Perlen gebildeten Kranz viermal den persischen König auf einem Flügelpferd, im Begriff, einen Löwen mit einem Pfeil zu erlegen. Der persische Seidenstoff wurde damals in China sofort nachgewebt und zu einem Banner verarbeitet, das man dem durch die Einführung des Buddhismus in Japan berühmten Prinzregenten Shotoko-Taishi übersandte. Eine Gesandtschaft dieses Fürsten, die im Jahre 607 in Lo-yang eingetroffen war, hatte das Banner wahrscheinlich als Geschenk für ihn erhalten und nach Japan gebracht. Shotoku führte es in der Schlacht bei Shigisan in Korea mit sich. In Erfüllung eines Gelübdes, das er in dieser Schlacht abgelegt hatte, weihte er den Bannerstoff dem von ihm errichteten Tempel Horyuji bei Nara. Heute befindet er sich im Nationalmuseum in Tokio. Das Kopieren dieses Seidenstoffes steht am Beginn einer Periode von Nachahmungen westlicher Vorbilder durch China, für die die Türküt durch die Öffnung ihrer Grenzen wieder den Weg geebnet hatten.

Mit der Wende vom sechsten zum siebenten Jahrhundert beginnt jene große Epoche des Kulturaustausches mit dem Westen, die sich in China vor allem mit der Regierung der T'ang-Dynastie verbindet.

II

DIE SEIDENSTRASSE UND DIE GROSSEN RELIGIONEN

DER BUDDHISMUS UND DIE SEIDENSTRASSE

Die Verbreitung der Lehre Buddhas durch indische Missionare (Mönche) im Tarim-Becken

Während die Nordroute der Seidenstraße durch die großen Wanderungen der Nomaden von Osten nach Westen geprägt wurde, erhielten die Südroute und die kombinierte Land- und Seeroute dort, wo ihre Straßen durch Zentralasien führten, ihr besonderes Gesicht durch den Buddhismus. Man muß unter seinen Lehrern und Bekennern zwischen Missionaren und Pilgern unterscheiden. Erst kamen die Missionare von Westen, dann seit dem vierten Jahrhundert die Pilger von Osten. Die Missionare benutzten sowohl die bei Gilgit beginnende, über das Karakorum-Gebirge in das Tarim-Becken führende Straße, die die chinesischen Quellen mit den sogenannten Hängebrückenpässen in Verbindung bringen, wie die Wege über den Wachdir-Paß im Pamir und die Straße zwischen Alai- und Transalai-Gebirge. Die Pilger haben im Gegensatz zu den anderen Straßen den Weg über die Hängebrückenpässe verhältnismäßig selten benutzt.

Die Sprache der Missionare war zunächst das Sanskrit. Die Mönche bedienten sich als Missionare bei ihrer Predigt im Tarim-Becken zunächst eines dort als Verkehrssprache von Kaufleuten und Zivilbehörden benutzten Pakrit-Dialektes. Als heilige Schrift für die Lehre verwendet man das Dhammapada, eine Sammlung von Aussprüchen Buddhas. Die verwendete Schrift war das zu dieser Zeit, den beiden ersten Jahrhunderten n. Chr., benutzte Kharošthi. Die erhaltenen Handschriften reichen in der Form von Aufzeichnungen auf Birkenrinde bis in das erste Jahrhundert nach der Zeitwende zurück. Wegen dieses besonderen, nur in einem eng umgrenzten Raum vorhandenen Schreibstoffes wird man als Ort der Niederschrift und damit auch als Heimat eines Teils der Missionare das Tal von Gilgit in der Gebirgsregion von Ladakh annehmen dürfen. Auch bezeugen in Gilgit die dort aus dem gleichen Material hergestellten Handschriften, die in den Stupas an Stelle von Reliquien deponiert wurden, daß dieser Schreibstoff hier zu Hause war. Wie Funde von buddhistischen Schriften auf Birkenrinde in einem Stupa bei Merw aus dem fünften Jahrhundert beweisen, war das Deponieren dieser Art von Handschriften an Stelle von Reliquien weit verbreitet. Die Funde in Gilgit zeigen, daß dieser Brauch über das 6. Jahrhundert n. Chr. hinausreichte. Das weist bei den Trägern der Mission auf eine gewisse Kontinuität hin.

Indische Kaufleute als Vermittler des Buddhismus in den Städten des Tarim-Beckens

Als die Missionare die Städte des Tarim-Beckens betraten, gab es dort Kaufleute, die schon in Indien den Buddhismus angenommen und auch buddhistische Handschriften mit in das Tarim-Becken gebracht hatten. Beispiele hierfür gibt es aus Kutscha, wo sich eine große indische Kolonie befand. Die dort benutzten Handschriften waren im Unterschied zu den Aufzeichnungen der eben erwähnten Missionare auf Palmblätter geschrieben, wie in Indien allgemein die Bücher. Ihrem Inhalt nach dienten diese Werke mehr der geistlichen Erbauung und verfolgten im Gegensatz zu den Birkenrindenbüchern nicht das Ziel, Anhänger anderer Religionen zum Buddhismus zu bekehren. Waren doch jene, die sie lasen, selbst Buddhisten. Die Sprache der Prakrit-Dialekte von Gandhara ebenso wie die Kharoṣṭhi-Schrift der in der Lehre gebrauchten Handschriften wurden im Geschäftsverkehr in den Städten des Tarim-Beckens verwendet. Urkunden, die sich auf Handelsgeschäfte beziehen, sind aus Lou-lan und Niya für die gleiche Zeit nachweisbar. Dort begann auch die Übersetzung buddhistischer Schriften in die beiden Dialekte des Tocharischen, A in Kutscha und B in Karashahr. Auch das Tocharische der buddhistischen Übersetzer geht wahrscheinlich auf die Geschäftssprache zurück, in der beide Dialekte von den Kaufleuten benutzt wurden. Hiernach wurden vermutlich Übersetzungen in das Tocharische von Mitgliedern der indischen Kolonien in den tocharischen Städten Kutscha und Karashahr seit dem 6. Jahrhundert n. Chr. durchgeführt.

Die Anfänge des Buddhismus in Mittelasien

Älter als die buddhistischen Gemeinden im Tarim-Becken waren die in Mittelasien. Ihre Anfänge gehen vielleicht noch bis in die Regierung des Königs Aschoka, also in das Ende des 3. Jahrhunderts v. Chr., zurück. Sie waren von indischen Missionaren gegründet worden, die den Stationen des Weges der Kaufleute aus Nordwestindien zu den Handelsplätzen in Mittelasien gefolgt waren. An Felswänden bei Kandahar finden sich Aufzeichnungen von königlichen Edikten, die man als die ersten Dokumente einer Mission außerhalb Indiens betrachten kann. Es sind Edikte Aschokas in Sanskrit, aber auch in aramäischer und griechischer Sprache. Griechisch und Aramäisch sprachen die Bewohner der Handelsplätze, denen man in Mittelasien, wenn man von Kandahar den Weg nach Norden zog, begegnete. Sie lebten dort meist als Kaufleute und Handwerker in den Satrapien Parthia und Baktria. Die Straße dorthin war beschwerlich. Sie führte durch das unwegsame Seistan, die alte achämenidische Satrapie Arachosien. Dort, in den Oasen und an den spärlichen Wasserläufen, traf man auf sakische Militärstationen, die damals den indischen Maurya-Königen unterstanden.

Es kann daher nicht überraschen, daß von dort, wo die Straße aus Kandahar die Satrapien Parthia und Baktria erreichte, auch die ersten Zeugnisse für die Lehre Buddhas stammen. Es sind aus dem ersten Jahrhundert v. Chr. stammende Tonscherben mit buddhistischen Aufzeichnungen, die bei Kara Tepe gefunden wurden. Man befand sich hier am Amu Darya in einem Gebiet, wo es eine Reihe von griechischen Städten gab, in denen der Buddhismus sehr bald Anhänger gefunden hatte. Neben Aï Khanum sind hier *Termez* (Sanskrit: *Tarmita*) und *Balch* (Sanskrit: *Bahlika*) zu nennen. Aus Termez stammte Dharnamitra, der erste Übersetzer der Schriften Buddhas in die in Baktrien gesprochene Sprache.

Die Herkunft der buddhistischen Theologen und Missionare in Mittelasien

Unter den Teilnehmern an einem buddhistischen Konzil, das in der zweiten Hälfte des zweiten Jahrhunderts in Ceylon stattfand, werden auch Delegierte aus Parthien und aus der griechischen Stadt Alexandria genannt. Diese Stadt, die offenbar ein Zentrum des Buddhismus in Mittelasien war, ist entweder als Herat oder als Merw zu identifizieren, die beide diesen Namen erhalten hatten.

Über die ethnische Herkunft der ersten bekannten buddhistischen Theologen aus Mittelasien läßt sich auf Grund der Sanskritnamen heute nichts mehr sagen. Mit dem Sanskritnamen verlor man seinen eigentlichen Namen, ihn hatte man mit der Bekehrung zum Buddhismus abgelegt. Nicht nur die Namen, waren sie nun griechisch oder iranisch, wurden zugunsten eines Sanskrit-Namens aufgegeben. Auch die eigene Sprache, das Griechische oder Parthische, opferte man zugunsten des Sanskrit, von dem man glaubte, daß es die Sprache war, in der Buddha gepredigt hatte. So sind auch die Namen jener Theologen, die der buddhistischen Überlieferung aus dem Tal des mittleren Amu Darya, das später Tocharestan genannt wurde, bekannt waren, nur aus Sanskritworten gebildet und sagen nichts über die Herkunft ihres griechischen oder parthischen Trägers aus. Diese Ablehnung der griechisch-iranischen Welt, die darin deutlich wird, erklärt sich vielleicht aus der dem Buddhismus zu engen Bindung der griechischen Städte in Baktrien an ihre Heimat im Westen. So war das Heiligtum der Griechenstadt von Aï Khanum einem thessalischen Reiteroffizier als Heros geweiht, und unter den Inschriften dieser Stadt fand sich auch eine, die von dem Besuch eines Jüngers des Aristoteles in diesem von Griechenland fernen Ort in Mittelasien berichtet.

Auch mit Indien bestand schon vor der Ankunft der buddhistischen Missionare eine Verbindung. Sie wurde vor allem durch indische Kaufleute, die ähnlich wie später im Tarim-Becken auch hier Niederlassungen besaßen, aufrechterhalten. So erklärt sich das Vorhandensein jener Bilder des Gottes Schiwa und anderer indischer Gottheiten in den Städten Tocharestans. Diese indischen Kaufleute waren wahrscheinlich die ersten, die sich der Lehre Buddhas angeschlossen hatten und die den Kern der Gläubigen bildeten.

Die Verbreitung des Buddhismus in Parthien, in der Sogdiana und im Norden des Jaxartes

Nicht nur in Tocharestan und in der Satrapie Parthien gab es buddhistische Gemeinden; auch in jener Landschaft, die man als „Siebenstromland" bezeichnet und die von den Chinesen *K'ang-kü* genannt wurde, waren sie vertreten. In diesem Gebiet der Flüsse Ili, Tschu und Talas hatte sich schon sehr früh der Buddhismus verbreitet. An der Lage der ersten buddhistischen Städte zeigt sich, daß die Stationen der Seidenstraße in Mittelasien die Schwerpunkte für die Verbreitung des Buddhismus waren.

Die indischen Tempel mit den Darstellungen hinduistischer Götter in den Griechenstädten Mittelasiens weisen auf die Existenz von Kolonien indischer Kaufleute hin, aus denen sich die ersten buddhistischen Gemeinden entwickelten. Wie in Baktrien waren auch in Parthien die indischen Kaufleute die ersten Anhänger des Buddhismus.

Im Gegensatz zu Parthien gab es in der Sogdiana bis in die islamische Zeit hinein nur wenige buddhistische Gemeinden. Offenbar hatten hier auch keine indischen Handelskolonien bestanden, weil die Rivalität, die zwischen indischen und sogdischen Kaufleuten herrschte, indische Niederlassungen nicht möglich machte. Noch der buddhistische Pilger Hiuen-tsang berichtet, daß es in der Sogdiana keine buddhistischen Tempel und Stupas gegeben habe, als er 629 dieses Gebiet besuchte. Aus der islamischen Überlieferung, der Chronik von Buchara, ist bekannt, daß es bei der Heirat einer chinesischen Prinzessin mit dem Fürsten von Buchara großes Aufsehen erregte, als die Chinesin, eine überzeugte Buddhistin, dort einen buddhistischen Tragaltar aufstellen ließ.

Anders war die Situation im Siebenstromland. Hier gab es, wie schon erwähnt, buddhistische Tempel. Sie lagen vor allem im Tal des Chu, dort, wo die Seidenstraße im Norden das Siebenstromland berührte. Hier befanden sich wohl auch jene Märkte der Seide, die die serischen Kaufleute besuchten, als sie noch in Kan-su wohnten, aus dem sie im Jahre 176 v. Chr. auswanderten, um sich im Siebenstromland niederzulassen. Es war jene Zeit, in der sie von den Chinesen unter dem Namen *Wu-sun* mit den gleichen körperlichen Merkmalen beschrieben werden, die nach dem älteren Plinius auch die Serer besaßen.

Die buddhistischen Missionare aus Mittelasien in China

Mit der Niederlassung der ersten indischen Kaufleute in China und den ihnen folgenden buddhistischen Missionaren begann dort die Bekehrung. Es ist zwar anzunehmen, daß schon in der Mitte des ersten Jahrhunderts v. Chr. buddhistische Gemeinden in China vorhanden waren. Bei ihnen handelte es sich ebenso wie bei denen in Mittelasien und im Tarim-Becken um die Kolonien indischer Kaufleute. Die eigentliche Mission begann erst in dem Augenblick, als man in der Lage war, die Lehre Buddhas auch unter den Chinesen zu verbreiten. Hierzu gehörte jedoch die Kenntnis der chinesischen Sprache. Missionare aber, die diese Bedingung erfüllten, sind erst seit der Mitte des zweiten Jahrhunderts n. Chr. in der chinesischen Hauptstadt Lo-yang nachzuweisen.

Der erste namentlich erwähnte Missionar in China war ein parthischer Prinz, der mit seiner Begleitung dorthin gereist war. Ihm folgte wenige Jahrzehnte später ein parthischer Kaufmann. Spätere Missionare kamen aus Tocharestan, dem jenseits des Hindukusch liegenden Teil Baktriens. Sie wurden von den Chinesen wegen ihrer Herkunft aus diesem Teil Mittelasiens als *Yüeh-chih* bezeichnet. Zwei andere kamen aus dem Süden der Sogdiana, jenem Landstrich, bei dem das Tal des mittleren Amu Darya die Grenze gegen Baktrien bildete. Ihre engere Heimat lag vermutlich in den damals dort noch bestehenden Griechenstädten. Einer der Missionare, der besonders als Übersetzer hervorgetreten ist, kam aus K'ang-chü, dem Siebenstromland.

Demnach stammten die ersten bekannten Missionare sämtlich aus

Mittelasien. Durch Übersetzungen wurden die Lehren Buddhas in China verbreitet. Allerdings sind heute nur noch wenige erhalten, die mit Sicherheit auf sie zurückgehen. Von jenem parthischen Prinzen, der als erster Missionar bekannt ist, stammt wahrscheinlich nur eine Übersetzung der heiligen Schriften der Buddhisten. Die hier gebrauchte chinesische Sprache ist die gleiche, wie sie von Urkunden und Geschäftsbriefen aus den Städten des Tarim-Beckens, die chinesische Garnisonen besaßen, bekannt ist. Es war also nicht die Sprache der Theologen, sondern die der Kaufleute und Beamten einer Grenzprovinz, die die Übersetzer zunächst verwendeten.

Die Missionare und die Anfänge der Illustration der heiligen Schriften des Buddhismus

Die Verbindung dieser Missionare zu dem Land ihrer Herkunft tritt in ihren Übersetzungen nicht deutlich hervor. Aus ihnen kann man nur entnehmen, wo und bei wem sie Chinesisch gelernt hatten. Anders steht es um die ikonographische Überlieferung. Es ist bekannt und läßt sich zum Beispiel auch aus einem manichäischen Missionsbericht entnehmen, daß die Missionare der großen Religionen nicht allein reisten. Genannt werden in ihrer Begleitung außer einem Dolmetscher ein Schreiber und ein Maler. Bei den Buddhisten wird man neben dem Maler auch noch einen Hersteller plastischer Formen zu ihren Begleitern rechnen müssen. Mit ihm ist jene Person gemeint, die unter Benutzung mitgeführter Modeln Kopf, Beine, Hände und Gewand der heiligen Personen des Buddhismus formte und aus ihnen z. B. die Gestalten des Buddha und des Bodhisattva zusammensetzte. Derartige Modeln, die dazu dienten, in möglichst kurzer Zeit vorwiegend unter Benutzung von Lehm und Gips sakrale buddhistische Figuren herzustellen, wurden im Tarim-Becken bei den Ausgrabungen Oldenbourgs gefunden und befinden sich heute in der Eremitage. Die von den Modeln kopierten Vorbilder sind teils griechisch, teils parthisch oder gehen auf eine Verbindung beider Kulturen zurück. Ein großer Teil der benutzen Formen könnte vielleicht ursprünglich in Mesopotamien geschaffen worden sein.

Man muß bei der Beurteilung dieser Entwicklung einer von Westen beeinflußten buddhistischen Ikonographie davon ausgehen, daß es noch in der Aschokazeit, also in der zweiten Hälfte des dritten Jahrhunderts, keine Darstellung der Person Buddhas gab. Damals bediente man sich verschiedener Symbole, die das fehlende Bild des Religionsstifters ersetzen sollten. Später, außerhalb des eigentlichen Indien, mußten die Missionare, um den Erfolg ihres Bekehrungswerkes nicht zu gefährden, ein Bild Buddhas und des Bodhisattva für den Zweck ihrer Mission erst schaffen. Sie standen damit vor derselben Aufgabe wie annähernd zur gleichen Zeit die christlichen Theologen, denn auch im Christentum fehlte ein Bild des Religionsstifters, so daß man sich hier ebenfalls, um den nach einem Bild verlangenden neu bekehrten Schichten gerecht zu werden, als Ersatz einer anderen Darstellung bedienen mußte. Das war sowohl bei einem Teil der Christen als auch bei den Buddhisten, abgesehen von dem Unterschied in der Haartracht, das Bild des parthischen Königs. Bei den Christen trägt Jesus das lange Haar auf die Schulter herabhängend, bei den Buddhisten hat es Buddha meist auf dem Kopf zu einem Knoten zusammengebunden. (Nur der Boddhisattwa wird häufig auch mit langem, bis auf die Schulter herabreichendem Haar dargestellt.) Beide Formen, das Haar zu tragen, sind von den Darstellungen der Skythen her bekannt. Das Hochbinden des Haares ergab sich aus der Notwendigkeit, beim Kampf oder in ähnlichen Situationen zu verhindern, daß das Haar in das Gesicht fiel. Das Bild des Königs mit dem hochgebundenen Haar übernahmen in der Mitte des zweiten Jahrhunderts n. Chr. jene Missionare, die wie der als erster Missionar bekannte Prinz selbst Parther waren. Er und sein Nachfolger, der parthische Kaufmann, die auch Übersetzer buddhistischer Schriften in das Chinesische waren, benutzten wahrscheinlich für ihre Mission außerdem Illustrationen der Erzählung vom Leben Buddhas.

Die Anhänger Buddhas in Indien, die als Folge der mit Ägypten bestehenden Handelsverbindung mehr unter griechisch-ägyptischem Einfluß standen, bedienten sich für die Wiedergabe der Gesichtszüge Buddhas und des Boddhisattwa der aus der ägyptischen Götterwelt stammenden Darstellung des Osiris, die dem Idealporträt Alexanders des Großen angeglichen war. Zu einer ähnlichen Entwicklung kam es bei einem Teil der unter ägyptischem Einfluß stehenden Christen, die auch das Bild des Osiris in dieser Form für die Wiedergabe des Antlitzes Christi verwendeten.

Diese Übernahme parthisch-griechischer und ägyptisch-griechischer Vorbilder läßt sich bei den beiden Religionen auch noch an anderen Beispielen zeigen, vor allem dort, wo es sich um Illustrationen zu den heiligen Schriften handelt. So tragen zum Beispiel bei der parthischen Redaktion der christlichen Illustrationen die heiligen drei Könige parthische Kleidung. Auch der Gerechte Daniel und die drei Jünglinge im Feuerofen werden als Parther dargestellt. Bei der Wiedergabe der Auferstehung des Lazarus steigt der Wiedererweckte aus einem parthischen Grabturm, bei der ägyptischen Darstellung löst er die Mumienbinden.

Beide Einflüsse lassen sich auch in der buddhistischen Ikonographie beobachten. So werden auf einer buddhistischen Aschenurne des sechsten Jahrhunderts aus Kutscha Musikanten in parthischer Tracht dargestellt. Der gleichen parthischen Kleidung wie auf dieser Urne, die sich heute im Nationalmuseum in Tokio befindet, begegnet man auf Fresken derselben Zeit, die ebenfalls in der Umgebung von Kutscha gefunden wurden. Auch diese Illustrationen gehören nach der Kleidung der auf ihnen dargestellten Personen zu einer ikonographischen Vorlage, die aus der Zeit der ersten parthischen Missionare stammt. Bei ihnen gibt es z. B. die gleiche wie bei den Parthern am Anfang des dritten Jahrhunderts getragene Frauentracht, die mit ihren aufgebauschten, die Hüftpartien betonenden Röcken von den Fresken der Synagoge von Dura Europos bekannt ist. Hier wiederholt sich, was auch in der christlichen Ikonographie festzustellen ist, daß man nämlich Illustrationsvorlagen mit der parthischen Tracht, wie sie auf den eben erwähnten Fresken zu sehen ist, noch mehr als zweihundert Jahre später bei der Herstellung von Bildern für die heiligen Texte benutzt hat. Man kann daraus schließen, daß auch die dazugehörigen Übersetzungen der buddhistischen Schriften der parthischen Missionare des zweiten Jahrhunderts noch in der gleichen Zeit in Gebrauch waren, in der diese parthischen Illustrationen verwendet wurden.

Der Einfluß der griechisch-ägyptischen Fassung läßt sich dagegen nur im Nordwesten Indiens nachweisen und erreicht im Tarim-Bekken Chotan und Miran an der Südroute der Seidenstraße. Wie gezeigt werden wird, hat er dort nicht nur Anteil an der Gestaltung des Buddhabildes, sondern auch an der Architekturdekoration.

Musik und Tanz als Hinweise auf die Herkunft der beiden Komponenten der buddhistischen Ikonographie

Einen weiteren Hinweis auf die Zeit der ersten parthischen Missionare gibt die Form der Wiedergabe des sogenannten himmlischen Orchesters. Buddha wird auf den frühen chinesischen Bronzen des 6. Jahrhunderts n. Chr. zusammen mit einem Orchester dargestellt. Es befindet sich dort auf der Aureole, die nicht wie der Nimbus nur den Kopf, sondern die ganze Gestalt Buddhas einrahmt. Wenn man einen Blick auf die von den Musikanten oder Musikantinnen gespielten Instrumente wirft, begegnet man bei einem Teil der Darstellungen fast ausnahmslos Instrumenten aus Mesopotamien. Hierzu gehören die Laute, die Harfe und eine Art Querflöte, nicht aber die Pauke, die als Teil der parthischen Militärmusik aus Mittelasien entlehnt wurde. Alle diese Instrumente haben über Kutscha auch ihren Weg nach China gefunden. Schon um 100 n. Chr. begegnet man einem Orchester mit den gleichen Instrumenten auf einem Fries des buddhistischen Klosters Airtam an der Mündung des Kokscha in den Amu Darya. Die Darstellung ist etwa ein halbes Jahrhundert vor der Ankunft der ersten parthischen Missionare in China entstanden.

Man verband in China die mit diesen Instrumenten gespielten Musik mit Kutscha. Hier wurde die schon erwähnte Aschenurne mit der Darstellung der Musikanten gefunden, auf der auch die zu dieser Musik gehörenden Tänze dargestellt sind. Kutscha war für den besonderen Charakter seiner Musik und seiner Tänze in China bekannt, wo man beides und die damit verbundenen Pantomimen nachahmte. Die Aschenurne aus Kutscha im Nationalmuseum in Tokio zeigt diese von einem Orchester begleiteten Tänze, die erst von den Chinesen und dann von den Japanern übernommen wurden.

Wenn auf dieser Urne neben den Musikanten in parthischen Kostümen auch andere, als Tiere verkleidete Personen dargestellt sind, ist das in dieser Form auch aus dem Westen bekannt. Demnach muß Kutscha für die buddhistischen Missionare eine Zwischenstation auf dem Wege nach China für die Vermittlung der parthischen ikonographischen Überlieferung gewesen sein. Schon die Sumerer kannten das Tierorchester in Verbindung mit dem Totenreich. Das erklärt die Anbringung dieser Darstellung auf der Aschenurne.

Eng mit diesen Musikvorführungen hingen auch die schon erwähnten Tänze zusammen, bei denen die Tänzer Masken trugen. Diese Masken sind in japanischen Tempeln in Gestalt der berühmten Gigaku-Masken erhalten; die ältesten von ihnen reichen noch bis in das siebente Jahrhundert zurück. Auf ihnen ist genau vermerkt, bei welchen buddhistischen Festen sie getragen wurden. Ein Teil der Masken gibt auch die Gesichter von Menschen aus Indien und Mittelasien wieder. Es sind vor allem die spitzen Mützen der Sogder, ihre eigentümliche Barttracht und die physiognomisch besonders auffallenden Nasen. Offensichtlich wurden sie, wie die Darstellung der Tiermasken zeigt, auch in Kutscha bei den buddhistischen Festen von den Tänzern getragen. Dort wurden auch dramatische Pantomimen von der Art, wie sie in dem Fragment eines Textes auf einer Palmblatthandschrift aus Kutscha erhalten sind, aufgeführt. Chinesische Grabfiguren zeigen Schauspieler, die Pantomimen mit diesen Masken aufführen.

Die Sitte des Maskentragens kam wie das Spielen bestimmter Musikinstrumente und das Verkleiden der Musikanten in Tierfelle aus dem Westen. Es ist bekannt, daß die römischen Schauspieler ebenso wie schon die der Griechen fast immer mit Masken auftraten. Hierbei spielten in der Komödie die besonders einen bestimmten Menschentyp karikierenden Masken eine Rolle. Ihr Aussehen ist, abgesehen von den erhalten gebliebenen Exemplaren, durch die karolingische Kopie von spätantiken Illustrationen zu den Komödien des Terenz wohlbekannt. Diese Schauspielermasken entsprechen in der Art der Wiedergabe der Gesichter den Phlyakendarstellungen.

Man weiß, daß römische Komödien, wenn auch nur in Ausschnitten, von Theatertruppen im parthisch-römischen Grenzgebiet gespielt wurden. Einer der „Theaterzettel“, in dem diese Stücke angekündigt wurden, ist in der Form einer Wandbeschriftung aus Dura Europos erhalten. Es ist demnach sehr wahrscheinlich, daß, ähnlich wie Kleidung, Musikinstumente, Illustrationsformen und Darstellungen der Religionsstifter, auch die Masken damals nach Mittelasien und weiter in das Tarim-Becken gelangten, um von dort aus über Kutscha ihren Weg nach China zu finden, wo sie für den gleichen Zweck verwendet wurden.

Der westliche Anteil an der indischen Komponente der buddhistischen Illustration in China

In den Zusammenhang der Rezeption aus dem Westen gehörte auch in Indien die Verwendung von Modeln. Die Missionare bedienten sich hier ebenfalls vorgeformter Teile, um aus ihnen plastische Darstellungen des Religionsstifters für die Mission im Tarim-Becken und in China herzustellen.

Zweifellos besteht zwischen dem ersten Vorkommen von Darstellungen des Buddha und des Bodhisattva in China und denen in Mittelasien und im Tarim-Becken ein Abstand von fast zwei Jahrhunderten. Dieser Abstand bedeutet aber nicht ein Abbrechen der ikonographischen Überlieferung. Er scheint sich vielmehr so zu erklären, daß in der zweiten Hälfte des 4. Jahrhunderts n. Chr. der große buddhistische Theologe Kumarajiva, der aus einer indischen Familie in Kutscha stammte, durch sein Zurückgehen auf Sanskrithandschriften aus Indien gegenüber Mittelasien wieder stärker die indische Komponente innerhalb der Ikonographie des Buddhismus betonte.

Obwohl die auf Birkenrinde geschriebenen Texte, von denen ein Fragment bei Chotan gefunden wurde, schon sehr früh eine durch Missionare hergestellte Verbindung des Tarim-Beckens mit Indien bezeugen, scheint sich ikonographisch der Einfluß Indiens in China erst später durchgesetzt zu haben, so daß man vielleicht davon ausgehen kann, daß mit dem Wirken Kumarajivas, bedingt durch ein Heranziehen indischer buddhistischer Handschriften, auch ikonographisch eine Umorientierung nach Indien begann. Bezeichnend ist hier jene Mythe, nach der der König von Udyana, das weitgehend dem heutigen Ladakh entspricht, eine Buddhastatue geschaffen hatte, die in einer Nacht nach Chotan getragen wurde, ehe sie nach China gelangte. Auf diese Mythe spielt ein Buddhabild aus Bronze an, das den Religionsstifter auf einer Gans sitzend zeigt. Die Gans hatte nach der Legende das Buddhabild aus Udyana nach Chotan gebracht. Diese Darstellung aus Bronze stammt aus dem Beginn des sechsten Jahrhunderts, sie weist also auf eine Zeit zurück, die von dem Wirken Kumarajivas nicht weit entfernt ist.

Diese indische Komponente zeigt sich auch bei der Wiedergabe der Musikanten, die Buddha umgeben. Sie spielen keine Instrumente aus dem Westen. Bei ihnen finden sich jene bekannten indischen Instrumente, die noch heute in Indien gespielt werden. Auch ihre Kleidung verweist auf Indien. Charakteristisch für die indische Komponente bei der Darstellung des Buddha ist ein Überwiegen des Meditierens. Der Buddha ist in sich gekehrt und scheint gegenüber der Außenwelt ohne Reaktion. Nur die Aureole in der Form von Flammen macht vielleicht eine innere Bewegung durch diese züngelnden Flammen deutlich.

Man könnte also jene Zeitspanne von zwei Jahrhunderten, die zwischen den bekannten Darstellungen des Buddha aus Mittelasien und dem Tarim-Becken und seinen ersten bekannten chinesischen Wiedergaben liegt, dadurch erklären, daß erst mit dem Beginn der ersten Hälfte des 5. Jahrhunderts als Folge der Tätigkeit Kumarajivas sich auch die indische Ikonographie in China durchsetzte. Im Rahmen dieser Reform, die mit den indischen Sanskrittexten auch ein neues Buddhabild und andere Formen der Darstellung brachte, wurden die aus Mittelasien stammenden, über das Tarim-Becken vermitttelten älteren Formen seiner Wiedergabe zunächst ausgemerzt.

Wie schon erwähnt, beschränkte sich der Einfluß des Westens auf Nordwestindien und im Tarim-Becken auf Chotan und Miran. Er bildete hier eine besondere ägyptisch-indische Komponente. Sie lieferte die Vorbilder für die buddhistische Kunst Nordwestindiens und des Südens des Tarim-Beckens. Hierzu gehörte das schon erwähnte Bild des jugendlichen Buddha, für das wie bei dem ebenfalls als Jüngling dargestellten Christus das Bild des Osiris als Vorlage benutzt wurde. Mit ihm übernahm man auch in Ägypten und Syrien geschaffene architektonische Formen. Ein Beispiel hierfür ist jenes Reliquiar, das aus Bimaran in Afghanistan stammt und in das frühe dritte Jahrhundert gehört. Es zeigt die bekannten Formen einer Pyxis, die im christlichen Kult als Gefäß für das heilige Öl verwendet wurde. Wie das für einen christlichen Zweck bestimmte Behältnis besitzt auch dieses Reliquiar eine Architekturdekoration aus Arkaden, die besonderen Illustrationen, die sich auf die Religion bezogen, vorbehalten waren.

Das Fehlen des parthischen Elements unterscheidet die indische Komponente von der buddhistischen Kunst Mittelasiens und der des nördlichen Tarim-Beckens. An seine Stelle tritt dort und im Süden des Tarim-Beckens der über Nordwestindien vermittelte hellenistisch-ägyptische Einfluß. Er setzt nicht erst mit dem Buddhismus ein, sondern läßt sich schon vorher durch das Vorhandensein zahlreicher griechischer Göttergestalten nachweisen, die für die Kunst von Gandhara charakteristisch sind und später in der Phase des Synkretismus mit der buddhistischen Götterwelt eine Verbindung eingehen. Vermittler waren oft die Erzeugnisse des Kunsthandwerkes in Alexandrien, das durch Emailgläser und Stoffe seine Motive an die Inder weitergab. Es ist hierbei in Betracht zu ziehen, daß auf die Phase der Rezeption auch in Nordwestindien die der Verarbeitung des Übernommenen folgte. Das bedeutet also, daß mit der Zeit diese Göttergestalten allmählich weitgehend der indischen Form angepaßt wurden.

Ansätze zu einer Rezeption hellenistischer Denkmodelle durch die buddhistisch-indische Theologie

Im Zusammenhang mit der Rezeption hellenistischer Formen durch die buddhistische Kunst muß auf eine Verbindung hingewiesen werden, die zwischen griechischen Philosophenschulen und buddhistischen Theologen in Indien bestanden zu haben scheint. Durch sie wurde die aus der christlichen Religion bekannte Lehre von den Hypostasen, die auf die Fixierung der Stationen des buddhistischen Heilsweges einen Einfluß ausüben sollte, in Indien bekannt. Gemeint ist der Wechsel des Zustandes, den der Gläubige in den verschiedenen Phasen seiner Läuterung durchmacht, ehe er mit dem Nirvana die höchste Stufe erreicht.

Der Einfluß der iranischen und mesopotamischen Volksreligionen auf die Ikonographie des Buddhismus

Neben hellenistischen Denkmodellen in Gestalt philosophischer Theorien, die die buddhistische Theologie Indiens beeinflußt haben, hat auch die Volksreligion sowohl im Buddhismus Indiens wie Mittelasiens und dem im Tarim-Becken Fuß gefaßt. Dort hat sich nicht so sehr das hellenistisch-iranische, sondern viel stärker das iranisch-mesopotamische Element bei der Rezeption durchgesetzt. Ein Beispiel hierfür ist der Kult der iranischen Anahita. Diese Göttin hatte schon lange vor ihrer Begegnung mit dem Buddhismus vieles von der syrischen Astarte und von der „Großen Mutter", der Kybele, übernommen. Im buddhistischen Pantheon erhielt sie zeitweise die Gestalt der Quellnymphe oder Wassergöttin Dakini, die man auf einem Fisch stehend darstellte. In China war Anahita zur Kuan-yin geworden.

Anahita, die auf Silberschalen auch nackt dargestellt wird, hat im Buddhismus Eingang in die Volksreligion gefunden. Dabei traten ihre alten Attribute als Fruchtbarkeits- und Liebesgöttin wieder hervor, nicht nur darin, daß sie häufig unbekleidet dargestellt wurde, sondern auch dadurch, daß die Geschlechtsmerkmale bei dieser Nacktheit besonders hervorgehoben wurden. Auch ihre Darstellung als Flußgöttin, bei der sie halb bekleidet auf einem Fisch steht, entbehrt nicht einer erotischen Auffassung. Sogar Darstellungen, die fast das Pornographische streifen, fehlen bei der Wiedergabe dieser Gottheit nicht, wie jene Wassergöttin aus Dandan Uilik zeigt, die zusammen mit einem Eroten fast nackt dargestellt ist. Sie trägt das

Haar hochgesteckt wie die Damen der römischen Kaiserzeit. Vermutlich waren jene Emailgläser aus Alexandrien, die zusammen mit anderen ägyptischen Importen in Bamyan in Mittelasien gefunden wurden, hier die Vermittler.

Zusammenfassend kann man feststellen, daß die Missionare des Buddhismus nicht nur dem Weg der Kaufleute folgten, sondern, wie die buddhistische Ikonographie zeigt, auch durch ihre Waren, den von ihnen importierten Erzeugnissen des Kunsthandwerks, Anregungen erhalten haben.

Professionelle buddhistische Maler, Stukkateure und Bildhauer als Vermittler der Kunst aus dem Westen

Es gab außer den schon erwähnten auch noch andere Wege, auf denen die neuen Motive aus dem Westen über Mittelasien in das Tarim-Becken gelangen konnten. Gemeint ist die Vermittlung durch jene umherziehenden Maler, die für Geld die Ausmalung eines Klosters übernahmen. Ein derartiger Fall ist z. B. aus Miran bekannt. Dort hatte nach den erhaltenen Aufzeichnungen der Maler Tita für eine bestimmte Geldsumme die Ausmalung von Räumen des Heiligtums übernommen. Hierbei war ihm, wie wahrscheinlich auch anderen Künstlern, bei der Durchführung dieser Arbeiten keine volle Freiheit gelassen worden. Er mußte sich also an einen Entwurf halten, den man ihm in der Form einer Skizze bei der Erteilung des Auftrages übergeben hatte. Derartige Vorzeichnungen sind erhalten. So befindet sich eine Skizze mit der Vorzeichnung für die Ausmalung der Decke einer Kapelle heute im Nationalmuseum in Neu-Delhi.

Was sich für die Maler nachweisen läßt, nämlich die Nachahmung westlicher Vorbilder, war für die Stukkateure und Bildhauer durch die mitgebrachten Modeln gegeben. Ausmalung und Ausstattung der Heiligtümer stammten nicht immer von jenen Künstlern, die die Missionare begleiteten. Oft wurde die künstlerische Ausgestaltung der neu errichteten buddhistischen Andachtsräume, wie das Beispiel von Miran zeigt, an professionelle Maler, Stukkateure und Bildhauer vergeben.

Was die aus Mittelasien oder Indien kommenden Künstler im Tarim-Becken, in Kan-su und im eigentlichen China an Motiven mitbrachten, hatten sie von Vorbildern aus weiter im Westen liegenden Ländern übernommen. Das zeigt z. B. der Stuckfries mit den Musikantinnen, der aus Aïrtam am oberen Amu Darya stammt. Seine Vorbilder findet man im syrischen Palmyra. Sie sind offenbar erst durch syrische Modeln nach Mittelasien gekommen. Vorbilder der Maler, die aus dem Westen stammen, findet man oft auf Textilfragmenten. Ein Beispiel hierfür gibt das aus der Zeit der Kuschana stammende und vielleicht mit den Eroberungen des Kanischka im Südwesten des Tarim-Beckens nach Lou-lan gelangte Fragment eines Gobelins mit der Wiedergabe des den Caduceus haltenden Hermes. Vorbild war hier eine hellenistisch-koptische Darstellung des zweiten Jahrhunderts n. Chr.

Hellenistische und byzantinische Einflüsse auf die buddhistische Ikonographie Zentralasiens

Nicht nur bei der Wiedergabe des Aussehens Buddhas, auch für seine Kleidung finden sich die Vorbilder im Westen. Der Religionsstifter trägt z. B. das gleiche Gewand wie die griechischen Philosophen auf hellenistischen Darstellungen. An dieses Vorbild lehnte sich bei den Fresken in der Synagoge von Dura Europos aus der Zeit um 200 n. Chr. auch die Wiedergabe der Kleidung des Oberpriesters Aaron an wie später an anderen Stellen die der Kleidung Christi. Das gilt für beide Formen der Wiedergabe seiner Gestalt, der parthischen als bärtiger Mann mit dem auf die Schulter fallenden Haar und der aus Ägypten stammenden als Jüngling. Allerdings bleibt der Weg unbekannt, auf dem diese Formen des Gewandes nach Mittelasien und Indien gelangten. Noch bei der Faltung der Gewänder auf den im Tarim-Becken gefundenen Vorformen, den Modeln, ist das hellenistische Vorbild deutlich erkennbar.

Nicht nur parthische und hellenistisch-ägyptische, auch byzantinische Einflüsse lassen sich in der buddhistischen Ikonographie des Tarim-Beckens und Chinas nachweisen. Zu ihnen ist es als Folge der politischen Verbindung zwischen dem westtürkischen Khanat und dem byzantinischen Reich im ersten Drittel des siebenten Jahrhunderts gekommen. Gemeint ist jenes politische Zusammengehen beider Mächte gegen das sasanidische Persien, das für kurze Zeit auch zu persönlichen Kontakten zwischen dem byzantinischen Basileus und dem westtürkischen Qagan geführt hat. Damals hatte der byzantinische Kaiser Herakleios seinem türkischen Verbündeten nicht nur die Tochter zur Frau gegeben, sondern ihn auch mit dem Titel und den Insignien eines römischen Cäsar ausgezeichnet. Es war die gleiche Ehrung, die siebzig Jahre später dem bulgarischen Khan Tervel zuteil wurde. Mit der Verleihung des Titels war auch die Übergabe der Insignien und der Zeremonialgewänder des hohen Amtes verbunden. Eine Folge dieses Ereignisses war, daß die Nachfolger dieses Qagans und diejenigen, die für sich in Anspruch nahmen, es zu sein, ebenfalls Titel und Rangabzeichen übernahmen. So kam es, daß sich offenbar mehrere Fürsten in Mittelasien und im Südwesten des Tarim-Beckens den Titel *Kesar* von *From (= Caesar von Rom)* beilegten. Sie führten ihn auf den Legenden der von ihnen geprägten Münzen (Fromo Kesaro), gebrauchten ihn aber auch in ihren Urkunden als Teil des von ihnen geführten Herrschertitels. Ein Beispiel ist der in chinesischen Quellen erhaltene Brief des westtürkischen Herrschers in Kunduz im Norden Afghanistans an den chinesischen Kaiser aus der ersten Hälfte des siebenten Jahrhunderts. Durch die Heirat der Tochter eines seiner Nachfolger mit dem König von Chotan kam dann dieser Titel an die dort regierende Dynastie. Die Folgen waren hier die gleichen wie bei der Heirat eines westtürkischen Khans mit einer chinesischen Prinzessin, der sich nach der Heirat *Tabgač* Qagan (= Herrscher von China) nannte, ein Titel, den noch die karachanidischen Khane in Mittelasien im elften Jahrhundert als Angehörige der Häuptlingssippe der Aschina führten. In Chotan übernahm der König den Titel *Kesar* von *From (= Caesar von Rom)* von seinem Schwiegervater.

Die türkischen und sakischen Fürsten ließen sich aber auch in Nachahmung byzantinischer Kaiserbilder mit den Zeremonialgewändern und den Attributen dieser Würde darstellen. Wie derartige in die Form der Plastik übersetzte Bilder aussahen, zeigt die schon erwähnte Figur eines Fürsten im Museum von Samarkand. Sie stellt ihn im Ornat eines byzantinischen Kaisers mit Krone und Pendilien und in den Händen die Weltkugel mit dem Kreuz und dem Ölzweig des Friedensbringers dar. Andere Fürsten ließen sich auch als siegreicher Feldherr in der Pose und mit den Abzeichen des Triumphators darstellen. Diese zuletzt genannte Art der kaiserlichen Repräsentation, die aus Miniaturen und Elfenbeintafeln bekannt ist, wurde in Chotan auch für die Wiedergabe des buddhistischen Gottes Vaishravana verwendet. Auch er trägt wie der byzantinische Triumphator eine Rüstung und setzt seinen Fuß auf einen von ihm Unterworfenen. In Chotan genoß Vaishravana fast die Verehrung eines Stadtgottes. Wie stark bei der Darstellung des Gottes noch das byzantinische Vorbild zum Ausdruck kommt, zeigt sein von Chotan nach Tun-huang gesandtes Bild. Auf seine Herkunft aus Chotan weist die chotan-sakische, in Brahmi geschriebene Unterschrift, die neben den chinesischen Zeichen auf ihm zu finden ist. Offensichtlich war dieses Bild im neunten Jahrhundert vom König von Chotan in einem Akt politischer Repräsentation, vielleicht um so seinen Regierungsantritt bekanntzugeben, an den Statthalter des damals noch in tibetischer Hand befindlichen Tun-huang gesandt worden. Die Wiedergabe des Gottes zeigt hier nicht nur durch den Panzer und die Krone, sondern auch durch seine Haltung, bei der er in der rechten Hand eine Lanze und in der Linken statt des Schwertes einen kleinen Stupa hält, eine weitgehende Übereinstimmung mit einer byzantinischen Miniatur aus dem Menologion des Kaisers Basileios' II. Diese in seinem Auftrag angefertigte Handschrift zeigt ihn auf einem Bild als Überwinder der Bulgaren. Vaishravana wurde später in dieser Gestalt in die Begleitung Buddhas aufgenommen.

Der Anteil der chinesischen Provinz Kan-su an der Entwicklung einer ersten chinesisch-buddhistischen Ikonographie

Nicht nur Mittelasien, Indien und das Tarim-Becken, das die dorther kommenden Einflüsse aufgenommen hatte, waren an der Entstehung der ältesten buddhistischen Ikonographie, die in China nachweisbar ist, beteiligt. Eine weitere Station, auf der es zu Veränderungen in der Bildgestaltung kam, war die spätere chinesische Provinz Kan-su. Hier hatten sich schon seit 176 v. Chr., dem Zeitpunkt der Vernichtung des Reiches der Yüeh-chih, vorwiegend türkische und später auch (nach Minorsky) tungusische Nomadenstämme niedergelassen, die allmählich den Volkscharakter dieser Provinz bestimmten. Zu ihnen gesellten sich noch tibetische Gruppen, die aus dem Kukunor-Gebiet über die Pässe des Richthofen-Gebirges nach Kan-su gekommen waren.

Durch Kan-su mußten die Missionare, um nach China zu gelangen, ganz gleich, auf welcher Route der Seidenstraße sie gekommen waren, denn vorher hatten sich die drei Routen vereinigt. Alle Missionare aus dem Westen waren daher auf den Schutz der dort regierenden Nomadenfürsten angewiesen. Er wurde ihnen offenbar auch ohne Schwierigkeiten gewährt. Aus dem Kreis dieser Fürsten kamen die Träger des sich hier später bildenden hunnisch-chinesischen Reiches der Liang, das im Jahre 438 durch die T'o-pa, die Nordchina erobert hatten, vernichtet wurde. Im vierten und fünften Jahrhundert waren dieses Reich und besonders seine Hauptstadt Ku-tsang ein Mittelpunkt des Buddhismus. Die ersten Ansätze zu der Beziehung zwischen den Nomadenfürsten und den Missionaren begannen wahrscheinlich in der Mitte des dritten Jahrhunderts, als der erste bekannte Missionar aus dem Westen in China, ein parthischer Prinz, durch Kan-su zog, um die chinesische Hauptstadt zu erreichen. Seit dieser Zeit müssen Beziehungen zwischen den Nomadenfürsten und den Missionaren des Buddhismus bestanden haben.

Es sind weniger historische Überlieferungen, die über die buddhistische Infiltration berichten, als vielmehr neue Gestalten in der buddhistischen Ikonographie. Sie erst machen diese Vorgänge deutlich, denn seitdem kennt die buddhistische Ikonographie die Gestalten der Nomadenfürsten als Weltenwächter in der Begleitung Buddhas. Sie sind bewaffnet und tragen entweder den mit Metallplättchen besetzten Lederpanzer oder einen vollständig aus Metall bestehenden Harnisch, der den ganzen Oberkörper schützt, dazu einen Helm, der in der Form eines Tierkopfes gearbeitet ist. Ihre Füße stecken in hohen Lederstiefeln.

Sowohl Helm wie Panzer geben einen Anhalt für die Zeit ihrer Herstellung. Die Helme mit den Tierköpfen sind von den Münzbildern der griechisch-baktrischen Könige her bekannt. Die Panzer der Weltenwächter sind das Werk parthischer oder griechischer Waffenschmiede. Die eckigen hohen Schilde verraten römische Vorbilder, ebenso das Zusammenknoten des Mantels über der Brust. Seit der Zeitwende hatten der griechische und der parthische Handel mit Waffen nicht nur in Kan-su, sondern auch im eigentlichen China einen großen Markt gefunden.

Zur Berührung mit der griechisch-römischen Welt war es über den Export schon vor dem Auftreten von Missionaren des Buddhismus in China gekommen. Erwähnt sei der römische Panzer, den ein Haniwa, ein Krieger aus der Yamato-Zeit (5. Jahrhundert n. Chr.), trägt. (Die Figur befindet sich heute im Nationalmuseum in Tokio.) Es lag für die Nomadenfürsten nahe, sich als Begleiter und Beschützer Buddhas darstellen zu lassen. Ihnen folgten darin später im neunten Jahrhundert auch die tibetischen Fürsten. Ihre Bilder findet man auf einem Teil der Banner von Tun-huang.

Es liegt nahe, daß bei dieser Rezeption nicht nur die Bilder von Häuptlingen der Nomaden als Weltenwächter Eingang in die buddhistische Ikonographie fanden, sondern auch jene Illustrationen aus dem Leben Buddhas, an denen Veränderungen im Sinne der Überlieferung der Nomaden vorgenommen worden waren. Beispiele hierfür finden sich im Höhlentempel von Yün-kang. Hier zeigt ein Relief die Flucht Buddhas, der auf einem Pferd davonreitet. Das hier dargestellte Tier gehört zu jener kleinen Rasse, die auch aus den Kurganen von Pazyrik im Altai bekannt sind. Es trägt auch das gleiche Zaumzeug wie sie. Dieses Relief beweist, daß die Mönche hier den Wünschen der Stifter des Tempels entgegengekommen waren, indem sie von ihrer überlieferten Ikonographie abgingen. Auch die Verwendung des Sanskrit-Wortes *sramana*, das einen buddhistischen Mönch bezeichnet, für einen Priester der Nomaden weist auf diese Entwicklung. Könnte doch das heute gebrauchte Wort *Schamane* auf dieses Sanskrit-Wort zurückgehen.

Zu dem ersten Zusammentreffen der buddhistischen Missionare mit Angehörigen altaiischer und tibetischer Volksgruppen ist es in

Ku-tsang, der Hauptstadt des hunnischen Liang-Reiches, gekommen. Hier hat dieser Verschmelzungsprozeß noch zwei Jahrhunderte früher eingesetzt als in Nordchina. Er begann, nachdem Ku-tsang im Jahre 435 durch die T'o-pa erobert worden war, und erfaßte allmählich weite Teile der buddhistischen Ikonographie, zunächst mit der Veränderung der überlieferten Darstellungen der Stationen des Lebens Buddhas, griff sehr bald aber auch mit einer neuen Gestaltung der Weltenwächter auf die Wiedergabe der Umgebung des Religionsstifters über.

Aus dem buddhistischen Heiligtum von Yün-kang, das knapp vierzig Jahre nach der Eroberung von Ku-tsang in der chinesischen Provinz Kan-su begonnen wurde, ist ein Relief bekannt, das ebenfalls Spuren eines Verschmelzungsprozesses zeigt. Hier sitzt der Bodhisattva zwischen zwei wie Häuptlinge gekleideten Personen der buddhistischen Hierarchie. Beide tragen den Kaftan, die Pelzmütze und die hohen Stiefel der Nomaden, eine Kleidung, die wenig später durch einen Erlaß der Wei-Kaiser verboten wurde. Wie auch dieses Relief deutlich macht, hatte sich vor allem die Stammesaristokratie der T'o-pa dem Buddhismus zugewandt. Aus ihren Reihen kamen die Stifter der großen Tempel.

Die buddhistischen Selbstzeugnisse der Nomaden und die Schwerpunkte ihrer Bekehrung

Die enge Beziehung zwischen dem Buddhismus und den Nomaden blieb auch in späterer Zeit bestehen. Nicht nur, daß die Juan-Juan unter den Stiftern des Tempels von Yün-kang genannt werden, auch bei den Türküt, die 552 ihr Reich zerstört hatten, gab es eifrige Buddhisten. Aus Bugut in der Äußeren Mongolei ist aus der zweiten Hälfte des sechsten Jahrhunderts die Inschrift eines Khans erhalten, der in zwei Sprachen von der Bekehrung seines Vorgängers zum Buddhismus erzählt. Dieser Bericht findet sich auf einer Stele zusammen mit der Darstellung einer Mythe über die Herkunft des Khansgeschlechtes der Aschina von einem Wolf. Auch darin kommt die enge Beziehung des Buddhismus zu der heidnischen Überlieferung der Nomaden zum Ausdruck. Die in Sanskrit mit Brahmi-Schrift geschriebene Inschrift besitzt auch eine Version in sogdischer Sprache mit sogdischen Buchstaben. Der indische Mönch, der damals, wie die Inschrift berichtet, die Türküt und ihren Khan bekehrte, war Jinagupta.

Nicht nur im Osten und hier sowohl im nordwestlichen Randgebiet wie im eigentlichen China hatte sich der Buddhismus zwischen dem vierten und sechsten Jahrhundert durchgesetzt, sondern auch in dem gleichfalls von Nomaden bewohnten Siebenstromland. Hier wurden bis in diese Zeit hinabreichende buddhistische Kultanlagen bei Ausgrabungen am Tschu gefunden. Auch die hunnischen und hephthalitischen Eroberer Mittelasiens haben sich anders als die von ihnen unterworfenen Sogder sehr bald zum Buddhismus bekehrt. Ein Beispiel hierfür ist das Fresko in einer buddhistischen Grotte bei Bamyan, auf dem Buddha im Gespräch mit einem als Jäger dargestellten hephthalitischen Fürsten gezeigt wird. Aber nicht nur in Mittelasien, wo man noch in Giaur-Tepe zur Zeit der Herrschaft der Hephthaliten Ende des fünften Jahrhunderts den großen Stupa vollendete, sondern auch weiter im Westen finden sich Spuren buddhistischer Mission. Das gilt für jene bulgarische Gruppe, die jenseits der Meerenge von Kertsch auf der Halbinsel Taman nachweisbar ist. Es ist das gleiche Gebiet, in dem in der Nähe des unteren Kuban chinesische Spiegel aus dem sechsten Jahrhundert gefunden wurden, ein Zeichen dafür, daß die Verbindung über die Seidenstraße mit China in diesem Abschnitt zu der Zeit noch lebendig war. Auf diese Bulgaren bezieht sich der Bericht einer byzantinischen Quelle, der in der ersten Hälfte des sechsten Jahrhunderts hier von goldenen Götterbildern und ihren Priestern spricht. Mit diesen Götterbildern sind offensichtlich jene Bronzedarstellungen des Buddha gemeint, die, wie es auch in einigen religiösen Vorschriften gefordert wurde, vergoldet waren. Unter den hier erwähnten Priestern hat man demnach buddhistische Mönche zu verstehen. Aus dem weiteren Bericht der Quelle ist zu entnehmen, daß der Versuch einer Christianisierung der Bulgaren an der Intervention dieser buddhistischen Priester scheiterte.

Demnach war der Buddhismus während des fünften und sechsten

Jahrhunderts an der Nordroute der Seidenstraße in ihrer ganzen Länge verbreitet. Wenn auch im äußersten Westen die Spuren nur schwach sind, kann für den Süden Mittelasiens an dem Bestehen einer starken buddhistischen Gruppe, die sich dort auch noch längere Zeit nach der islamischen Eroberung hielt, nicht gezweifelt werden.

Die Reformbewegung des Buddhismus und ihre Verbreitung durch die Seidenstraße

Innerhalb des Buddhismus gab es Kräfte, die wie das Wirken Kumarajivas als der Höhepunkt einer inneren Reformation bezeichnet werden können. Sie gingen von einer genauen Kontrolle des Textes aufgrund der damals noch in Indien vorhandenen alten Sanskrit-Handschriften aus. Es ist in der Geschichte nicht selten, daß sich die Philologie mit der Reformation vereinigt, um eine theologische Revolution zu beginnen. Die Vorstellung von der Wiedergewinnung des reinen unverfälschten Wortes besaß auch im Buddhismus eine ungeheure Kraft. Unter Berufung auf derartige Aufzeichnungen der Lehre Buddhas konnte man daher auch Veränderungen in der Wiedergabe der Bilder bewirken. Es ist kein Zufall, daß die nach Kumarajiva nach Indien ziehenden Pilger in der Beschaffung von Sanskrit-Handschriften eines ihrer Hauptanliegen sahen. Man wollte damit die chinesischen Übersetzungen der aus Mittelasien stammenden ersten Missionare kontrollieren. Es ist kennzeichnend für die Vorstellung, die man sich von diesen Pilgern machte, daß man sie darstellte, wie sie schwere Lasten von Büchern aus Indien auf einer Trage auf dem Rücken nach China schleppten. Diese Bilder unterscheiden sich von der Wiedergabe der Pilger in den Mythen, die z. B. den berühmten Pilger Hiuen-tsang auf einem weißen Elefanten nach Westen reiten lassen.

Diese Reformationen innerhalb des Buddhismus, die von den Texten ausgingen, waren an berühmte Klöster gebunden. Zu ihnen gehörten auch die von Tun-huang. Seit der Zeit um 470 n. Chr. sind Handschriften von chinesischen Übersetzungen, die aus seiner Schreibstube stammen, im Original erhalten. Tun-huang übersetzte aus dem Sanskrit in das Chinesische. In den Klöstern von Kutscha wurden philologisch einwandfreie Sanskrittexte hergestellt, die den chinesischen Übersetzungen von Tun-huang zugrunde lagen, die nach China gingen. Sie wurden hierfür seit dem Gebrauch der Holzstöcke zum Herstellen von Texten und Bildern im neunten Jahrhundert bis an die äußersten Grenzen Chinas verbreitet.

Eine nicht weniger große Bedeutung als Tun-huang besaß die Stadt Qotcho in der Turfan-Oase, die die Chinesen *Kao'chang* nannten. Manche Klöster, die sich dort befanden, waren wahrscheinlich noch älter als die von Tun-huang. Nach Qotcho waren mit der aus Ku-tsang vertriebenen Dynastie der Ts'ü-kü im Jahre 438 n. Chr. auch die buddhistischen Gelehrten aus dieser Stadt gekommen. Sie brachten in die Klöster der Oasenstadt die wertvollsten der von ihnen geretteten buddhistischen Handschriften mit. Einige, wie das aus der Zeit um 300 stammende Manuskript einer chinesischen Übersetzung aus dem Sanskrit, sind erhalten.

Die große Bedeutung der Turfan-Oase liegt darin, daß sie für Ostasien nicht nur das theologische Zentrum des Buddhismus und anderer Religionen wie des Christentums und der Lehre Manis war, sondern daß sich dort auch eine der wichtigsten Stationen der Seidenstraße befand, die Kontakte mit Mittelasien, mit den Mongolen und mit den Völkern in der Mandschurei und Korea besaß. In Turfan übersetzte man aus dem Syrischen, Parthischen, Mittelpersischen und Sanskrit nicht nur in das Sogdische und Tocharische, sondern auch in das Uigurische. Wenn die entsprechenden Sanskrittexte buddhistischer Schriften zum Übersetzen fehlten, übertrug man auch deren tocharische und sogdische Übersetzungen in das Uigurische. Auch wurden dort mit Miniaturen ausgestattete Bücher hergestellt und seit dem neunten Jahrhundert durch den Druck mit Hilfe von Holzplatten in großer Zahl weiterverbreitet.

Nicht minder groß als in Turfan war zeitweise die Bedeutung des buddhistischen Klosters in Chotan. Hier übersetzte man aus dem Sanskrit sowohl in das Sakische wie in das Tibetische. Nicht zu vergessen ist Kaschgar als letzte bedeutende Stadt für die Verbreitung des Buddhismus. Hier wurden wahrscheinlich jene buddhistischen Übersetzungen in das Westsakische hergestellt, für deren Aufzeichnung man sich des griechischen Alphabetes, das über die baktrischen Griechen in das Tarim-Becken gekommen war, bediente.

Es läßt sich also feststellen, daß fast alle wichtigen Stationen der Seidenstraße auch buddhistische Klöster besaßen, die sich nicht nur um die Versorgung der Pilger kümmerten, sondern auch eine rege Übersetzungstätigkeit entfalteten, die die Verbreitung des Buddhismus sowohl unter den Bewohnern des Tarim-Beckens wie später in der Mongolei sicherten. Das gleiche gilt neben den nestorianischen Christen auch für die Anhänger der Lehre Manis. Auch sie haben von ihren Klöstern an den Stationen der Seidenstraße aus ihre Religion nach Norden und Osten verbreitet.

Die Reisen der Pilger begannen zu der Zeit, in der in China die ersten datierten Darstellungen von Bildern Buddhas, des Bodhisattva und des Gefolges einsetzten. Hier liegt offensichtlich eine Wechselwirkung vor, die zwischen den Reisen der Pilger und der neuen in China für den Buddhismus entwickelten Ikonographie bestand. Man reiste nach Indien nicht nur, um die Reinheit der Texte nachzuprüfen, sondern auch, um alte Bilder Buddhas und Illustrationen zu den Texten der buddhistischen Lehre zu erhalten. Man hoffte, dort auch Bilder aus der Zeit des Aschoka zu finden. Was man von dort mitbrachte, verdrängte allmählich in China die mehr als drei Jahrhunderte vorher aus Gandhara und Mittelasien gekommenen Bilder mit Darstellungen Buddhas und seines Lebens.

Mit dieser Hinwendung Chinas nach Indien war auch das Auftauchen synkretistischer Erscheinungen in Zentralasien verbunden, wie jene Holztafeln aus Dandan Uilik bei Chotan mit Darstellungen von Mythen der Bon-Religion, die dem sechsten Jahrhundert angehören, Erscheinungen, die sich dann zweihundert Jahre später bei den Bannern in Tun-huang während der tibetischen Besetzung verstärkt wiederholen sollten.

Die Bedeutung der Reisen der buddhistischen Pilger nach Mittelasien und nach Indien für die Expansion des chinesischen Reiches nach dem Westen

Der erste bekannte Pilger, Fa-hsien, der Indien erreichte, hatte schon 399 n. Chr. den Weg nach dem Westen angetreten. Da die Straße durch das Tarim-Becken damals offenbar zeitweise durch Austrocknung des Südflusses weitgehend unpassierbar geworden war, hatte er für den Rückweg im Jahre 414 die Fahrt über das Meer gewählt. Nur auf dem Hinweg nach Indien folgte er der alten Straße der Missionare durch das Tarim-Becken. Sein Nachfolger, der Pilger Shi-meng, der zwischen 404 und 424 über Mittelasien Indien besuchte, konnte auf dem gleichen Weg, den er durch das Tarim-Becken auf der Hinreise benutzt hatte, auch wieder nach China zurückkehren.

Es wäre falsch, wenn man diese Pilgerreisen nur als Exkursionen von Gelehrten und Theologen nach Indien zur Beschaffung von Handschriften ansehen würde. Die großen Klöster des Buddhismus besaßen auch eine politische Aufgabe. Ihr dienten die Pilgerreisen ebenso wie der Beschaffung von Handschriften aus Indien. Fast alle Pilger waren zwar Mönche, aber nicht wenige auch Diplomaten. Sie waren in der Lage, mit scharfem Blick eine sehr zutreffende Beschreibung der von ihnen besuchten Länder zu geben.

In die Reihe dieser diplomatische Fähigkeiten besitzenden buddhistischen Mönche und Priester gehörten vor allem Song Yün und sein Begleiter Hui-sheng. Beide hatten 523 die Aufgabe erhalten, das Reich der Hephthaliten aufzusuchen, wobei sie von deren Großkhan in Mittelasien empfangen wurden. Die ausgezeichnete Schilderung dieses Empfangs, die nicht nur das Zeremoniell und die dabei getragenen Gewänder beschreibt, sondern auch auf den Zustand des Landes und auf die Herkunft der Hephthaliten eingeht, war offenbar für den Kaiser bestimmt. Blockierte doch das Reich der Hephthaliten für China nicht nur den Weg nach Mittelasien, sondern auch nach Indien, da es einen großen Teil des Tarim-Beckens und den Nordwesten von Indien umfaßte. Zusammen mit dem Staat der Juan-Juan im Osten kontrollierte es fast alle Routen der Seidenstraße. China war daher auf das Wohlwollen der Khane beider Völker angewiesen, die sich zum Buddhismus bekannten und durch Heiraten auch enge verwandtschaftliche Beziehungen zueinander unterhielten.

Ein anderer Pilger von großem politischem Format war Hiuen-tsang. Er hatte im Jahre 629, zu Beginn seiner Reise nach Indien, den König des damals noch selbständigen Reiches von Turfan besucht, der sich ein Jahr später dem chinesischen Kaiser unterwerfen mußte und 640 für immer seinen Thron verlor. 630 war der Unterwerfung von Turfan unter die Herrschaft der Chinesen die Vernichtung des Reiches der Osttürken gefolgt. Der Begegnung Hiuen-tsangs mit dem westtürkischen Großkhan folgte auch hier wenig später das politische und physische Ende des Fürsten. Der bei den Chinesen unter dem Namen *T'ong-she-hu* bekannte Khan unterlag einer Rebellion der von ihm bisher beherrschten Stämme und wurde von ihnen getötet. Hierdurch löste sich nach kurzer Zeit sein Reich auf. Hiuen-tsang zog damals über Kunduz und Balch nach Indien weiter. Aber auch der türkische Regent, den er in Kunduz traf, der Sohn des Großkhans T'ong-she-hu, hat seinen Besuch nicht lange überlebt. Er wurde von seiner Frau, einer buddhistischen Prinzessin aus Turfan, vergiftet. Schon auf dem Rückweg aus Indien im Jahre 643 konnte Hiuen-tsang den inzwischen in Kunduz erfolgten Regierungswechsel registrieren.

Die Reise dieses Pilgers erfolgte im westlichen Vorfeld der Eroberungen des großen chinesischen Kaisers Tai-tsung. Er und sein Begleiter zogen den Heeren des Kaisers, die sich nach dem Westen in Marsch setzten, voraus. Es kann keine Frage sein, daß dem Buddhismus in der chinesischen Expansionspolitik ein besonderer Platz zugewiesen war. Wenn in Kunduz der Khan eine christliche Prinzessin aus Byzanz geheiratet hatte, bedeutete das für China eine Hinwendung Mittelasiens nach Westen. Byzanz hatte nicht zuletzt auch über diese Heirat seinen Arm nach der Mitte Asiens ausgestreckt. Der chinesische Kaiser suchte dem zu begegnen. Überall dorthin, wohin seine Truppen nicht kamen, sandte er Diener der Lehre Buddhas wie Hiuen-tsang. Sie sollten, geschützt durch ihr geistliches Gewand, die politische Situation für die kaiserliche Diplomatie erkunden. Auf der Grundlage dieser Berichte pflegte man zu handeln. Insofern sind die politischen Veränderungen, die sich während oder wenige Jahre nach der Pilgerreise Hiuen-tsangs ereigneten, eine Resonanz auf seine schriftlich gegebenen Mitteilungen. Einmalig an diesem Fall ist, daß in Mittelasien hinter den Christen die Politik des byzantinischen Kaisers und hinter den Buddhisten die des chinesischen Monarchen standen. Beide Mächte haben damit indirekt zum ersten Mal in Mittelasien miteinander die Klingen gekreuzt. Schon früher, in der ersten Hälfte des sechsten Jahrhunderts, war es im Westen bei den Bulgaren an der Meerenge von Kertsch zu einem Zusammenstoß zwischen Buddhisten und christlichen Missionaren gekommen. Hier fehlte allerdings noch jener weltpolitische Aspekt, der hinter den Vorgängen in Mittelasien stand.

Noch während Hiuen-tsang seine Pilgerreise fortsetzte, vollzog sich auch das Schicksal Chotans, das sich 635 dem chinesischen Kaiser unterwerfen mußte. Schon vorher war, wie bereits erwähnt, der westtürkische Großkhan ermordet worden und sein Reich auseinandergebrochen. An seine Stelle traten zwei sich gegenseitig bekämpfende Stammesverbände. Der östliche von ihnen behauptete die Dzungarei, der westliche das Siebenstromland bis zum oberen Syr Darya.

Mit der Unterwerfung des Reiches von Kutscha hatte China jetzt die Kontrolle über das Tarimbecken, die Dzungarei und das Siebenstromland erreicht. Alle Routen der Seidenstraße durch Zentralasien waren damit in chinesischer Hand.

Fast zur gleichen Zeit war nach dem unglücklichen Ausgang der Schlacht bei Nihavend im Jahre 641 das sasanidische Reich zusammengebrochen. Eine der Folgen war, daß sich nun im Osten des Iran Mittelasien politisch an China anlehnte. Diesem Kurswechsel folgte eine Hinwendung zu dem in China besonders geförderten Buddhismus, der jetzt auch in der Sogdiana Fuß fassen konnte.

In dieser Zeit begann die Expansion der Tibeter, die einen Teil der erst kurz vorher von China unter Kontrolle gebrachten Routen der Seidenstraße blockierten. Sie entschieden damit indirekt über das Schicksal Mittelasiens, das wegen der fehlenden chinesischen Unterstützung der sogdischen Fürsten in der ersten Hälfte des achten Jahrhunderts von den Arabern besetzt werden konnte.

In diesen Jahren vor einer weltpolitischen Entscheidung sandte man den dritten politischen Pilger nach Westen, den koreanischen Mönch Huei-ch'ao. Er hat Indien in den Jahren zwischen 723 und 729 besucht. Da die Einfälle der Tibeter damals die Straße durch das Tarim-Becken blockierten, mußte er für die Hinreise den Seeweg benutzen und kehrte dann 729 durch Mittelasien über das inzwischen befriedete Tarim-Becken nach China zurück. Sein Bericht ist kennzeichnend für den Umfang der politischen Unterrichtung dieser Mönche. Er wußte nicht nur von dem im Jahre 641 erfolgten Sieg der Araber über die Perser bei Nihavend, sondern auch von ihren erfolglos unternommenen Belagerungen Konstantinopels in den Jahren 674 und 678.

Als Huei-ch'ao sich in Mittelasien befand, hatten die Araber kurz vorher die Sogdiana erobert. Nur Baktrien südlich des Hindukusch und das Tal des Wachs-Flusses behaupteten damals noch ihre Unabhängigkeit als selbständige buddhistische Reiche in Mittelasien.

Die literarischen Formen des buddhistischen Einflusses auf die islamische und die christliche Welt

Im Jahre 751 kam es zu der verheerenden Niederlage des chinesischen Heeres bei Talas durch die Araber. Für lange Zeit war damit eine Fortsetzung der chinesischen Westpolitik in Mittelasien unmöglich geworden. Auch an ein weiteres Vordringen des Buddhismus nach Ostiran war nun nicht mehr zu denken. Doch die militärische Niederlage konnte auch angesichts der weiter bestehenden Handelsverbindungen über die Seidenstraße nicht verhindern, daß sich der Buddhismus auch in den vom Islam eroberten Gebieten, wenn auch in anderer Form, weiter behaupten und verbreiten konnte. Er hat zum Teil den Islam unterwandert, so daß es dort, wenn auch nur begrenzt, zu der Entstehung eines islamisch-buddhistischen Synkretismus kam. Von größerer Bedeutung war dagegen die Rezeption einer Reihe von buddhistischen Institutionen und religiösen Lebensformen. Hierzu gehört das Weiterleben des buddhistischen Vihara, einer Form des Klosters, in der Medrese, der Gelehrten-Koranschule, und des Typus des buddhistischen Mönchs in der Gestalt des islamischen Sufi.

Zu den Beispielen einer Einwirkung des Buddhismus, die mit der Bekehrung von Angehörigen anderer religiöser Bekenntnisse nichts zu tun hat, gehört die durch Übersetzungen ins Werk gesetzte Verbreitung buddhistischer Erbauungsliteratur. Hiermit erreichte man Manichäer, Christen, Muslime und Juden, um nur die wichtigsten Gruppen zu nennen. Die ersten bekannten Übertragungen erfolgten aus dem Sanskrit in das Sogdische und Mittelpersische. Einer der mittelpersischen Übersetzer ist bekannt. Es ist der im sechsten Jahrhundert lebende Arzt Burzoe. Wie die erhaltenen Überarbeitungen erkennen lassen, waren unter den Übersetzern auch nestorianische Christen und Manichäer vertreten.

In den Städten des Tarimbeckens und der Turfanoase gab es, wie die zahlreichen Handschriftenfunde erkennen lassen, große Bibliotheken mit indischer buddhistischer Literatur, die in Sanskrit geschrieben war. In ihnen wird weder das Pandschatantra noch das Buch von Siddhartha gefehlt haben. Auch dürften dort die heute nicht mehr erhaltene Sanskritfassung der Schrift über Sindbad und die Erzählungen der sieben Weisen vorhanden gewesen sein. Für Mittelpersisch sprechende Manichäer und sogdische Kaufleute, deren Sprache von nestorianischen Christen und buddhistischen Uiguren verstanden wurde, besaß die Benutzung dieser Bibliotheken keine Schwierigkeiten, und viele von ihnen waren in der Lage, aus dem Sanskrit zu übersetzen. Die auf diese Weise entstandenen Übersetzungen entsprachen dem literarischen Bedürfnis und dem Geschmack verschiedener sozialer und religiöser Gruppen. Neben den schon erwähnten Nestorianern und Manichäern und den sogdischen Kaufleuten ist hier die iranische, uigurische und byzantinische Aristokratie zu nennen.

Manche Werke wie das ›Siddhartha‹ waren sowohl im Osten wie im Westen verbreitet. Vom ›Siddhartha‹ gibt es sogar eine japanische Bearbeitung. Einige der Übersetzungen waren offenbar mit Illustrationen ausgestattet, die man vielleicht von den indischen Vorlagen kopiert hatte. Aus einer chinesischen Ausgabe des ›Siddhartha‹ scheint eine Miniatur in Tun-huang zu stammen, die Siddhartha mit seinem Begleiter in chinesischer Kleidung zeigt. Während diese Miniatur noch dem siebenten Jahrhundert angehört, beginnen arabische Miniaturen zu ›Kalila wa Dimna‹, der arabischen Übersetzung des Pantschatantra, erst mit dem 13. Jahrhundert.

Auf Grund der Verbreitung der Übersetzungen läßt sich etwa der Weg rekonstruieren, auf dem diese Form der buddhistischen Literatur nach Westen gelangt ist. Es war die durch den Norden des Iran führende Seidenstraße, die bei Melitene, dem heutigen Malatya, am Oberlauf des Euphrat die damalige Grenze des byzantinischen Reiches erreichte. Von dort führte eine Abzweigung nach Konstantinopel. Eine andere Straße verband die Südroute mit Damaskus und Jerusalem. Dort kamen Pilger aus aller Welt, Bekenner verschiedener Religionen und Konfessionen, zusammen, so daß jener unbekannte Mönch des Sabasklosters, auf den die griechische Übersetzung zurückgeht, hier wahrscheinlich von Nestorianern ein Exemplar des Pantschatantra in syrischer Sprache erhalten hat. Seine Übersetzung des Werkes unter dem Namen ›Barlaam und Josaphat‹ wurde in der Folge in die Sprachen fast aller Völker des Mittelmeerraumes übertragen.

In Melitene war der Übersetzer wahrscheinlich ein Kaufmann. Seine griechische Bearbeitung der damals schon im islamischen Raum verbreiteten Erzählungen der sieben Weisen entstand Ende des elften Jahrhunderts in der als Handelsplatz berühmten, damals unter armenischer Herrschaft stehenden nordsyrischen Stadt. Auch diesem Werk hat erst die griechische Übersetzung unter dem Titel ›Syntipas‹ (arab. Sindbad) das Tor zum Abendland geöffnet.

Die Stadt, in der das dritte buddhistische Werk, das Pantschatantra, durch eine griechische Übersetzung im Abendland bekannt wurde, war Konstantinopel. Simeon von Seth, auf den die Übertragung ins Griechische zurückgeht, war weder Mönch noch Kaufmann. Als Arzt, dessen erhaltene medizinische Schriften eine große Vertrautheit mit der arabischen und syrischen Fachliteratur zeigen, war er besser als andere in der Lage, das in seiner arabischen Gestalt als ›Kalila wa Dimna‹ bezeichnete Pantschatantra in das Griechische zu übersetzen. Das Werk, das er ›Stephanites und Ichnelates‹ in Anlehnung an den arabischen Titel nannte, wurde nach seiner Übersetzung zu einem Volksbuch.

Erbauungsliteratur für die Bedürfnisse literarisch interessierter Gruppen ist aber nicht nur wie die drei eben erwähnten Sanskritwerke durch Übersetzungen aus dem Osten nach dem Westen gekommen. Auch der umgekehrte Weg läßt sich nachweisen, auf dem vornehmlich griechische Literatur durch Übersetzungen nach dem Osten gelangte. Als Beispiel sei hier neben dem durch Illustrationen auf Seide aus Mittelasien bekannten Alexanderroman des Pseudokallisthenes das altgriechische Volksbuch von Äsop genannt. Auch zu diesen Fabeln, die in das Sogdische und das Uigurische übersetzt wurden, gibt es eine Reihe von Bildern. Bekannt sind aus Mittelasien vor allem die Fresken in dem Sommerschloß des Fürsten von Samarkand in Pändzikänd. Sie zeigen nicht nur Szenen aus Fabeln des Pandschatantra, sondern auch aus dem vom Griechischen in das Sogdische übersetzten ›Äsop‹.

Es zeigt sich, daß der Buddhismus in den Ländern Mittel- und Zentralasiens, aber auch in China die Routen der Seidenstraße für seine Verbreitung benutzte. Aber dadurch, daß die Träger dieser Mission aus Mittelasien und Indien nicht nur Mönche, sondern auch Kaufleute und Mitglieder des hohen iranischen Adels waren, wurde diese Mission über die Begrenzung auf das Religiöse hinaus zu einer Kulturbrücke zwischen China und dem Westen. Sie öffnete für die chinesischen Pilger einen Weg, der sie in eine ihnen neue Welt führte. Hierdurch konnte in China allmählich ein Bild von den Westländern entstehen, das sich aus den zahlreichen Beobachtungen der chinesischen Pilger zusammensetzte. Die Erzählungen der fremden Kaufleute, die bisher die einzige Quelle der Chinesen über sie gewesen waren, wurden damit in wesentlichen Punkten ergänzt und vertieft. Dieses Tor nach dem Westen blieb für China nur wenige Jahrhunderte offen. Der Sieg und das Vordringen des Islams verschlossen es bis zur Gründung des Weltreiches der Mongolen im Jahre 1207. In dieser Zeit kamen die wichtigsten Nachrichten wieder von den Kaufleuten.

DIE CHRISTLICHEN MISSIONEN UND IHRE GEMEINDEN AUF DER SEIDENSTRASSE

Der Beginn der Mission: Die ersten Nestorianer in Mittelasien

Man kann allgemein kein festes Datum für den Beginn der christlichen Mission auf der Seidenstraße nennen. Vielmehr muß man sich mit der Feststellung begnügen, daß die christlichen Bekenntnisse nicht zur gleichen Zeit mit der Bekehrung begonnen haben. Von ihnen läßt sich allein bei der Mission der Nestorianer in Mittelasien die Zeit bestimmen, in der ihre Glaubensboten dort ihre Tätigkeit begannen. In der Lebensbeschreibung des nestorianischen Patriarchen Mar-Yahballaha von Ktesiphon findet sich die Bemerkung, daß unter diesem Kirchenfürsten mit Genehmigung des damals regierenden persischen Großkönigs Chosraus I. Missionare zu den Hephthaliten nach Mittelasien gesandt wurden. Demnach ist sicher, daß die nestorianische Mission in Mittelasien erst in der Mitte des sechsten Jahrhunderts begonnen hat.

Die Vorläufer der Nestorianer in Mittelasien: die persischen Christen

Die Nestorianer waren aber keineswegs die ersten, die die christliche Botschaft in Mittelasien verbreiteten. Das ergibt sich aus Handschriften, die in der Turfan-Oase gefunden wurden. Hiernach muß es schon in der zweiten Hälfte des fünften Jahrhunderts christliche Gemeinden in den an der Seidenstraße liegenden Städten Mittelasiens gegeben haben. Eines der wichtigsten Zeugnisse ist eine Handschrift der Psalmen in mittelpersischer und griechischer Sprache, die in der zweiten Hälfte des fünften Jahrhunderts entstanden sein muß. Sie wurde in Turfan gefunden und läßt vermuten, daß es damals in Mittelasien christliche Gemeinden gab, die den Gottesdienst und die Lesung der Heiligen Schrift in mittelpersischer Sprache durchführten. Dieses Mittelpersisch sprechende Christentum war monophysitisch. Es kam aus dem persischen Teil Mesopotamiens um die Hauptstadt Ktesiphon und nahm daher bei seiner Mission vor allem auf die religiösen Vorstellungen von Zoroastriern Rücksicht, die man zuerst zu bekehren suchte. Ein Beispiel für diese besondere Richtung seiner Mission findet sich in einer türkischen Übersetzung der Weihnachtsgeschichte aus dem Lukas-Evangelium. Die Veränderung der Erzählung des Evangeliums zeigt deutlich, daß die hier übersetzte Vorlage ursprünglich für die Bekehrung von Zoroastriern bestimmt war. Andere Spuren dieses Christentums zeigen sich in liturgischen Handschriften, in denen eine Liturgie vorausgesetzt wird, die bis zum Ende des fünften Jahrhunderts gebraucht wurde.

Es spricht daher viel dafür, daß es monophysitisch-persische Christengemeinden schon vor der Mission der Nestorianer in Mittelasien gegeben hat. Wenn man von den Handschriften ausgeht, könnte man an die zweite Hälfte des fünften Jahrhunderts denken.

Die Mission der 'Rechtgläubigen' auf der Nordroute der Seidenstraße

Eine dritte Gruppe, die ebenfalls an der Mission beteiligt war, bildeten die orthodoxen byzantinischen Christen, die besonders auf der Krim am Beginn der Seidenstraße im Westen eine außerordentlich starke kirchliche Organisation entwickelt hatten. Von dort lassen sich Spuren dieses Christentums bis nach Chwarezm an der Mündung des Amu Darya verfolgen. In Chwarezm ist im neunten Jahrhundert ein Bischof nachzuweisen; ebenso gab es damals in verschiedenen Stationen zwischen Bosporus (Kertsch) auf der Krim und Chwarezm Bischofssitze. Von ihnen ist vor allem die chazarische Stadt Itil am Unterlauf der Wolga bekannt. In Chwarezm gibt es sogar Spuren, die auf ältere, bis in das fünfte Jahrhundert hinabreichende Beziehungen weisen. Es handelt sich hier meist um Funde aus den Ruinen in Chwarezm. Sie werden durch hagiographisch-literarische Texte, die die Rolle dieser Missionare von der byzantinischen Krim in Mittelasien deutlich machen, ergänzt. Zu ihnen gehört die Passion des heiligen Georg. Teile dieses byzantinisch-hagiographischen Volksbuches wurden in das Türkische übersetzt. Andere finden sich in einer Einleitung zu der neupersischen Übersetzung der arabischen Chronik des Ṭabari von Al-Bal'ami.

Die Nestorianer in Mittelasien und China

Weder die persischen Christen noch die byzantinisch-orthodoxe Mission auf der Krim konnten sich in ihren Erfolgen mit denen der nestorianischen Missionare messen. Die ersten Erfolge der Nestorianer in der Mitte des sechsten Jahrhunderts wurden durch eine große Seuche begünstigt, die nach den Berichten türkischer Kriegsgefangener der Byzantiner zu Massenübertritten zum Christentum in Mittelasien geführt hatte. Diese Türken trugen als Zeichen ihrer Zugehörigkeit zur christlichen Religion ein Kreuz.

Schon 569 waren monophysitische Kleriker in Begleitung einer byzantinischen Gesandtschaft nicht nur in die Sogdiana, sondern auch in das Tarim-Becken gekommen. Teile ihres Berichtes sind in der syrischen Kirchengeschichte des Johannes von Ephesus erhalten.

Große Erfolge brachte den Nestorianern auch die Eroberung von Balch und Herat durch die Perser. Der persische Großkönig gab bekanntlich dem nestorianischen Christentum vor anderen christlichen Bekenntnissen den Vorzug. In Balch, wo ein großes buddhistisches Heiligtum bestand, das das Ziel zahlreicher Pilger und Wallfahrer war, erhielt jetzt auch der nestorianische Erzbischof von Tocharestan einen Sitz. Zur Errichtung dieses Erzbistums war es offenbar schon in der ersten Hälfte des siebenten Jahrhunderts gekommen, denn die nestorianischen Missionare, die um 636 nach China kamen, waren von diesem christlichen Zentrum in Balch ausgesandt worden.

Balch war zur gleichen Zeit Sitz eines persischen Statthalters (Marzban) geworden, der hier bis 651 residierte. Die Ruinen seines Palastes, in denen damals zahlreiche Fresken zu sehen waren, hat der Verfasser des ›Ḥudūd al-ʿĀlam‹ in der ersten Hälfte des zehnten Jahrhunderts noch sehen können.

Besonders günstig für die Verbreitung des Christentums in Mittelasien erwies sich das politische Zusammengehen der Westtürken mit den Byzantinern gegen Persien. Eine Folge ihres gemeinsamen Sieges über die Perser im Jahre 628 war, daß der Khan die Tochter des damals regierenden byzantinischen Kaisers Herakleios, Eudoxia, eine Christin, heiratete. Auch das hat wenigstens zeitweise den christlichen Einfluß in Mittelasien gestärkt.

Nicht nur in Balch, auch in Merw gab es ein Zentrum für die christliche Mission im Osten. Der Unterschied gegenüber Merw bestand darin, daß die Missionare, die von Balch ausgesandt wurden, in Ostasien das Syrische als Sprache des Gottesdienstes und das Chinesische für die Verbreitung des Evangeliums benutzten. Die berühmte chinesisch-syrische Stele von Si-an-fu macht das ebenso deutlich wie die Chinesisch geschriebene christliche Sammelhandschrift in der um 1035 zugemauerten Bibliothek bei Tun-huang. Demgegenüber benutzten die Missionare aus Merw oder aus Samarkand für ihre Mission neben dem Sogdischen vor allem die als *Uigurisch* bezeichnete türkische Umgangssprache. Ein großer Teil der Evangelien, aber auch der theologischen und hagiographischen Literatur wurde zunächst aus dem Syrischen in das Sogdische übertragen. Erst aus dieser Sprache erfolgte dann die Übersetzung in das Türkische. Direkte Übersetzungen aus dem Mittelpersischen und dem Griechischen in das Türkische waren selten.

Die Missionare aus Merw benutzten die Nordroute der Seidenstraße. Dort gab es an den wichtigsten Stationen nestorianische Bischofssitze. In Talas wurde die Kathedrale nach der Eroberung der Stadt im Jahre 893 durch die Samaniden in eine Moschee umgewandelt. Der Bischof verlegte damals seinen Sitz nach Navakath, das nördlich von Tokmak am Tschu lag. Später mußte er von dort nach Kaschgar ausweichen. In der Turfan-Oase wurden nicht nur die Reste von Kirchen und die Spuren eines als Kloster dienenden Gebäudes gefunden, sondern auch eine große Zahl christlicher Handschriften mit syrischen, sogdischen und alttürkischen Texten. Demgegenüber weisen die christlichen Spuren im Tarim-Becken und in Ladakh an der Straße nach Chotan, wie z. B. die dort entdeckte sogdische Inschrift, nur auf die Anwesenheit christlicher sogdischer Kaufleute, nicht aber auf das Bestehen christlicher Gemeinden hin. Es ist bezeichnend, daß weder in sakischer noch in tocharischer Sprache oder in dem von den indischen Kaufleuten in den Oasenstaaten gebrauchten Sanskrit ein christlicher Text erhalten ist.

Es kann daher nicht überraschen, daß auch die kartographische Wiedergabe der Nordroute der Seidenstraße, die über Turfan und Hami auch eine Fortsetzung nach Nordchina besaß, in ihrer ältesten Gestalt wahrscheinlich auf die syrischen Missionare zurückgeht. Das muß aus dem Vorhandensein einer syrischen Weltkarte wie der von Mingana entdeckten, die aus dem Jahre 1156 stammt, gefolgert werden. Ein Vergleich mit der Beschreibung im ›Ḥudūd al-'Ālam‹ und bei Al Biruni zeigt, daß beide die gleiche Karte kannten, auf der auch die von Mingana veröffentlichte von 1156 beruht. Beide, Biruni und die erhaltene syrische Weltkarte, geben z. B. die Stationen und Völker der Nordroute der Seidenstraße nach der gleichen geographischen Einteilung im sechsten Klima wieder.

Bei der Südroute hat die enge Verbindung, die zwischen Balch und China durch die von dort ausgesandten Missionare bestand, nicht wie bei der Nordroute zu dem Entstehen einer syrisch-christlichen Beschreibung oder Karte geführt. Eine Beschreibung der Südroute aus vorislamischer Zeit ist nur in sakischer Sprache in Gestalt der Staël-Holstein-Rolle aus dem Beginn des elften Jahrhunderts erhalten. Sie reicht von Chotan bis zu dem Uigurenstaat in Kan-su. Wenn es auch keine syrische Karte der Südroute gibt, so bleibt es doch das Verdienst der syrischen Missionare, die Kenntnis der Länder des Westens einschließlich des byzantinischen Reiches in China verbreitet zu haben.

Schon das, was man in China in der Zeit der T'ang-Dynastie vom byzantinischen Reich wußte, stammte in der Hauptsache von den 635 aus Balch nach China gekommenen Missionaren und nicht von den nur wenige Jahre vorher am chinesischen Kaiserhof in Chang'an empfangenen Gesandten des in Kunduz regierenden türkischen Fürsten. Sie besaßen engere und vor allem längere Kontakte zum chinesischen Kaiser und seinen Beamten als die aus Kunduz angereisten Diplomaten. Ihre Angaben, soweit sie in die chinesischen Annalen aufgenommen wurden, beschreiben zunächst Lage und Grenzen des byzantinischen Imperiums. Damit verbunden finden sich neben anderen Beobachtungen auch Angaben über die Beschaffenheit des Kaiserpalastes und den Aufbau des Staates.

Den Missionaren war es offenbar schon bald gelungen, sich das Wohlwollen des damals regierenden chinesischen Kaisers T'ai-tsung zu erwerben. Für ihn war ein gutes Verhältnis zu den Nestorianern eine wichtige Voraussetzung für seine Westpolitik. Auch waren die Missionare für ihre Aufgabe gut vorbereitet. In ihrem Gepäck befanden sich in dreihundertfünfzig Pergament- und Papierbänden nicht nur die Evangelien, sondern auch eine reiche hagiographische, liturgische und theologische Literatur. Von den damals mitgebrachten Handschriften waren fünfunddreißig namentlich aufgeführte Werke schon gegen Ende des achten Jahrhunderts in das Chinesische übersetzt worden. Dazu kamen noch einige im einzelnen nicht aufgeführte Schriften. Das berichtet die in syrischer und chinesischer Sprache geschriebene Inschrift auf der 782 von den Nestorianern bei der damaligen Hauptstadt Ch'ang-an, dem heutigen Si-anfu, errichteten Stele. Der Verfasser dieser Inschrift, King-ts'ing, wird in der syrischen Fassung Adam genannt. Er war einer der Übersetzer der nestorianischen Schriften in das Chinesische und der Schreiber der in der eingemauerten Bibliothek gefundenen christlichen Sammelhandschrift in chinesischer Sprache, die aus einer der buddhistischen Klosterbibliotheken Kan-sus stammen muß. In der Inschrift werden die Namen von achtzig Gemeindemitgliedern syrisch und chinesisch aufgeführt. Die Zweisprachigkeit der Namensliste macht deutlich, daß an der syrischen Kirchensprache auch in China festgehalten wurde, obwohl die Sprache des Gottesdienstes und der christlichen Verkündigung Chinesisch war. Auch unterstanden die nestorianischen Christengemeinden in China weiterhin dem nestorianischen Katholikos in Mesopotamien.

Von dem reichen Schrifttum der Nestorianer blieb im eigentlichen

China nichts erhalten. Fragmente einer Pergamenthandschrift mit Stellen aus dem Leben des heiligen Pethion, des beliebtesten nestorianischen Heiligen, die in Turfan gefunden wurden, könnten vielleicht zu den 635 nach China gekommenen Büchern gehört haben.

Wichtiger als Balch war später für die Mission Merw. Beide Städte besaßen zwar gleich alte christliche Gemeinden. Merw setzte sich aber als Mittelpunkt der Kirchenprovinz von Chorassan besser durch als Balch. Das zeigte sich auch im Nordosten Chinas. Den von Merw ausgesandten Missionaren gelang im Jahre 1008 die Bekehrung mongolischer Stämme, unter ihnen der Kerait und Merkit, aber auch von Gruppen der Naiman und Oirat. Teile der vor ihnen dort ansässigen türkischen Stämme, wie der Karluk, die später zur Föderation der Karachaniden gehörten, waren durch sie Christen geworden. Zu den damals Bekehrten gehörten wahrscheinlich auch die Seldschuken. Es kann kein Zufall sein, daß von den vier Söhnen ihres Dynastiegründers Seldschuk zwei die biblischen Namen Michael und Israel trugen. Wahrscheinlich waren die Seldschuken, bevor sie in der Mitte des zehnten Jahrhunderts den Islam annahmen, nestorianische Christen.

Das Christentum war durch die Mission der Nestorianer nicht nur nordwärts bis an den Unterlauf der Selenga, sondern auch nach Osten über die Qitan bis in den Norden Koreas verbreitet worden. Das Reich der Qitan umfaßte Teile der Mandschurei und das nördliche Korea. Südwestlich von Pei-ping in der Nähe von Fang-shan gab es um 960 neben einem nestorianischen Kloster auch eine christliche Kirche. Inschriften in syrischer Sprache und Schrift wurden dort gefunden. Eine von ihnen gibt ein Zitat aus den Psalmen wieder. Im Süden der Mandschurei wurden Gräberfelder der Qitan mit christlichen Bestattungen entdeckt.

Als um 1125 nach dem Untergang des Reiches der Qitan Teile des Stammes, unter ihnen die sogenannten Kara Kitai, geführt von einem Mitglied der Khanssippe nach Westen flohen und im Ili-Gebiet ein neues Reich mit der Hauptstadt Balasaghun gründeten, befanden sich unter ihnen und den anderen mit ihnen ausgewanderten türkischen Stämmen auch Christen. Nachdem sie dann nicht nur das Tarim-Becken, sondern auch den nördlichen Teil Mittelasiens erobert hatten, sprach man im Abendland von ihrem Herrscher als dem „Priester Johannes" und glaubte, er sei dazu bestimmt, dem christlichen Abendland gegen den Islam zu helfen.

Sogar im Süden, in dem 1225 von Dschingis Chan zerstörten Reich der Tanguten, gab es unter den türkischen Kaufleuten in der Hauptstadt Ning-hsia Christen. Noch Marco Polo erwähnt dort drei nestorianische Kirchen.

Während aber das, was im Reich der Qitan oder bei den Tanguten geschah, trotz der auch dort bestehenden christlichen Gemeinden keine Resonanz im Westen hervorgerufen hat, war es bei der Vertreibung der türkischen Stämme aus der Steppenregion durch die von Nordosten kommenden Mongolen anders. Man wußte offenbar durch die Missionare aus Merw, die 1008 die Mongolen bekehrt hatten, von diesen Ereignissen in der zweiten Hälfte des zehnten Jahrhunderts. Damals waren die in der islamischen Überlieferung als *Qun* und *Qay* bezeichneten türkischen Stämme nach Westen ausgewichen und hatten die im Siebenstromland wohnenden Seldschuken zur Auswanderung nach Mittelasien veranlaßt.

Es ist für die Herkunft dieser Informationen in der islamischen und christlichen Literatur über jene Ereignisse in der mongolisch gewordenen Steppenregion bezeichnend, daß sie alle aus der gleichen Quelle stammen. Ihre Informatoren waren offenbar jene Missionare aus Merw, die 1008 die eingewanderten Mongolen zu einem Teil zum Christentum bekehrt hatten. Sowohl Mattheos aus Urha (Edessa), der Verfasser einer Weltchronik in armenischer Sprache, wie der islamische Geograph, der wegen seiner Herkunft aus Merw *Marwazi* genannt wurde, bezogen ihre Informationen aus dieser Quelle. Ein weiterer Nutznießer ihrer Berichte war das wegen seiner jüdischen Herkunft Barhebräus genannte Oberhaupt der syrischen Jakobiten im Reich der Ilchane in Persien (1226–1286), denn in seiner Weltchronik findet sich die Nachricht über die Bekehrung der Mongolen.

Merw war damals sowohl ein Mittelpunkt der syrischen wie der armenischen Mission, denn die Prediger der christlichen Verkündigung folgten den Kaufleuten auf der Nordroute der Seidenstraße. Marvazi berichtet von einer christlichen Kirche in Merw, bei der es sich, nach der von ihm beschriebenen Architekturdekoration zu urteilen, um ein armenisches Gotteshaus gehandelt haben muß. Nicht nur christliche Kirchen, auch Synagogen befanden sich damals in dem *Giaur Kala*, „Stadt der Ungläubigen", genannten Stadtteil von Merw.

Wenn auch für alle größeren Stationen der Nordroute der Seidenstraße während der Herrschaft der Mongolen christliche Gemeinden mit Bischöfen erwähnt werden, sind die von ihnen erhalten gebliebenen Spuren sehr gering. Meist sind es nur Begräbnisplätze, die an ihr einstiges Vorhandensein erinnern. So wurde z. B. bei Tokmak am Tschu ein Begräbnisplatz christlicher Türken, Laien und Geistlichen gefunden. Die dort auf den Grabsteinen erhaltenen nestorianischen Inschriften in türkischer Sprache und syrischer Schrift umfassen einen Zeitabschnitt von mehr als hundertsechzig Jahren. Es sind dreihundert Tote, die hier auf den Steinen mit Namen und Rang erwähnt werden. Die Christengemeinde von Tokmak gehörte offenbar zu einem Bischofssitz an der Nordroute der Seidenstraße, der später dem um 1200 eingerichteten nestorianischen Erzbistum von Kaschgar unterstellt war.

Die Spuren der persischen Christen in China

Neben diesen Zeugnissen für das Weiterleben nestorianischer Gemeinden in Mittelasien und China deutet eine Reihe von Anzeichen auf die Spuren von Christen, die schon Anfang des sechsten Jahrhunderts nach China gekommen waren. Es handelt sich bei ihnen nicht um Nestorianer, die erst ein halbes Jahrhundert später ihre Mission in Mittelasien begannen, sondern offensichtlich um jene monophysitisch-persischen Christen, die seit der zweiten Hälfte des fünften Jahrhunderts in Mittelasien nachweisbar sind. Die ältesten Fundstücke gehören noch in das sechste Jahrhundert. Sie stammen ausschließlich aus T'ai-yüan in der chinesischen Provinz Schan-si. Das könnte auf ein bestimmtes Missionsgebiet hinweisen. Zu ihnen gehört ein aus Ton geformtes grün glasiertes Gefäß. Es zeigt Daniel zwischen zwei Löwen, die von Elefanten flankiert werden, so daß man auf den ersten Blick an das Bild von einer Zirkusvorstellung denken könnte. Daniel ist hier nicht wie sonst als parthischer Adliger, sondern, wie seine Haar- und Barttracht und auch die von ihm getragene Kleidung erkennen lassen, als Perser der sasanidischen Zeit dargestellt.

Auch bei einem zweiten Gefäß aus T'ai-yüan, das der gleichen Zeit angehört, ist eine Verbindung mit den persischen Christen wahrscheinlich. Es diente offenbar für die Aufbewahrung des für die Abendmahlsfeier verwendeten Weins. Diesem Zweck entspricht auch der Inhalt der Darstellung auf der Gefäßwandung. Sie zeigt einen Mann, der Trauben mit den Füßen zerstampft, während die zu beiden Seiten stehenden Musikanten Instrumente spielen, die aus Mittelasien stammen. Der Vergleich mit Instrumenten des sogenannten himmlischen Orchesters, die von frühen buddhistischen Reliefs aus Mittelasien bekannt sind, drängt sich auf. Dort spielten Musikantinnen, wie z. B. der Fries aus Airtam aus dem ersten Jahrhundert n. Chr. zeigt, die gleichen Instrumente.

Beide oben erwähnte Gefäße, die die Form einer Flasche haben, stammen aus dem Norden der Provinz Shan-si, wo sich eine Residenz der T'o-pa-Kaiser befand. Dort wurde in der Mitte des fünften Jahrhunderts eine Gesandtschaft aus der Sogdiana empfangen, die wegen der Freilassung von sogdischen Kaufleuten verhandelte. Sie waren 435 bei der Eroberung Ku-tsangs durch die T'o-pa gefangengenommen worden. Es ist sehr wahrscheinlich, daß diese Gesandtschaft damals auch von persischen Christen begleitet war. Durch ihre Bekehrungsarbeit könnte es in T'ai-yüan zur Entstehung christlicher Gemeinden gekommen sein. Offenbar reichten für sie die mitgebrachten Geräte für die Feier der Messe nicht mehr aus, so daß man von den vorhandenen Silbergefäßen Nachahmungen in glasierter Keramik herstellte.

In Zentralasien zeigt sich byzantinisch-christlicher Einfluß auch bei einem Fresko aus dem Höhlenkloster von Duldur-aqur in der Nähe von Kutscha mit der Darstellung eines Brahmanen. Es stammt aus der zweiten Hälfte des sechsten Jahrhunderts. Damals waren byzantinische Gesandte bis in die Residenz des türkischen Khans in der Nähe von Kutscha gekommen. Im Rahmen dieser Vorgänge kann es zu einer durch byzantinische Maler vermittelten Rezeption gekommen sein, denn die Wiedergabe dieses Brahmanen unterscheidet sich nicht von den Bildern byzantinischer Apostel, Kirchenväter oder Heiliger.

Spätere christliche Darstellungen, die dem neunten Jahrhundert angehören, stammen aus der Turfan-Oase. Sie deuten ebenso wie die mittelpersischen christlichen Handschriftenfragmente und die schon erwähnte Evangeliumsübersetzung auf das Vorhandensein von persisch-christlichen Gemeinden in der Turfan-Oase. In Qotscho lag die Kirche dieser Christen am östlichen Stadttor. Dort wurde jenes Fresko mit der Darstellung einer Messe am Palmsonntag gefunden, auf dem ein Priester zum Zeichen der Ehrerbietung vor dem Sakrament mit der Manipel die rechte Hand bedeckt, die den Kelch erhebt, während die linke ein Räuchergefäß schwingt. Unter den anwesenden Gemeindemitgliedern erkennt man neben zwei Uiguren auch eine Chinesin. Der Priester dürfte seinem Aussehen nach nicht in der Turfan-Oase, sondern in Mittelasien beheimatet gewesen sein.

Auf eine andere Spur der persischen Christen trifft man in den Gräbern dieser christlichen Gemeinde. In einem von ihnen befand sich ein Fresko mit der Darstellung eines von einem Novizen begleiteten Mönches, aus dessen Stock grüne Zweige ausschlagen. Der Grund, warum dieses Fresko in einem Grabe angebracht wurde, besteht offensichtlich darin, daß das Wunder des grünenden Stockes an diesem Ort des Todes ein Symbol für die Auferstehung sein sollte.

Christliche Missionare aus dem Abendland in Zentralasien und in China

Zu der Wende, die in kurzer Zeit eine weite Verbreitung des Christentums auf der Seidenstraße bewirken sollte, kam es erst mit den großen Eroberungen der Mongolen zu Beginn des 13. Jahrhunderts. Durch sie wurden die Verbindungen in das christliche Abendland wiederhergestellt. Nicht nur Kaufleute, wie später Marco Polo aus Venedig, sondern auch christliche Missionare aller Konfessionen fanden über die für sie geöffnete Seidenstraße ungehinderten Zugang nicht nur nach China, sondern auch zu den im Norden angrenzenden mongolischen Gebieten. Unter den abendländischen Missionaren waren vor allem Franziskaner und Dominikaner vertreten. Auf sie gehen die Kirchenbauten aus dem 13. Jahrhundert zurück, die von japanischen Expeditionen unter dem Sand der Gobi gefunden wurden. Sie unterscheiden sich nur wenig von den gotischen Kirchen dieser Orden im Abendland.

Die abendländischen Orden fanden vor allem bei den italienischen Kaufleuten Unterstützung. Das zeigen schon die wenigen Handschriften, die unmittelbar auf die Mission dieser Orden Bezug nehmen. Hierzu gehört an erster Stelle der eine aus dem frühen vierzehnten Jahrhundert stammende Teil des Codex Cumanicus. Er enthält neben Gebeten und Hymnen auch Bruchstücke einer Liturgie. Bezeichnenderweise war mit diesem einzigartigen Dokument ein älteres aus der Zeit um 1295 stammendes zusammengebunden, das aus Warenlisten abendländischer Kaufleute jeweils in neupersischer, türkischer und lateinischer Sprache bestand.

Nur wenige Jahre liegen zwischen dieser Handschrift, einem Zeugnis für die Verbindung christlicher Mission mit der Aktivität abendländischer Kaufleute, und jenem Grabmal mit einer lateinischen Inschrift, das in Yang-chou in China gefunden wurde. Es ist eine Steinplatte auf dem Grab einer Italienerin aus der bekannten, auch in Kaffa auf der Krim ansässigen Familie Villioni, die im Jahre 1347 in dieser chinesischen Stadt gestorben war. Auf dem Grabstein befindet sich neben der lateinischen Inschrift eine Darstellung des Martyriums der heiligen Katharina.

Spuren christlicher Kirchen wurden im eigentlichen China mit Ausnahme der Fundamente einer Kirche in Nan-king und einem Gebäude im Hafen Hang-chou nicht gefunden. Hang-chou als einer der wichtigsten Häfen des Seewegs nach China in der Zeit der Sung-Dynastie und vor allem unter der Herrschaft der Mongolen, besaß außer der Gemeinde der Nestorianer auch einen römisch-katholischen Bischofssitz. Grabsteine der unter der Mongolenherrschaft in Hang-chou residierenden Bischöfe abendländischer Herkunft wurden hier entdeckt und befinden sich jetzt in einem Museum. Neben den Christen gab es auch Anhänger des Islams und der

Lehre Manis. Beide verfügten für ihren Gottesdienst über Gebäude, die zum Teil erhalten sind.

Der Sturz der mongolischen Yüan-Dynastie im Jahre 1357 und der Sieg der chinesischen Nationalbewegung unter der neuen Dynastie Ming brachte dann eine systematische Vernichtung christlicher Einrichtungen auf chinesischem Boden. Glaubte man doch, mit den Christen die Mongolen zu treffen, weil sie die Politik der vertriebenen mongolischen Herrscher in China in weiten Bereichen mitgetragen hatten.

Die Verbreitung des nestorianischen Christentums auf den Stationen der Seidenstraße unter dem Schutz der Mongolen

Man muß hier nun einen Unterschied machen zwischen Nestorianern und abendländischen Christen, denn der überwiegende Teil der mongolischen Führungsschicht, die unter Kubilai und seinen Nachfolgern nach China gekommen war, bekannte sich nicht zum abendländischen Christentum, sondern zur nestorianischen Form des christlichen Dogmas. Wie eng die Beziehung dieser Nestorianer zum Hof des Mongolenkaisers in Peking waren, zeigt, daß sie in der Residenz des Khans ihren eigenen christlichen Begräbnisplatz besaßen. Seine Grabsteine mit Inschriften in syrischer Schrift wurden später von den Chinesen in der Zeit der Ming-Dynastie als Baumaterial für die Stadtmauer von Peking verwendet. Die Namen hoher chinesischer Würdenträger, die Nestorianer waren, sind bekannt. Zu ihnen gehörte z.B. der Direktor des astronomischen Büros in Peking, der 1291 von Kubilai gleichzeitig zum Leiter des Amtes für den christlichen Kult ernannt wurde. Auch von Stiftungen christlicher Kirchen durch vornehme Nestorianer wird berichtet. So hat ein Nestorianer Abraham unter der Mongolenherrschaft in Yang-chou eine Kirche gestiftet, die in einem kaiserlichen Edikt aus dem Jahre 1517 als „noch bestehend" erwähnt wird.

Im 13. Jahrhundert wurden auch Mongolen zu hohen nestorianischen Würdenträgern erhoben. Genannt sei hier der Patriarch Mar

Yahballaha (1245–1317), der zusammen mit dem Kleriker Rabban Schauma von Peking nach Europa reiste und von dem ein sehr eingehender Bericht über diese Reise in syrischer Sprache erhalten ist.

Mit den Mongolen waren auch die Christen aus China vertrieben worden. Erst die Jesuiten in der zweiten Hälfte des 17. Jahrhunderts, die am Hof der Mandschu-Kaiser kartographische und astronomische Aufgaben erfüllten, sorgten für einen neuen Beginn. Ein Symbol hierfür war die von ihnen errichtete Kathedrale in Peking. Auch durch die russische Mission kam es zu einer Erneuerung des Christentums in China. Die vom Norden kommenden russischen Missionare hatten zunächst bei den mongolischen Burjäten Erfolge, ehe sie ihre Bekehrung auf das eigentliche China ausdehnten. Es ist bezeichnend für die Resonanz der christlich-orthodoxen Kirche, daß im Rahmen der gleichzeitig einsetzenden Rezeption ihrer Heiligen auch der ursprünglich byzantinische heilige Nikolaus von den sich zum Lamaismus bekennenden Mongolen und von den meisten schamanistischen Völkern Sibiriens übernommen wurde.

MANI UND DIE MISSION SEINER JÜNGER IN MITTELASIEN UND IN CHINA

Mani war schon durch die Entstehung seiner Lehre eng mit dem Christentum verbunden, denn erst durch die Auseinandersetzung mit ihm ist er zu der Entwicklung einer eigenen Religion gekommen. Daher hat er wie vor ihm die syrischen Christen, mit denen er in Verbindung stand, die syrische Sprache zur Aufzeichnung seiner Lehre benutzt. Mani selbst stammte aus dem hohen parthischen Adel und besaß nahe verwandtschaftliche Beziehungen zu der gestürzten Dynastie der Arsakiden. Die Arsakiden waren durch ihre enge persönliche Verbindung mit der Religion Ahuramazdas besonders für religiöse Fragen aufgeschlossen. Pflegte doch der jüngere Bruder des regierenden Königs die Stellung eines Oberhauptes der zoroastrischen Kirche zu bekleiden. Es kann daher nicht überraschen, daß einer der parthischen Prinzen zu den ersten buddhistischen Missionaren in China und zu den Übersetzern der Lehre Buddhas in das Chinesische gehörte. Das war ein Jahrhundert, bevor Mani seine Botschaft im Iran verkündete.

Mani stand in seiner Lehre aber nicht nur in enger Verbindung zum Christentum, sondern auch zum Buddhismus. Er hatte bei einem Aufenthalt in Indien ein Werk geschrieben, das später in den buddhistischen Kanon aufgenommen wurde. Wie seine Selbstbiographie im ersten Kapitel der Kephalaia berichtet, war er in Indien gewesen, bevor er die Verkündigung seiner Lehre im Iran und Irak begann. Offensichtlich hat ihn dann die Verfolgung seiner Anhänger, die bald nach dem Tode Schapurs I. einsetzte, veranlaßt, den Schwerpunkt seiner Mission in das Gebiet außerhalb des persischen Reiches zu legen. In seinen letzten Jahren hat er Missionare von Holwan in Mesopotamien aus nach Mittelasien gesandt, das damals noch zum Teil unter der Herrschaft der Kuschana stand.

Noch kurz vor seinem Tode am 26. 2. 277 kam es unter seinem

Schüler Mar Amu zu der Bildung einer manichäischen Kirche in der Sogdiana. Mit dieser Gemeinde, die sich im vorletzten Jahrzehnt des sechsten Jahrhunderts von der Leitung der Kirche in Mesopotamien getrennt und eine eigene Kirchenorganisation aufgebaut hatte, ging das Bekehrungswerk über die Stationen der nördlichen Route der Seidenstraße weiter. Von der Sogdiana aus, wo die Stadt Samarkand die Leitung der Kirche beherbergte, hatte man die Turfan-Oase, aber auch Städte in Kan-su zu Stützpunkten der Mission in Ostasien gemacht. Nachdem die Manichäer wie die Nestorianer in China Duldung erreicht hatten, unterhielten sie auch in Lo-yang, der chinesischen Hauptstadt, Konvente, die 762 den damals die Stadt erobernden Uiguren die Lehre Manis vermittelten. Im Jahre 843 wurden sie wie fast alle anderen fremden Religionen, unter ihnen auch das Christentum, in China verboten.

Manis Lehre und der Aufstieg der Uiguren von Nomaden der Steppe zu Großkaufleuten der Seidenstraße

Die Lage der manichäischen Kirche änderte sich erst, nachdem der Khan der Uiguren um 762 zur Religion Manis übergetreten war. Eine Inschrift in sogdischer, türkischer und chinesischer Sprache aus Qara Balgasun, der damaligen Hauptstadt des uigurischen Reiches, berichtet über dieses Ereignis von weltgeschichtlicher Bedeutung.

Die Uiguren, ein Nomadenvolk, das im Norden der mongolischen Steppe, in dem Gebiet um das Flußtal des Orchon, den köktürkischen Khanen Herrschaft und Leben genommen hatte, gründeten wenig später ein eigenes Reich mit der Hauptstadt Qara Balgasun. Aus dieser Zeit nach ihrem Sieg über die Köktürken und vor ihrer Bekehrung stammen eine Reihe von Tatenberichten, in denen uigurische Khane von ihren Siegen über die Völker der Steppe berichten. Sie hatten im Jahre 762 dem chinesischen Kaiser mit ihrem Heer gegen einen Usurpator geholfen und bei diesem Feldzug, der sie auch in die chinesische Hauptstadt geführt hatte, dort die Religion Manis kennengelernt. Im Jahre 840 wurde ihr Reich von den Kirgisen zerstört. Das veranlaßte sie, sich nach Südwesten zurückzuziehen. Ein Teil von ihnen gründete damals in der Turfan-Oase von Qotscho aus ein Reich, das auch Kutscha und Karashahr umfaßte; eine andere Gruppe ließ sich im westlichen Teil der Provinz Kan-su nieder und bildete hier einen Staat mit der Hauptstadt Kan-chou. Die Uiguren in diesen beiden Staaten blieben der Lehre Manis lange Zeit treu.

Wenn die Uiguren trotz ihrer starken religiösen Bindung zu gefürchteten, skrupellosen Kaufleuten wurden, lag das an drei Dingen: ihrer starken Anpassungsgabe, ihrer Lernfähigkeit und der Lage ihrer Staaten an der Seidenstraße. Ihre Rolle als Helfer Dschingis-Khans bei der Verwaltung seines Reiches vor allem als Schöpfer des Finanzwesens hat ihnen nicht zuletzt zu ihrem einzigartigen Ansehen auf allen Stationen der Seidenstraße verholfen. So wurden sie zu den großen Kreditgebern (ötägči), die nicht nur in Tun-huang, sondern auch in Täbriz, im Nordwesten des Iran, Handelskontore unterhielten.

Es mag merkwürdig erscheinen, daß die Religion Manis, die aus einer fast philosophischen Auseinandersetzung mit den großen Religionen entstanden ist, bei einem zunächst nomadischen Volk im Osten so viele Anhänger gefunden hat. Offensichtlich war die Intensität des Lernprozesses mit der Erfüllung der religiösen Pflichten eng verbunden. Beide zusammen haben den Uiguren jenen einmaligen sozialen Aufstieg ermöglicht, der sie auch nach dem Verlust eines eigenen Staates ihre Stellung als führende Kaufleute der Seidenstraße behaupten ließ. Aber nicht nur das Verhalten der Gläubigen, auch die Stärke der Religion und ihre Überzeugungskraft haben Anteil an dieser Entwicklung. Um das zu verstehen, muß man Mani selbst berichten lassen.

Mani und die großen Religionen seiner Zeit

In seinem Hauptwerk, der ›Kephalaia‹, das in koptischer Übersetzung in einer Handschrift aus Ägypten erhalten ist, spricht er von dem Werden seiner Religion. Er macht hierbei die Stellung seiner eigenen Lehre gegenüber anderen Religionen deutlich, indem er sich selbst in eine Reihe mit Buddha und Christus stellt. Das geschieht, wenn er in seinem Überblick über die religiöse Entwicklung der Jahrhunderte vor ihm mit Buddha und Aurentes (= Arhat), den beiden indischen Religionsstiftern, beginnt, darauf zu Zarathustra in Persien übergeht, um dann auf Jesus zu kommen und von seinem Wirken und seiner Lehre auf Erden zu sprechen. Die eingehende Darstellung der christlichen Lehre läßt erkennen, daß Mani dem Christentum sehr nahestand. Erst nach einem Überblick über die großen Religionen spricht er von sich selbst. Hiernach muß er noch unter der Regierung des parthischen Königs Artabanes' V., also vor 262 n. Chr., geboren worden sein. Im gleichen Jahr, in dem Ardaschir, der erste König der Sasaniden, die Krone des Reiches erhielt, empfing er seine erste göttliche Berufung. Noch während der Regierung dieses Königs ging er nach Indien, wo es zu der schon erwähnten Veröffentlichung seiner Schrift kam, die in den buddhistischen Kanon aufgenommen wurde. Nach dem Regierungsantritt des Königs Schapur I. kehrte er 241 n. Chr., von einer Botschaft dieses Königs nach Persien gerufen, zurück. Er erwähnt seinen Aufenthalt in Babylonien, in der Mesene und in der Persis, dem Gebiet des alten Stadtstaates Susa. Schapur empfing ihn hier und gewährte ihm die uneingeschränkte Freiheit, seine Lehre zu verkündigen. Er befand sich auch längere Zeit im Gefolge des Königs und predigte später in der Adiabene und auch im ehemaligen parthischen Reichsteil im Osten. Wie er selbst sagt, war er auf seinen Bekehrungsreisen sogar bis an die römische Grenze gekommen.

Unter den zahlreichen Philosophen und verhinderten Religionsstiftern in Mesopotamien war Mani nach Jesus der erste große Prophet einer neuen Religion. Er war der einzige, dem es unter den zahlreichen, in religionsphilosophischer Spekulation miteinander wetteifernden synkretistischen Sekten gelungen war, etwas Neues, den großen Religionen Vergleichbares, zu schaffen. Bei aller Eigenständigkeit stand er durch seine religiöse Entwicklung dem Christentum sehr nahe; das erklärt auch, warum er die damals in Mesopotamien gebrauchte christliche Kirchensprache, das Syrische, für die Aufzeichnung seiner eigenen Schriften verwendete. (Er hat nur ein einziges Werk in mittelpersischer Sprache geschrieben, und das nur, weil es für den sasanidischen Großkönig Schapur I. bestimmt war.)

Wie stark die Beziehung zwischen Christentum und Manichäern war, zeigen jene Schriften Manis, in denen er später vom Kanon ausgeschiedene Teile des Neuen Testaments, wie z. B. die als ›Hirt des Hermas‹ bekannte Schrift, in seine theologischen Betrachtungen einbezogen hat. Es kennzeichnet die dogmatische christliche Überlieferung, auf die er zurückgreift, daß er Christus sowohl in der Gestalt des Leidenden, Zerrissenen, der die Erscheinung eines in der Sünde Schmachtenden angenommen hat, als auch als den Abgesandten des Lichtvaters sah. Diese Deutung der Gestalt und des Wesens Christi scheint schon das spätere rechtgläubige Dogma der christlichen Oikumene vorwegzunehmen. Allerdings greift er innerhalb dieser christlichen Überlieferung auch auf das zurück, was schon von den Apokryphen, den gnostischen Evangelien des zweiten Jahrhunderts, über das Wesen Christi angedeutet wird. Daher bringt nach Mani Jesus als der Gesandte des Lichtvaters der in Adam verkörperten Menschheit auch die Gnosis, d. h. die Erkenntnis seiner Existenz. Er war nach ihm nicht nur Sendbote des Lichtvaters, sondern auch Richter und Führer der Seelen.

Es ist bezeichnend für den engen Zusammenhang zwischen der Lehre Manis und den großen Religionen, dem Christentum und dem Buddhismus, daß in beiden Religionen religiöse Vorstellungen manichäischer Herkunft vorkommen. Im Buddhismus hängen sie mit einer Schrift zusammen, die Mani verfaßt hat und die zu einem Teil des buddhistischen Kanons geworden ist. Auch im christlichen Schrifttum sind sie spürbar. Er begegnet uns z. B. in den Soliloquien des Kirchenvaters Augustin, der lange Zeit selbst ein Jünger Manis war.

Für jene, die mit beiden Religionen nicht vertraut waren, wie die Muslims, gab es daher zwischen den Christen und den Manichäern keinen Unterschied. Man behandelte sie als Angehörige der gleichen Religion. Das bedeutet, daß auch die Manichäer für den Islam Besitzer einer „Buchreligion" waren. Sie genossen deshalb die gleiche Form der Duldung wie die Christen und die Juden.

Manis Religion war das Ergebnis seiner eigenen Entwicklung. Sie hatte sich aus einer ständig vorgenommenen Interpretation und Kommentierung des Christentums und persönlicher religiöser Erlebnisse unter Verwendung gnostischer und zoroastrischer Religionsvorstellungen erst allmählich zu einer eigenen religiösen Lehre mit einer großen theologischen Literatur entwickelt. Schon zu seinen Lebzeiten hatte sie die Form einer Kirche angenommen.

Das Weiterleben der Lehre Manis in Mittelasien

Wie schon erwähnt, war die Verbindung zwischen der Führung der Kirche Manis in Mesopotamien und den Manichäern in der Sogdiana gegen Ende des sechsten Jahrhunderts abgerissen. Man nahm in Mittelasien aus Mesopotamien keine Weisungen mehr entgegen. Auch die manichäischen Gemeinden in Ostasien handelten für sich allein. In der Turfan-Oase, in Kan-su und in den Städten am Edsingol erkannte man zwar formal die Führung der Kirche, die sich nach dem Bruch mit Mesopotamien in Samarkand befand, an, wehrte sich aber gegen Kontrollen der Kirchenzucht. Es sind aus Qotscho Briefe erhalten, die von den mit der Visitation beauftragten Kirchenoberen stammen. Sie beziehen sich auf die Zustände im Uigurenreich. Dabei kommt deutlich zum Ausdruck, daß man sich dort bei der Einhaltung der Speise- und Reinlichkeitsvorschriften Manis nicht immer an die Gebote des Religionsstifters hielt.

Das weitere Vordringen der Araber im Jahre 694 führte dazu, daß die Leitung der Kirche nicht länger in der Sogdiana bleiben wollte. Aus chinesischen Berichten geht hervor, daß damals einer ihrer höchsten Vertreter, den die Sogder *Aftadan* nannten, die chinesische Hauptstadt aufsuchte, um dort über die für die Manichäer durch die arabische Expansion entstandene Situation in Mittelasien zu verhandeln.

Nachdem der Sohn des ermordeten persischen Königs Yesdegerd III., Peroz, von dem chinesischen Kaiser als Großkönig anerkannt worden war und sich zusammen mit weltlichen und geistlichen Würdenträgern erst in Mittelasien und dann in China niedergelassen hatte, lag es für die Manichäer nahe zu versuchen, auch für ihre Kirche in China politische Schutzrechte zu erreichen. Trotzdem blieb die Leitung der manichäischen Kirche bis 712 weiter in Samarkand.

Erst nach der Eroberung der Stadt durch die Araber suchte sie in den Bergen des nahen Chaghāniyān Zuflucht. Das war das Territorium des in Kunduz residierenden türkischen *Yabgu* von Tocharestan, der damals auch über Čaγānijān regierte. Wenig später, im Jahre 719, sandte dieser über ganz Mittelasien herrschende türkische Herrscher einen der damals zu ihm geflüchteten manichäischen Kirchenfürsten in die chinesische Hauptstadt, um in einer uns unbekannten Sache mit dem Kaiser von China zu verhandeln. Der Mann, den er sandte, war wegen seiner astronomischen Kenntnisse berühmt und schon deswegen in China gern gesehen, wo die Astronomie sogar in der Politik eine große Rolle spielte.

Als Folge der durch die beginnende arabische Eroberung Mittelasiens bedingten Hinwendung der Manichäer nach China kann man jenes 731 in chinesischer Sprache geschriebene Kompendium ihrer Lehren ansehen, das zu den geretteten Schätzen einer Klosterbibliothek bei Tun-huang gehörte.

Wie eng sich damals die Kontakte Chinas mit Mittelasien durch Vermittlung der Manichäer gestaltet hatten, zeigt z. B. die über sie nach China vermittelte Rezeption der iranischen Planetenwoche, die von der Reihenfolge Sonne, Mond, Mars, Merkur, Jupiter, Venus und Saturn ausging.

Die Manichäer waren in China nicht allein. Sie teilten ihr Exil mit den vor den Arabern geflüchteten Zoroastriern, die aus dem Iran nicht nur nach Indien, sondern auch nach China emigriert waren.

Die Manichäer und die Zoroastrier auf der Seidenstraße und in China – Gemeinsames und Trennendes

In China gab es in fast allen größeren Städten, in denen sich Kolonien von Emigranten aus dem Iran befanden, Feuerheiligtümer. Von den Zoroastriern wurde ebenso wie von ihren Landsleuten, den Parsen im indischen Gudscherat, die awestische Kirchensprache weiter gepflegt. Hier in China kam es auch zu der Anlage von persischen Gräbern. So ist dort aus dem neunten Jahrhundert eine Grabinschrift in mittelpersischer Sprache und Schrift erhalten.

Im Gegensatz aber zu den Gemeinden der Zoroastrier, die für sich blieben, pflegten die Manichäer Verbindungen und vermittelten Einflüsse, die sie auch fremden Kulturen anzupassen verstanden. Sie besaßen außerdem die Fähigkeit, ihre politischen Berichte sowohl in chinesischer wie in uigurischer und sogdischer Sprache zu schreiben. Ein Beispiel hierfür ist jene schon erwähnte Inschrift von Kara Balasaghun, die sich dieser drei Sprachen bedient. Es kam hinzu, daß die Manichäer eine viel stärkere kommerzielle Tätigkeit als die Anhänger der Religion Zarathustras entfalteten. Anders als die Manichäer in den beiden uigurischen Schwerpunkten der Seidenstraße hatten jene sich im wesentlichen auf den Geldhandel spezialisiert. Die Manichäer waren Kaufleute im weitesten Sinne. Das ging soweit, daß der Khan in Kan-chou mit Repressalien auf dem Sektor des Handels drohte, als die islamischen Fürsten in Mittelasien gegen die manichäische Gemeinde in Merw Verfolgungen einleiteten.

Trotz der unversöhnlichen Haltung der Christen gegenüber den Manichäern haben sie doch auch manches von ihnen übernommen. Ein Beispiel hierfür ist die Art ihrer Illustration. Die im neunten Jahrhundert auf dem Athos entstandenen byzantinischen Psalterhandschriften bedienten sich wie die Manichäer der Marginalillustration. In diesem Fall scheint die Vermittlung über das syrische Grenzgebiet im Norden Mesopotamiens erfolgt zu sein. Vermittler waren wahrscheinlich die Paulikianer, deren Bibliotheken sicher nicht wenige manichäische Bücher mit Illustrationen solcher Art besaßen. Diese literarische Beute aus den Kriegen des byzantinischen Kaisers Basileios' I. im Jahre 872 gegen die häretische, militante Sekte könnte an die Klöster weitergegeben worden sein, die von ihr Anregungen für die Psalterillustration erhielten.

Bei den Ausgrabungen in Turfan hat man neben den Fragmenten der heiligen Schriften Manis auch einen manichäischen Beichtspiegel mit der Anleitung zu Sündenbekenntnissen gefunden. Er gibt ein Bild von dem religiösen Alltag der manichäischen Uiguren in dieser Zeit. Die Einhaltung der Pflichten der Askese und der Reinheit verlangten ebenso wie die strenge Erfüllung der anderen religiösen Forderungen, die diese Fragmente zum Ausdruck bringen, ein hohes Maß an Selbstbeobachtung und Selbstdisziplin, die beide nicht zuletzt die Ursachen des großen Erfolges der Uiguren gewesen sein werden.

Die in einem in mittelpersischer Sprache geschriebenen Hymnenbuch, dem sogenannten ›Mahrnāmag‹, enthaltene Liste von Gläubigen der Lehre Manis zeigt innerhalb dieser uigurischen manichäischen Theokratie mit dem Khan an der Spitze eine große Zahl von Rängen, die in ihren Abstufungen deutlich an iranische Gesellschaftsformen anknüpfen. Ein gewisses Gegengewicht gegen diese durch Rangklassen zergliederte Gesellschaft und die nüchterne buchhalterische Frömmigkeit der Manichäer, wie sie in den Beichtregeln und Reinheitsvorschriften zum Ausdruck kommen, geben die Hymnen. Sie sind aus dem ›Mahrnāmag‹ nur durch das vom Inhalt des Werkes allein erhaltene Verzeichnis bekannt, das fast hundert von ihnen aufführt. Diese Lücke wird, abgesehen von den in koptischer Übersetzung aus Ägypten überlieferten Hymnen, nur durch eine in uigurischer Sprache erhaltene Rolle mit Hymnen aus dem achten Jahrhundert geschlossen. Diese uigurische Übersetzung gibt zwar nicht mehr die in der Zeit Manis bei ihrem Vortrag gebrauchte Rhythmik wieder. Auch fehlen Notationen, die Rückschlüsse auf die Art des Singens erlauben, dafür wird aber durch diese Rolle der Inhalt der Hymnen bekannt. Sie beginnt wie das ›Mahrnāmag‹ mit einer Aufzählung von Wohltätern der manichäischen Kirche. Es spricht viel dafür, daß diese manichäische Rolle in uigurischer Sprache, deren letzte Bibliotheksheimat Tun-huang war, aus dem Uigurenstaat von Kan-chou stammt. Dorthin hatten sie vermutlich die Uiguren, nachdem ihr Reich in der Mongolei durch die Kirgisen zerstört worden war, gebracht. Die auf chinesischem Papier geschriebene Rolle kann bald nach der Bekehrung des Uigurenkhans zur Religion Manis im Jahre 762 in Qara Balgasun entstanden sein. Einer der Vorgänger dieses Khans hatte, wie die Chinesen berichten, schon Anfang des siebenten Jahrhunderts den Buddhismus angenommen. Er wurde, vielleicht wegen seines Eifers für die buddhistische Lehre, als Boddhisattwa bezeichnet, das die Chinesen mit *P'u-sa* wiedergaben. Auch in der manichäischen Religion gab man dem Uigurenkhan keine geringere Stellung. Dort wurde er zur Emanation Manis, das heißt zur Wiedergeburt des Religionsstifters. Das waren religiöse Vorstellungen, wie sie später von den Tibetern auf die Person des Dalai Lama übertragen wurden, von dem man glaubte, er sei die Wiedergeburt seines Vorgängers. – Auch die uigurische Aristokratie erhielt in beiden Religionen eine Fülle von Titeln, die in den Hymnenbüchern und auf den Darstellungen der Prozessionen und feierlichen Empfänge zu finden sind.

Kirchensprache war bei den uigurischen Manichäern offenbar zunächst das Mittelpersische. Wenn man von dem schon genannten in Fragmenten erhaltenen manichäischen Beichtspiegel, der in einer Liste alle möglichen Sünden erwähnt und sie mit einer Aufzählung von Gebeten für ihre Vergebung verbindet, ausgeht, glaubt man sich bei dieser Lehre Manis von den Sünden und ihrer Vergebung in der Nähe des Christentums zu befinden. Dieser Eindruck täuscht nicht. Noch in China war die Verbindung zwischen beiden Religionen so stark, daß von den gleichen Personen manichäische und christliche Werke übersetzt und abgeschrieben wurden.

Manichäische Einflüsse sind auch bei den türkischen Stämmen, die sich zum Islam bekannten, nachweisbar. Der Fürstenspiegel, das ›Kutadghu Bilig‹, den Jussuf von Balasaghun in türkischer Sprache zwischen 1069 und 1073 geschrieben hat, gebraucht sehr oft manichäische Ausdrücke, die erkennen lassen, daß der Verfasser aus manichäischen Kreisen kam.

Der Untergang der Religion Manis war die Folge politischer Entscheidungen. Schon im zehnten Jahrhundert hatten die Uiguren von Kan-chou die Religion Manis aufgegeben und sich mit ihrem Khan an der Spitze zum Buddhismus bekehrt. Das ursprünglich ebenfalls manichäische und später buddhistische Uigurenreich von Turfan und Kutscha hat dann in der Mitte des 13. Jahrhunderts den Islam angenommen.

Seit dieser Zeit lebten die Anhänger Manis ohne den Schutz eines Staates. Von den großen Religionen als „Häretiker" verdammt, waren sie häufig gezwungen, sich zu verbergen. Ihr Anteil an den häretischen Bewegungen des Abendlandes wie an denen der Bogomilen und denen der Derwisch-Orden des Islams war sicher sehr hoch. Er läßt sich aber, wie es bei einer Untergrundreligion verständlich ist, im einzelnen nicht abgrenzen.

DIE BEDEUTUNG DES ISLAMS FÜR DIE SEIDENSTRASSE

Anders als das Christentum, die Lehre Manis und der Buddhismus hat der Islam mit der Kraft des Schwertes seine Lehre verbreitet. Sein Sieg über die Religion Ahuramazdas wurde im Iran als die Entscheidung Gottes hingenommen. Nur eine kleine Gruppe aus der Schicht der hohen Aristokratie und der Priester der zoroastrischen Kirche entschied sich für den Weg in die Emigration. Trotzdem läßt sich die arabische Eroberung des Landes kaum mit einer vollständigen Unterwerfung vergleichen, denn auch der Sieg des Islams hat nicht die bestehenden sozialen Strukturen verändert. So erfolgte die Steuereinziehung auf dem Land weiter über die Dikhane und bei den religiösen Minderheiten durch die Oberhäupter der Religionsgemeinschaften, bei den Christen die Bischöfe und bei den Juden die Ältesten. Die Angehörigen beider Religionen hatten schon bei den Persern eine Sonderabgabe in der Form einer höheren Kopfsteuer entrichten müssen.

Auch für die Städte hatte die islamische Eroberung keine Änderung gebracht. Der überwiegende Teil von ihnen hatte mit den arabischen Eroberern Verträge abgeschlossen, die ihnen ihre Unabhängigkeit garantierten, wenn sie feste jährliche Abgaben als Tribut zahlten.

Die Bedeutung der islamischen Eroberungen für die Stellung der einheimischen Fürsten in Mittelasien und in den Provinzen Gilan und Tabaristan

Noch größer als bei den Städten im Iran war die Unabhängigkeit der einheimischen Fürsten in Gilan und Tabaristan an der Südküste des Kaspischen Meeres; beide Gebiete waren erst ein Jahrhundert nach dem Iran als Folge der chinesischen Niederlage bei Talas endgültig unter arabische Herrschaft gekommen. Dort lagen die regionale Verwaltung und die Steuererhebung zunächst weiter in der Hand selbständiger Fürsten. Ihnen unterstanden in der Sogdiana die acht Stadtstaaten. Sie selbst hatten ursprünglich zu dem türkischen Stammesverband der Neun Stämme gehört. Sie waren zur Zeit der arabischen Eroberung schon weitgehend iranisiert. Ihnen gegenüber verfolgten die Araber die gleiche Politik wie ihre Vorgänger, die türkischen Eroberer der Sogdiana in der Mitte des sechsten Jahrhunderts. Sie nahmen daher die sogdischen Stadtfürsten zunächst als Verwaltungsbeamte und Feldherren in ihre Dienste. Einer von ihnen wurde ihr Statthalter in Armenien. Auch in dieser Stellung behielt er seinen Titel *Buhar-Chudat*, Fürst von Buchara. Eingesetzt hatte ihn dort der Fürst von Usruschana, der den sogdischen Titel *Afschin* führte. Auch er stand im Westen im Dienst der Araber. Später wurde ein anderer sogdischer Fürst, der König von Samarkand mit dem Titel *Ichschid*, Statthalter von Ägypten.

Auch in den nördlich des Elbrus liegenden Küstenprovinzen Gilan und Tabaristan behaupteten sich, wie schon erwähnt, die einheimischen Dynastien unter der Herrschaft der Araber. Hier standen vor allem die Häuptlinge aus dem Gebirgsland von Gilan, die Dailaniten, in deren Dienst. Selbst in der obersten Führung als enge Mitarbeiter des Kalifen konnten sich die Fürsten aus Mittelasien halten. Die ehemaligen buddhistischen Priesterkönige von Balch, die man nach ihrem früheren Titel als Vorsteher des buddhistischen Heiligtums *Barmaka* (Barmakiden) nannte, konnten fast drei Generationen hindurch diese Stellung einnehmen. Erst im Jahre 803, als sie bei der Besetzung der Stellen in den von ihnen errichteten Finanzbehörden (Diwane) Beamte, die nicht zum Islam gehörten, bevorzugten, handelte der Kalif. Den barmakidischen Vezier ließ er damals hinrichten und sein Vermögen beschlagnahmen. Seine Familie verschwand in den Gefängnissen der Hauptstadt.

Nach dem Sturz der Barmakiden begann die arabische Führung auch gegen die sogdischen Fürsten in Mittelasien, die sich noch im Besitz ihrer Fürstentümer befanden, vorzugehen. Man nahm ihnen ihre bisherige Machtstellung durch Übertragung von Statthalterschaften in anderen Teilen des Reiches. Nur bei dem *Afschin* genannten Stadtfürsten von Usruschana griff man, um seine Macht zu vernichten, zum Mittel eines Prozesses.

Dieses Vorgehen gegen die Fürsten in Mittelasien erfolgte in erster Linie aus religiösen Gründen. Man wollte der dort praktizierten ständigen Verletzung der Gebote des Islams, die von ihnen durch ihren Schutz der alten vorislamischen Kulte und durch ihre eigene Form zu leben begangen wurde, Einhalt gebieten, denn außer von den Schiiten in Gilan und Chorassan und den dort lebenden Zoroastriern drohten jetzt die vom Buddhismus Mittelasiens inspirierten häretischen Richtungen im Islam weiter an Boden zu gewinnen. Ein Warnzeichen, das deutlich machte, wieweit diese Bewegungen schon nach Westen vorgedrungen waren, bedeutete zu Beginn des neunten Jahrhunderts der Aufstand des Papak in Aserbaidschan. Die Unruhen dauerten fast ein Menschenalter. Chorassan mit der Hauptstadt Nischapur, durch das die Südroute der Seidenstraße führte, nahm hierbei eine Schlüsselstellung ein. Obwohl man in diese Provinz zur Sicherung der wichtigen Verbindung arabische Stämme wie die Qais und Azd gerufen hatte, konnte man sich auf die Loyalität Chorassans nicht verlassen. Denn die hier angesiedelten Araber gehörten zu den Anhängern Abu Muslims, die mit ihm bei seiner Rebellion gegen den Kalifen von Damaskus zusammen mit zorastrischen und schiitischen Iraniern nach Westen zogen. Für sie war auch der neue abbasidische Kalif nicht der rechtmäßige Nachfolger Mohammeds.

Bald, nachdem das Heer Abu Muslims im Jahre 749 den omajjadischen Kalifen geschlagen und 751 sein Unterfeldherr bei Talas die chinesische Armee besiegt hatte, wurde Abu Muslim auf Befehl des Kalifen ermordet. Der politische Partikularismus und die religiöse Häresie im Osten wurden aber durch diesen Mord nicht beseitigt. Hierzu mußte man erst jene vorislamische soziale und politische Ordnung zerstören, die die Feinde des rechtgläubigen Islams schützte.

Die religiöse Komponente des Widerstandes der Iranier gegen die islamischen Kalifen

Schon den Aufstand des Abu Muslim gegen die Omajjaden hatten nicht nur die arabischen Stämme und die Schiiten in Chorassan unterstützt, sondern vor allem jene Iranier, die entweder Zoroastrier waren oder zu den vom Buddhismus inspirierten häretischen Sekten gehörten. Der eigentliche Rächer des in Bagdad ermordeten Abu Muslim war der sogenannte Magier Sunpad, der in Abu Muslim im Sinne einer schiitischen Messiaserwartung den verborgenen Messias oder Imam sah. Nach ihm verkündete Ishaq (gest. 758), den man als „Türken" bezeichnete, diesen Glauben. Ihm folgte darin Ustadsis (gest. 768). Erst der 785 hingerichtete Muqanna versuchte, auf dieser Grundlage eine neue Religion zu entwickeln, die von verschiedenen Emanationen des göttlichen Charismas und der Seelenwanderung ausging. In ihr bezeichnete sich Muqanna nach Abu Muslim als letzten Propheten. Diese der Zwölfer-Schia verwandte religiöse Bewegung stand damals nicht allein, auch der Zoroastrismus hatte unter dem Einfluß des Islams eine von dem Propheten Bihafrid verkündete neue synkretistische Religion entwickelt. Die Persönlichkeit des Muqanna nahm später in der Überlieferung immer mehr mythische Züge an. Noch heute kennen die Kirgisen im Pamir Mythen, die sich, von Rapsoden vorgetragen, mit der Person Muqannas beschäftigen, den sie zu einem König der Vorzeit machen.

Von großer Bedeutung für die Verbreitung dieser religiösen Richtungen war eine erst damals in Mittelasien auftretende Gruppe, die Sufis, Erleuchtete in religiösem Sinne, die nach dem von ihnen getragenen Wollkittel, dem *Suf*, ihren Namen erhalten hatten. Neben dem größeren Teil von ihnen, der auf dem Boden des Korans stand, gab es aber schon damals eine Gruppe, die sich von ihrer eigenen Erleuchtung nach Art der Mystik leiten ließ oder sich im geheimen buddhistischen Glaubensrichtungen angeschlossen hatte. Nach der damals verbreiteten Vorstellung war das Charisma des Abu Muslim von ihm auf seine Tochter Fatima und von ihr auf ihren Sohn Mahdi ibn Papak übergegangen.

Nicht nur Aserbaidschan, sondern vor allem Chorassan war für die Schia ebenso wie für die nichtislamischen Religionen ein Schwerpunkt. Das waren die Lehre Manis und das nestorianische Christentum. Ein Teil der Stadt Merw war den Anhängern dieser Religionen vorbehalten. Ähnlich wie in Chorassan war in Aserbaidschan der Islam der Sunna auf die Dauer nicht gesichert. Hier spielten unter der Oberfläche die Einflüsse des Buddhismus in der auch dort verbreiteten Lehre von der Seelenwanderung und der Weitergabe des göttlichen Charisma eine Rolle. Während in Chorassan der sogenannte Prophet Al Muqanna diese Anschauungen vertrat, verkündete sie in Aserbaidschan Papak, der sich von 816 bis 838 dort behauptete und von den Byzantinern militärisch unterstützt wurde. Gegen ihn kämpfte damals der *Buhar-hudat* genannte Fürst von Buchara, damals Statthalter der Araber in Armenien. Der Aufstand wurde schließlich durch den Afschin, den Fürsten von Usruschana, der als Feldherr des Kalifen 838 Papak gefangennahm, niedergeworfen. Auch Papak vertrat in seinen Predigten die Lehre von der Seelenwanderung. Die Kämpfe gegen ihn spielten sich zum Teil in der Provinz Arran im armenischen Grenzgebiet ab.

Der Widerstand gegen den Islam in Mittelasien

Ein anderer Schwerpunkt der religiösen Widerstandsbewegung war Mittelasien. Hier hatte ein Teil der Sufis, nämlich jene größere Gruppe, die am Islam, wenn auch in der Gestalt eigener Erleuchtung, festhielt, neben der Mission bei den heidnischen Türken nördlich des Syr Darya auch die Islamisierung der Sogdiana übernommen. Wie wenig gefestigt hier vorher die Stellung des Islams noch war, zeigt, daß sich zwei Kalifen entschlossen, nach dem Osten des Iran zu gehen, um hier eine Stabilisierung der Lage herbeizuführen. Zuerst war es Harun al Raschid. Er starb auf der Reise in Tus bei Meschhed. Sein Sohn Al Ma'mun wollte vollenden, was der Vater nicht ausführen konnte: für die Bekehrung der Sogder zum Islam zu sorgen. Wie wenig auch ihm das gelang, geht daraus hervor, daß es noch kurze Zeit danach in den Jahren 838 und 839 möglich war, daß der Afschin Haidar als Fürst von Usruschana Muslime, die offenbar buddhistische Götterbilder zerstört hatten, für diese Tat bestrafen konnte. In Samarkand, wo damals noch der *Diwastitsch* oder *Ichschid* genannte Fürst regierte, war die Situation nicht viel besser. Dort mußte man den Einwohnern erst mit der Einquartierung arabischer Truppen in ihre Häuser drohen, um sie zur Erfüllung ihrer religiösen Pflichten zu veranlassen. Hier griff man vereinzelt auch zum Mittel der Auspeitschung derjenigen, die den Besuch der Moschee verweigerten. Das geschah allerdings erst, nachdem durch die Entfernung der Stadtfürsten in der Sogdiana der Widerstand der Einwohner gebrochen werden konnte. Bis zu dieser Zeit hatte man sogar mit Geldprämien in Höhe von zwei Dirhem für den Besuch der Moscheen geworben.

Es fällt hierbei auf, daß der Buddhismus, der in der Sogdiana nach dem Bericht des buddhistischen Pilgers Hiuen-tsang noch in der ersten Hälfte des siebenten Jahrhunderts kaum vertreten war, jetzt beim Widerstand gegen die Bekehrung zum Islam die Führung übernahm. Wie fanatisch dieser Widerstand war, zeigt ein religiöses Streitgespräch in Merw, das der Kalif Al Ma'mun veranstaltete. Hierzu hatten Christen, Juden und Zoroastrier Vertreter entsandt, nicht aber die Buddhisten. Hinzu kommt, daß erst nach der Eroberung Mittelasiens durch die Araber die buddhistische Propaganda in Aserbaidschan und Chorassan einsetzte, die zu synkretistischen Erscheinungen im Islam führte. Das gilt besonders für die Lehre von der Seelenwanderung, die schon von dem Propheten Muqanna verkündet worden war. Auch die Schiiten hatten sie wahrscheinlich aus verwandten buddhistischen Vorstellungen übernommen. Mit ihr verband man den Glauben an die Existenz von zwölf Imamen, von denen jeder das göttliche Charisma, das er von seinem Vorgänger erhalten hatte, wieder auf seinen Nachfolger übertrug. Auch die sasanidischen Könige erhielten hier einen Platz, der sie mit den zwölf Imamen in Verbindung brachte. Demnach hatte einer dieser Imame die Tochter Yesdegerds III. geheiratet. Es kann daher nicht überraschen, daß die Gräber der Imame, wie z. B. das des achten Imam Ali ar Riza bei Tus, bei dem man den Kalifen Harun al Raschid beigesetzt hatte, die gleiche Verehrung erhielten wie die buddhistischen Stupa.

Wie die Ausgrabungen in der Residenz des *Diwastitsch* genannten Königs von Samarkand in Pändzikänd zeigen, wurden dort der Tempel und der Palast mit großer Wahrscheinlichkeit erst zu Beginn des achten Jahrhunderts in der Zeit der arabischen Eroberung vollendet. Daraus kann man folgern, daß die politische und militärische Unterwerfung nicht mit der Zerstörung zusammenfiel. Die Angaben der literarischen Quellen, die eine weitgehende Duldung der nichtislamischen religiösen Einrichtungen und auch der einheimischen Kultur in Mittelasien bis in die erste Hälfte des neunten Jahrhunderts bezeugen, werden also durch die Ergebnisse der Ausgrabungen bestätigt. Der Prozeß gegen den Afschin Haidar von Usruschana scheint anzudeuten, wann diese Duldung aufhörte und die Verfolgung einsetzte. Es war offenbar die Zeit, in der die Herrschaft der Stadtfürsten in der Sogdiana überwiegend dadurch ihr Ende fand, daß man ihnen als Ersatz für die aufgegebenen Herrschaftsrechte in Mittelasien Statthalterschaften in anderen Teilen des Kalifenreiches gab. Diese Epoche begann nach dem Tode Harun al Raschids. Allein die Dynastie der Farighuniden in Chwarezm konnte damals ihr Fürstentum behaupten. Wie stark in der ersten Hälfte des neunten Jahrhunderts vor dem Prozeß gegen den Afshin Haidar von Usrushana der Widerstand gegen die von Bagdad ausgehende arabische Herrschaft gewesen sein muß, läßt sich an der Resonanz der Eroberung der Sogdiana durch den Islam bei den Einwohnern Mittelasiens, Türken und Ostiranern, feststellen. Diese Resonanz spürt man bei dem arabischen Historiker Ṭabari (839–923) und bei dem Chwaresmier Al Biruni (973–1048). Ṭabari war in seinen Berichten über diese Vorgänge offenbar das Sprachrohr der in Bagdad in den türkischen Regimentern des Kalifen dienenden Offiziere aus Mittelasien, und Biruni wurde mit seiner Erzählung indirekt zum Sprecher einer sogdischen antiarabischen Opposition.

Für die, deren Berichten beide in ihren Werken Raum gaben, waren die Araber nicht mehr als Diebe und Mörder, und was Ṭabari über den arabischen Eroberer von Mittelasien, Qutaybah ibn Muslim, und seine Feldherrn aus den Jahren 705 bis 715 berichtet, läßt deutlich den Haß seiner Gewährsleute gegen die Araber spüren. Da wird von jenen ungeheuren Kontributionen berichtet, die die sogdischen Fürsten nur erfüllen konnten, wenn sie ihr eigenes Vermögen und den Schatz der Tempel antasteten. So soll z. B. dem Fürsten von Samarkand nach diesen Erpressungen für sich nur ein einziges silbernes Gefäß geblieben sein. Auch das hätten die Araber von ihm gefordert und ihm empfohlen, einen Kürbis zum Trinken zu benutzen. Als Beispiel für ihre Unredlichkeit bringt Ṭabari auch eine Erzählung, nach der die Frau des arabischen Feldherrn sich von der Fürstin von Samarkand den Schmuck geliehen habe, ihn aber nicht wieder zurückgegeben habe.

Biruni berichtet von der Ermordung chwaresmischer Gelehrter und Priester zweieinhalb Jahrhunderte vor ihm und von der Verbrennung ihrer Bücher. Auch dieser Bericht ist ein Dokument des Hasses, den man in Mittelasien den Arabern noch zu dieser Zeit entgegenbrachte.

Tatsächlich aber wurde keiner der Dynastien der sogdischen Fürsten nach der Eroberung die Herrschaft genommen, und zunächst wurden weder buddhistische Tempel systematisch zerstört noch der Gebrauch der sogdischen Schrift verboten. Vielmehr weist auf das Weiterbestehen buddhistischer Tempel und Wallfahrtsorte ein Buddha, der in Hellgö, dem noch vor Birka bestehenden warägischen Handelszentrum nicht weit von Stockholm, in einem Haus gefunden wurde. Die kleine Bronzefigur trug noch bei der Ausgrabung die Spuren eines Riemens, der sie als Devotionalie ausweist. Offenbar war sie zusammen mit in Mittelasien geprägten kufischen Münzen durch den warägisch-chazarischen Handel nach Schweden gekommen.

Auch von einer Vernichtung der sogdischen Literatur und dem Verbot der sogdischen Schrift, wie sie der Bericht bei Biruni erwähnt, kann keine Rede sein. Nicht nur, daß noch aus der Zeit nach der arabischen Eroberung Zeugnisse der sogdischen Schrift erhalten sind, wie jene Herkunftsangabe auf einem Seidenstoff in der Kathedrale von Huy; es gibt auch arabische Quellen, die ihr Weiterleben bestätigen. Hierzu gehört eine in dem 982 geschriebenen Fihrist vorhandene Bemerkung, nach der die Sogder die Schrift der Manichäer in Mittelasien gebrauchten. Das ist ein Mißverständnis. Es erklärt sich aus der großen Ähnlichkeit zwischen beiden Schriftarten. Für einen Araber waren hier kaum Unterschiede wahrzunehmen. Demnach war in Bagdad bekannt, daß man noch zu dieser Zeit in der Sogdiana die sogdische Schrift verwendete.

Ferner berichtet Ṭabari, daß bei der Durchsuchung des Palastes des Afshin Haidar in Bagdad anläßlich des gegen ihn eingeleiteten Prozesses eine Götterfigur, offenbar eine Darstellung Buddhas, entdeckt wurde. Auch wurden in der mittelasiatischen Residenz dieses Fürsten in Usrushana von russischen Ausgräbern bei dem heutigen Ort Kalai-Kachkacha unter den erhaltenen Resten der Fresken ein Stück mit dem Kopf des an seinem weit aufgerissenen Mund und den hochstehenden Haaren kenntlichen Dvarapāla gefunden. (So hieß der Torwächter, der den Schutz Buddhas und seines Heiligtums versah.) Der Afschin mußte also auch in seiner Residenz in Usruschana eine buddhistische Andachtsstätte unterhalten haben. Hierzu paßt, daß er nach Ṭabari von seinen Untertanen als Gott angeredet wurde; gemeint ist damit die für einen Araber unverständliche Bezeichnung *Bodhisattva*, mit der auch andere türkische Fürsten ausgezeichnet wurden.

Offensichtlich bestand also in der Sogdiana bis zur Mitte des neunten Jahrhunderts eine weitgehende Duldung des Buddhismus, zu der sich die Araber mit Rücksicht auf China und Tibet, die sich beide damals zum Buddhismus bekannten, entschlossen hatten. Erst der mit beiden Mächten zu Beginn des neunten Jahrhunderts abgeschlossene Vertrag gab ihnen die Möglichkeit, die Annahme des Islams in der Sogdiana mit Gewalt durchzusetzen.

Die Verfolgung wurde durch den Sohn Harun al Raschids, al Ma'mun, begonnen. Er war mit seinem Vater nach Ostiran gezogen, hatte dort im Jahre 820 den Iranier Tahir ibn-al Husayn in Merw zum Statthalter von Chorassan eingesetzt und damit das Zeichen für eine neue Politik gegeben. Die Tahiriden kontrollierten den Nordosten des Iran. Ihre Herrschaft umfaßte Chorassan und Mittelasien. Sie konnten sie bis 873 behaupten. In der letzten Zeit hatten sie die Oberherrschaft des Kalifen nur noch dem Namen nach anerkannt. Die spätere Residenz der Dynastie, Nishapur, wurde durch sie zum Mittelpunkt eines iranisch-islamischen Reiches.

Wie die Tahiriden kennzeichnete die Saffariden in Seistan ein religiöser Fanatismus bei der Durchsetzung des Islams. In ihre Zeit fallen die Zerstörungen in der Sogdiana. Ebenso wie die Tahiriden in der Sogdiana, die nach der Beseitigung der Stadtstaaten die sogdische Literatur und die nichtislamische Kunst vernichteten, handelten die Saffiriden in Seistan und in Baktrien. Sie beseitigten die Selbständigkeit der dort bestehenden Stadtstaaten und unterwarfen im Gebiet des Kabul-Flusses die Hindi-schahis und Türk-schahis. Bei ihren Plünderungszügen waren die bis zu dieser Zeit noch unversehrten buddhistischen Tempel vor allem bei Bamyan das Hauptziel ihrer Zerstörungen. Eine große Zahl der zum Teil aus Edelmetall bestehenden Götterfiguren wurden damals von ihnen als Tribut an den Kalifen nach Bagdad gesandt.

Auch hier, wie in der Sogdiana, setzte die Zerstörung erst mehr als ein Jahrhundert nach der Eroberung ein. Im Gegensatz zu den Tahiriden und Saffiriden kennzeichnet die sie ablösenden Samaniden das Bestreben, einen Ausgleich mit den Türken herbeizuführen und innerhalb des Islams die Bewahrung der Rechtgläubigkeit durchzusetzen.

Wenn die Tahiriden trotz ihrer eigenen kompromißlosen Haltung gegenüber den Anhängern der alten Religionen und trotz ihres Hasses auf die dort vorkommenden Darstellungen von Göttern und Heiligen, z.B. in Nischapur, Bilder von Menschen zuließen, weist das auf die Anwesenheit von Türken, die die Verwendung von Bildern und von literarischen Stoffen von den Iraniern übernommen hatten und daran festhielten. Das zeigt sich z. B. an einem Fresko, das einen der türkischen Häuptlinge auf der Falkenjagd darstellt. Das Motiv, aber auch die Form seiner Wiedergabe, weisen auf das gleiche, wahrscheinlich aus dem Iran stammende Jagdmotiv, das auch von dem Meister des Reliefs von Madara benutzt wurde. (Die Verbindung zwischen dem Relief mit der Darstellung des bulgarischen Khans und der des türkischen Häuptlings auf dem Fresko von Nishapur wurde wahrscheinlich durch einen aus dem Iran stammenden Seidenstoff mit diesem Motiv hergestellt, der sowohl nach Bulgarien wie nach Chorassan exportiert worden war.)

Nicht nur in dem schon erwähnten Palast in Nishapur, sondern auch in Lashkari Bazar in Afghanistan, in dem dort ausgegrabenen Sommerschloß der Sultane von Gazna, finden sich Fresken mit den vom Islam verbotenen Darstellungen von Menschen. Sie zeigen in den erhaltenen Teilen eine Wiedergabe der Leibwache und des Hofstaates des Sultans. Diese Fresken, die für Türken geschaffen wurden, unterscheiden sich nicht von den aus Turfan bekannten Wandbildern und Miniaturen. Sie lassen sich mit jenen Bildern von Szenen aus dem Hofleben, die in großer Zahl auf der glasierten Keramik an fast allen Stationen der Südroute der Seidenstraße von Samarkand bis nach Qazvīn erhalten sind, vergleichen. Dieser Vergleich kann weiter auf die vielen Elfenbeinschnitzereien und die zahlreichen Reliefs mit Darstellungen von Menschen, die den Winterpalast des Sultans in Gazni schmückten, ausgedehnt werden.

Man kommt also zu der Feststellung, daß die sunnitischen Türken ebenso wie die Iranier das Bilderverbot nicht beachteten. Sie hielten weiter an der bildlichen Darstellung von Menschen fest, die sie aus dem Osten mitgebracht hatten. Die Türken bildeten entlang der Seidenstraße eine Gemeinschaft, für die auch Religionen wie Islam und Buddhismus keine Grenze bedeuteten. Die Verwendung der gleichen uigurischen Schrift im nichtislamischen Osten wie in den Ländern des Islams kann das nur bestätigen.

Weder die Beseitigung der häretischen Aufstandsbewegungen des Papak in Aserbaidschan noch die in dieser Zeit in Mittelasien erfolgende Entfernung der sogdischen Stadtfürsten wie des Afschin von Usruschana, des Fürsten von Buchara und des *Ichschid* genannten Königs von Samarkand brachte die vollständige Unterwerfung der gegen Bagdad an der Seidenstraße rebellierenden Kräfte. In der Folge setzte sich gegen die buddhistisch beeinflußten Bewegungen in Mittelasien und Aserbaidschan die von Chorassan aus weiter verbreitete Lehre der Schia von den zwölf Imamen durch, bei der man die Wiederkehr des zwölften als Messias erwartete, und das um so mehr, als die schiitischen Buyiden, die seit den ersten Jahrzehnten des zehnten Jahrhunderts mit Bagdad die Kontrolle über die weltliche Herrschaft des Kalifen gewonnen hatten, sich als Beschützer der schiitischen Bewegung fühlten. Sie gaben das auch bald nach ihrer Eroberung der Macht zu erkennen, z. B., als sie in Tus bei Meschhed das Grab des Imams Risa mit prunkvollen Bauten umgeben ließen. Auch erreichten sie im Irak die Duldung der schiitischen Heiligtümer.

Die Rolle der Türken als Verteidiger der Orthodoxie im islamischen Iran und in Mittelasien

Die sunnitische Gegenreformation gegen die schiitischen Stützpunkte in Chorassan und Aserbaidschan wurde vor allem von Türken getragen. Zu dieser Entwicklung hatte die Südroute der Seidenstraße viel beigetragen, denn die ersten Ansätze zur Bildung türkischer Schwerpunkte in Mittelasien und Aserbaidschan lassen sich schon in sasanidischer Zeit nachweisen. Von Chosrau I. ist bekannt, daß er sowohl zur Verteidigung wie zum Angriff türkische Söldner in Aserbaidschan in der Nähe des Passes von Derbend zusammengezogen und später dort angesiedelt hatte. Sie waren dort ähnlich wie später die Soldaten der byzantinischen Themen als Militärsiedler in Stammrollen eingetragen worden. Diese türkischen Grenzabteilungen wurden von den Arabern übernommen. Ähnlich war es in Chorassan. Auch dort gab es bereits zu dieser Zeit nach der Chronik des Ṭabari die damals *Šul* (aber auch *Čöl*) genannten türkischen Stämme.

Schon in den beiden Jahrhunderten, die der islamischen Eroberung des Iran folgten, war es bei den türkischen Stämmen an diesen Schwerpunkten zu der Entwicklung von islamischen Gemeinden gekommen, die sich zur sunnitischen Richtung des Islams bekannten. Hier waren wahrscheinlich die Sufis diejenigen, durch die wahrscheinlich ihre Bekehrung erfolgt war. Beide türkischen Gruppen, die in Aserbaidschan und die in Chorassan, hatten ihre Wohnsitze nicht nur an der für den Fernhandel besonders wichtigen Südroute, sondern auch in der Nähe der damals größten Produktionsstätten von Seide außerhalb Chinas. Sie lagen in Gilan, in Tabaristan (Mazenderan) und bei Gurgan. Es waren Gebiete, wo man die vorislamische iranische Kultur noch weitgehend bewahrt hatte. Hier, zwischen der Küste des Kaspischen Meeres und dem Elburs-Gebirge, hatten sich seit der sasanidischen Zeit bis in das zehnte Jahrhundert die gleichen zoroastrischen Fürstendynastien, die erst später zum Islam übergetreten waren, an der Macht erhalten. Die türkischen Stämme im Westen und Osten stellten für sie die Söldner. Der Sold, den sie austeilten, und die Tribute, die sie zahlten, bestanden zu einem großen Teil aus Seide. Noch im zehnten Jahrhundert lieferte der König von Tabaristan als Tribut an die Samaniden Ballen grüner Seide.

Der Einfluß der Anrainerstaaten des Kaspischen Meeres auf die eingewanderten Turkstämme erklärt den Anteil der iranischen Kultur und Zivilisation an der Entwicklung dieser Türken. Er führte zu einer ähnlichen Umerziehung, wie sie in den beiden Uigurenreichen im Osten festzustellen ist. Sie machte Nomadenstämme zu Ackerbau treibenden Völkern und erlaubte ihnen, wie ihre Lehrmeister auch als Handwerker und Kaufleute Reichtum zu erwerben. Bei den beiden Uigurenreichen in Kan-su und in der Turfan-Oase waren Ostiraner die Lehrmeister der Türken. Im Westen, im Iran, übernahmen die Bewohner der Küstenprovinzen am Kaspischen Meer diese Aufgabe.

Diese Iranier bewahrten anders als ihre Landsleute jenseits des Elburs, auch nachdem sie den Islam angenommen hatten, die alten Epen, die von der großen Zeit des sasanidischen Reiches berichteten, in der Chosrau I. regiert hatte. Einen Teil von ihnen, die von Rhapsoden verbreitet wurden, hat Firdausi in das Schah-nameh aufgenommen. Es ist ein Beweis für die von den Türken übernommene Kultur der Iranier, daß der Türke Mahmud von Gazna zu den größten Förderern dieses Dichters gehörte. War doch nicht zuletzt infolge der Bekanntschaft mit diesen Epen an den türkischen Fürstenhöfen nicht Arabisch, sondern Neupersisch Literatursprache geworden. Zu den ursprünglich auf die sasanidische Hofdichtung zurückgehenden Epen gehören die Heldenlieder auf den König Chosrau I. und seine Gemahlin Schirin und das sakische Rustem-Epos und die sogdische Heldendichtung, in deren Mittelpunkt Siyawusch steht.

Diese iranischen Epen gaben schon vor der Entstehung der Dichtung des Firdausi den Anstoß zu einer eigenen türkischen Heldendichtung. Von ihr sind in türkischer Sprache nur zwei Werke erhalten, das ›Dede Korkut‹ und das ›Oguz-nameh‹. Beide stammen in ihrer heute erhaltenen Gestalt aus späterer Zeit.

Entlang der Route der Seidenstraße läßt sich die Verbreitung türkischer Literatur weiter nach Westen verfolgen. Bagdad war im elften Jahrhundert die westlichste Station, in der damals ein türkisches Werk entstanden ist. Es stammt von einem Mann mit dem Namen Mahmud, der aus Kaschgar, einer Station an der Südroute der Seidenstraße, kam. Es enthält außer einer Weltkarte die in der Form einer Enzyklopädie gegebene Beschreibung der damals gesprochenen Türksprachen.

Während Bagdad den am weitesten im Westen liegenden Punkt auf der Route der Seidenstraße bezeichnet, an dem türkische Literatur geschrieben und verbreitet wurde, war Balasaghun im Siebenstromland die östlichste Station, an der eine literarische Tätigkeit in türkischer Sprache unter islamischer Herrschaft nachweisbar ist. Von dort stammt der schon erwähnte, von einem gewissen Jussuf geschriebene Fürstenspiegel, das ›Kutadghu bilig‹. Weiter im Osten in der Turfan-Oase folgen dann buddhistische, manichäische und nestorianische Werke, die seit dem achten Jahrhundert in türkischer Sprache geschrieben wurden.

Türken und Iranier als Überwinder des religiösen Partikularismus

Es scheint paradox, daß die Schiiten über die buyidischen Hausmeier der Kalifen die Macht in Mesopotamien und Syrien, also in überwiegend sunnitischen Ländern, behaupteten, während die Samaniden, die sich zur Sunna bekannten, mit Chorassan ein Zentrum der Schia kontrollierten und mit Mittelasien ein für den sunnitischen Islam erst im neunten Jahrhundert vollständig gewonnenes Gebiet regierten. Diese Situation mußte zur politischen Auflösung des Kalifenreiches führen.

In Mittelasien hatte vor allem die Bewegung der Sufis den Sieg der Sunniten, die sich auf die Türken stützen konnten, erreicht. Es waren jedoch nicht jene Sufis, die außerhalb des Korans standen und die ihren eigenen Erscheinungen und Gesichten im Sinne einer mystischen Vereinigung mit Gott folgten, sondern die andere Gruppe, der das Wort des Propheten zwar heilig war, die aber glaubte, über eine göttliche Erweckung das Charisma zu besitzen, andere durch die Macht ihrer Predigt zur Erfüllung des Willens Gottes zu bekehren. Dieser Wille Gottes war nach ihnen die Bekehrung aller Ungläubigen zum Islam. Aus ihren Reihen kamen die ersten Heiligen der neuen Religion. Sie verstanden es, die türkischen Oghuzstämme in Mittelasien durch ihre Predigt mitzureißen und sie für den Heiligen Krieg gegen ihre Stammesgenossen jenseits des Syr Darya, die sich nicht zum Islam bekannten, zu gewinnen. Ihre Wirkung auf diese Stämme der Oghuz in Mittelasien läßt sich mit der der Derwische in den osmanischen Heeren des 15. und 16. Jahrhunderts vergleichen. Damals kam es zur Bekehrung jener Türkstämme, aus denen die Karachaniden, die Gaznawiden und die Seldschuken hervorgegangen waren. Erst die Sufis machten sie zu Bekennern des sunnitischen Islams. Die Schiiten behaupteten sich in Syrien, im Osten Mesopotamiens, in Aserbaidschan und in Chorassan. Diese Situation drohte schon nach dem Tod Harun al Raschids das Reich zu spalten. Um dem zuvorzukommen, hatte der alte Kalif das Reich unter seine beiden Söhne al Amin und al Ma'mun geteilt. Al Ma'mun, dem der Osten zugefallen war, siegte durch den Feldherrn Tahir im Jahre 813 über seinen in Bagdad residierenden Bruder.

Nachdem 838 der Rebell und falsche Prophet Papak und wenig später sein Überwinder, der Afschin, ihr Ende gefunden hatten, gab der Kalif dem Tahir, seinem besten Feldherrn, das Kommando über die vor dem Abfall stehende Provinz Chorassan.

Tahir in Merw und seine in Nishapur regierenden Nachfolger verloren den Kampf um die Herrschaft über Ostiran. Aber auch jene, von denen sie 872 überwunden worden waren, die Saffariden, mit dem Schwerpunkt ihrer Macht im nordöstlichen Seistan und in Herat, konnten auf die Dauer die Herrschaft im Osten nicht behaupten. Sie mußten ihren Unterstatthaltern, den aus Balch stammenden Samaniden, weichen. Die Samaniden hatten in der Mitte des neunten Jahrhunderts als Nutznießer der Entmachtung der Stadtfürsten in Mittelasien ihren Aufstieg begonnen. Sie waren in Samarkand die

Erben des Reiches der Ichschiden, die später in Ägypten regierten, und im Fürstentum von Usrushana die jener Fürsten, die den Titel *Afschin* führten und damals Armenien und Aserbaidschan als Statthalter verwalteten. Sie waren außerdem Besitzer des Reiches Ferghana, durch das die Seidenstraße nach China führte. Dazu hatten sie das wichtige Taschkent (Cač) von den Tahiriden erhalten. Später gewannen sie noch Herat dazu. Ihr Besitz umfaßte damit Oasenstaaten mit einem sehr umfangreichen Fernhandel. Die dadurch für sie anfallenden großen Steuereinnahmen setzten sie in die Lage, zu jeder Zeit Söldner anwerben zu können. Als die Tahiriden, die sie eingesetzt hatten, 873 gestürzt wurden, waren die Samaniden nicht nur die Herren Mittelasiens, sondern wurden auch ihre Nachfolger in Chorassan. Dort befanden sie sich in einer Stellung, die es ihnen möglich machte, ihren Einfluß auf der Südroute der Seidenstraße nach Westen bis Raij und Qazvīn auszudehnen. Sie betrachteten beide Städte als ihren Besitz, den sie mit großer Hartnäckigkeit verteidigten.

Die Samaniden erkannten im Gegensatz zu den Tahiriden und den Saffariden den Kalifen in Bagdad an und zahlten ihm Tribut. Zu den Grundsätzen ihrer Politik gehörte es, die Südroute der Seidenstraße bis Aserbaidschan unter ihrer Kontrolle zu halten. So hatten sie gegen die ehemaligen Fürsten von Usruschana, die als Statthalter von Armenien und später auch als Herrscher über Aserbaidschan Raij und Qazvīn besetzt hatten, mehrfach Kriege führen müssen, denn diese Fürsten waren von den Kalifen trotz ihrer Niederlagen gegen die Samaniden 889 und noch einmal 898 als Statthalter eingesetzt worden. Ein anderer Statthalter aus der Dynastie der *Afschin* genannten Fürsten hatte sich 916, nachdem er vom Kalifen außer der Statthalterschaft Armenien seines Vaters noch die Verwaltung Aserbaidschans erhalten hatte, wieder gegen Raij und Qaswin gewandt und beide Städte, in denen Besatzungen der Samaniden lagen, erobert. Obwohl der Afschin später besiegt und gefangengenommen wurde, setzte ihn der Kalif 922 wiederum als Statthalter von Aserbaidschan ein, so daß er 924 Raij erneut erobern konnte. Erst sein Tod im Jahre 926 befreite die Samaniden von diesem Gegner.

Die türkischen Eroberungen unter dem Zeichen der Wiederherstellung der reinen Lehre des Islams

War schon die erste Phase der Verbreitung des Islams auf den Routen der Seidenstraße nicht von der militärischen Eroberung zu trennen, so kommt das in der zweiten Phase noch stärker zum Ausdruck. Diese zweite Phase wurde durch die Eroberung des Tarim-Beckens und durch Vernichtungsfeldzüge nach Nordindien bestimmt. Eng damit verbunden war eine stärkere Beteiligung der Türken an der politischen Macht. Das lassen die Staatsbildungen der Gaznawiden, der Karachaniden und der Seldschuken erkennen. Allen drei türkischen Reichen war ihr Bekenntnis zur sunnitischen Richtung des Islams gemeinsam.

Hinter dem von Mahmud von Gazna im Jahre 1006 unternommenen Feldzug nach Indien stand die Absicht, in den islamischen Ländern von Sind und Multan das sunnitische Bekenntnis wiederherzustellen. Beide Länder hatten sich einer schiitischen Richtung angeschlossen. Sie waren dem Beispiel Ägyptens gefolgt, mit dem sie über die Seeroute der Seidenstraße in einer sehr engen Handelsverbindung standen.

Auch die von Sebük-tegin, dem Vater des Mahmud von Gazna, durchgeführte Unterwerfung des Reiches der Hindi-schahis im Kabul-Tal war mit dem buddhistischen Bekenntnis des größten Teils ihrer Untertanen begründet worden. In Chorassan war für die Gaznawiden der Grund ihrer Eroberung des Landes die Vernichtung der dort verbreiteten Sekte der Karamiyyah und die Wiederherstellung des rechten islamischen Glaubens. Die Eroberung Tocharestans und Badachschans suchte man ebenfalls mit dem großen nichtislamischen Anteil der Bevölkerung zu rechtfertigen. Es fällt allerdings auf, daß fast alle Eroberungen der Gaznawiden an den wichtigsten Routen der Seidenstraße lagen. Selbst ein Teil der Nordroute kam mit der Unterwerfung von Chwarezm unter ihre Kontrolle.

Auch hinter den Eroberungen im Tarim-Becken der ebenfalls türkischen Karachaniden, deren Khan zu der berühmten Herrschersippe der Aschina gehörte, stand der Wille zur Verbreitung des

Islams. Als 840 das manichäische Uigurenreich von Qara Balgasun durch die Kirgisen zerstört wurde, waren die Karachaniden nach Westen ausgewichen, hatten sich im Siebenstromland niedergelassen und die Stadt Balasaghun am Tschu gegründet. Sie bekannten sich, wie die aus dieser Zeit stammenden buddhistischen Tempel und Stupas bei Tokmak und Krasnorechensky annehmen lassen, damals wahrscheinlich überwiegend zum Buddhismus.

Um die Wende vom neunten zum zehnten Jahrhundert hatten sich die Herrscher der Karachaniden zum Islam bekehrt. Wenig später wurde durch einen von ihnen, Satuq Bugra Chan, der Westen des Tarim-Beckens unterworfen. Das Grab dieses ersten islamischen Eroberers, der auch im Mittelpunkt einer Legende steht, ist noch heute Wallfahrtsort der islamischen Bevölkerung des Tarim-Beckens.

Mit den Städten Balasaghun am Chu und Talas am gleichnamigen Fluß besaßen die Karachaniden die Kontrolle über die Nordroute der Seidenstraße. Durch die Eroberung von Kaschgar um 893 gewannen sie dazu noch die Kontrolle über die Südroute der Seidenstraße, die aus dem Tarim-Becken über das Alai-Tal nach Mittelasien führte.

In den ersten Jahrzehnten des elften Jahrhunderts fiel Chotan in ihre Hand, jene Station der Seidenstraße, von der aus über die Route nach Gilgit Indien und damit die Verbindung mit der kombinierten Land- und Seeroute erreicht werden konnte. Von Gilgit führte die Straße weiter an die indische Küste. Hier lag der Hafen, von dem man auf dem Seewege Ägypten erreichen konnte.

Mit diesen Eroberungen war nicht nur die Verbreitung des Islam verbunden. Zu den Folgen der gewaltsamen Bekehrung gehörte auch die Turkisierung. Kaschgar und Chotan, die sich bis zu ihrer Eroberung zum Buddhismus bekannten, wurden von ostiranischen Saken bewohnt. Sie wurden nach der türkischen Eroberung zur Minderheit, die heute in den Städten unter dem Namen *Sarten* bekannt ist. Die bis zur Eroberung von ihnen gesprochene Sprache, das Sakische, verschwand allmählich. Noch aus der ersten Hälfte des elften Jahrhunderts, der Zeit der Eroberung durch die Karachaniden, sind Fragmente von Handschriften mit buddhistischen Texten in sakischer Sprache und in griechischer Schrift erhalten. Sie zeigen, daß das von der Bevölkerung gesprochene Sakisch zu dieser Zeit eine Schriftsprache war, in der die Lehre Buddhas verbreitet wurde.

Es sind aber nicht nur die religiösen Texte, die die Lebendigkeit dieser Sprache sichtbar machen. Ein sakisches Itinerar, das aus der Zeit kurz vor 1028 stammt, die sogenannte Staël-Holstein-Rolle, bezeugt, daß das Sakische zu dieser Zeit auch Umgangssprache war und nicht nur im Gottesdienst der Buddhisten gebraucht wurde. Das Itinerar gehört zu einem Gesandtschaftsschreiben, das von dem König von Chotan an den uigurischen Khan von Kan-chou in Kan-su gerichtet war. Es benutzte außer dem Sakischen das neben dieser Sprache sowohl in Chotan wie in Kan-chou gesprochene Tibetisch. Dieses Schreiben muß den Uigurenkhan vor 1028, dem Zeitpunkt der Eroberung seines Reiches durch die Tanguten, erreicht haben.

Eine gewisse Grenze für die Ausdehnung der karachanidischen Eroberungen und der mit ihnen verbundenen Zwangsbekehrungen zum Islam war durch den Einfluß Chinas gegeben. Er hat das in dieser Zeit allein noch bestehende buddhistische Uigurenreich von Qotcho vor der Islamisierung bewahrt. So erreichte man zu jener Zeit auf dem Wege von Aksu zur Turfanoase bei Kutscha die Westgrenze dieses Uigurenreiches, das damals auch Karashahr einschloß.

In Mittelasien hatten die Karachaniden schon im Jahre 999 die Herrschaft der Samaniden in Buchara beendet und weiter im Westen auch Nishapur und Chorassan unter ihre Kontrolle gebracht.

Weder die Karachaniden noch die Gaznawiden konnten auf die Dauer die Herrschaft über den Osten des Iran und über Mittelasien behaupten. Im Tarim-Becken hatte die Errichtung des Reiches der Karachitai den Karachaniden die Herrschaft genommen. In Mittelasien taten das die Seldschuken. Die nach Seldschuk, dem Stammvater ihres Häuptlingsclans, genannten Turkstämme waren in der zweiten Hälfte des zehnten Jahrhunderts, nachdem sie wahrscheinlich aus der Mongolei, in der sich später die Kerait und Merkit niederließen, vertrieben worden waren, zunächst in das Siebenstromland gezogen. Von dort aus drangen sie unter der Führung der vier Söhne des Seldschuk nach Mittelasien vor. Sie ließen sich in dem Gebiet zwischen Aralsee und Kaspischem Meer, das im Süden bis in die Turkmenensteppe reichte, nieder und nahmen den Islam an. Dort unterstellte sich ihnen eine große Zahl der als *Oghuz* bezeichneten türkischen Nomaden, die bisher den Karachaniden und den Gaznawiden als Söldner gedient hatten. Mit ihnen zusammen drangen sie schon 1034, geführt von ihren vier Häuptlingen, nach Südwesten vor. Nishapur fiel damals in ihre Hände. Von dem Gaznawiden Masud wurden sie zwar 1036 zurückgedrängt, konnten aber schon wenig später auf der Südroute über Qazvīn und Raij nach Westen vorstoßen. Beide Städte wurden ebenso erobert wie Hamadan auf der Abzweigung der Seidenstraße nach Mesopotamien. Als sich ihnen dort die schiitischen Buyiden entgegenstellten, wandten sie sich von Mittelasien nach Süden. Hier besiegten sie im Jahre 1040 in der Schlacht bei Dandanaqan die Gaznawiden. Dadurch fiel Chorassan in ihre Hand. Die Gaznawiden wurden endgültig zum Verzicht auf Chorassan und zum Rückzug nach Afghanistan gezwungen.

Inzwischen unterwarfen andere Heere der Seldschuken im Südwesten des Iran Fars und Schiras. Ihr 1049 unternommener Vorstoß über Erzerum nach Kars zielte auf die Eroberung von Trapezunt, den Hafen am Ende der Südroute der Seidenstraße am Schwarzen Meer. 1054 eroberten sie Armenien und Aserbaidschan und überschritten hierbei zum ersten Mal auch die byzantinische Grenze. 1055 erfolgte nach dem Zusammenbruch der Macht der Buyiden ihr Einmarsch in Bagdad. Sie wurden so zu Herren des Kalifenreiches und hatten damit, wie sie verkündeten, ihre Absicht wahrgemacht, den Kalifen aus den Händen der schiitischen Buyiden zu befreien. 1071 erlitt der byzantinische Kaiser im armenischen Hochland bei Mantzikert gegen sie eine Niederlage, die das Ende seiner Herrschaft im größten Teil Anatoliens herbeiführte. Auf dem eroberten Gebiet entstand jetzt ein seldschukisches Sultanat, das man nach den Unterworfenen *Rum* (= Rom) nannte.

Die Seldschuken waren nicht nur gekommen, um zu plündern und dann wieder nach Mittelasien zurückzukehren. Sie behielten, wie schon die Araber, das Land, das sie erobert hatten. Den Kriegern folgten ihre Familien. Die Zahl der so nach dem Westen gekommenen Stämme wurde so groß, daß man im letzten Drittel des elften

Jahrhunderts von einer seldschukischen Landnahme sprechen konnte. Die Seldschuken kamen zum größten Teil aus dem Gebiet östlich von Chwarezm, das sich bis Ferghana hin erstreckte. Den Amu Darya hatten sie bei Amul überschritten und waren dann auf der Südroute der Seidenstraße über Qazvīn und Raij weiter nach Westen gezogen.

Da die Seldschuken im zehnten Jahrhundert noch in Mittelasien den sunnitischen Islam angenommen hatten und sich als Verteidiger des rechten Glaubens bezeichneten, mußte ihre Landnahme nicht nur die Christen, sondern auch die Schiiten im Iran, in Aserbaidschan und in Syrien zu Verfolgten machen.

Die soziale Struktur, die die Seldschuken nach Westen mitbrachten, war immer noch die des Stammesverbandes. Die Namen ihrer einzelnen Stämme sind aus den arabischen Chroniken bekannt. Zu denen, die sich an den Routen der Seidenstraße in Aserbaidschan, Armenien und im Norden Mesopotamiens niederließen, gehörte der Stamm der Ivai. In Nordsyrien hatten die Yaruk und im östlichen Mesopotamien die Döger eine neue Heimat gefunden. In den von den Seldschuken eroberten Teilen Anatoliens lassen sich Teile der Naruki nachweisen.

Diesen seldschukischen Auswanderern folgten auch jene Prediger aus den Reihen der Sufis, die sie in Mittelasien bekehrt und dort zum Krieg gegen die Ungläubigen angetrieben hatten. Sie waren es, die vor allem in Nordsyrien, im oberen Mesopotamien, in Anatolien, Armenien und Aserbaidschan zur Verfolgung der dort lebenden christlichen und schiitischen Minderheiten aufriefen. Sie trugen die Schuld daran, daß die christlichen Pilger auf ihrem Weg nach Jerusalem durch Schikanen behindert wurden und daß die Kreuzzüge des Abendlandes als Vergeltung unternommen wurden.

Für die Türken an den Routen der Seidenstraße besaß die Bekehrung zum Islam eine doppelte Bedeutung: Einmal empfingen sie zusammen mit der Botschaft des Propheten eine überwiegend iranisch geprägte Kultur, zum anderen gab diese Kultur ihnen den Weg für das Erringen einer eigenen politischen und wirtschaftlichen Macht in der Mitte und im Westen Asiens frei.

Der Anschluß Mittelasiens an die Welt des Islams war mehr als nur die Bekehrung zu einer Religion. Der Erfolg der Araber war, so paradox das zunächst klingt, in seinen kulturellen Auswirkungen für die Sogder keine Niederlage. Wenn auch die politische Struktur Mittelasiens schließlich unter dem Druck der Araber zerbrach, so war doch die dort aus einer Synthese griechischer, römischer, indischer und iranischer Einflüsse entstandene Kultur nicht verloren. In unserer Zeit, in der in Mittelasien ein Teil der einstmals zerstörten Paläste und Heiligtümer durch die Ausgrabungen wieder ans Tageslicht gekommen sind, begegnet man in ihnen den Grundlagen einer Kultur, die auch in der islamischen Welt und im Abendland ihre Spuren hinterlassen hat.

Die jetzt ausgegrabenen Gebäude mit ihren Fresken und holzgeschnitzten Reliefs ergänzen die lange Zeit nur in arabischen und uigurischen Übersetzungen und Bearbeitungen bekannten Werke in sogdischer Sprache. Die Bilder geben Kunde von einer literarischen Welt, die im vorislamischen Mittelasien lebendig war und von der nur ein kleiner Teil durch jene Übersetzungen und Bearbeitungen erhalten ist. Sie zeigen den Reichtum an literarischen Stoffen aus Indien und dem Imperium Romanum, der hier seinen Niederschlag gefunden hat, ob es sich nun um den tanzenden Schiwa der indischen Mythen handelt, der sich auf den Fresken auch in seiner anderen Gestalt als dreiköpfiger Mahesvara zeigt, oder um die auf einem Löwen reitende ursprünglich kleinasiatische Göttin Kybele, die man auch zusammen mit einem von einer Wölfin gesäugten Zwillingspaar abgebildet findet. Daneben stehen Bilder aus dem ostiranischen Raum, wie die zu den sakischen Rustem- oder zu den sogdischen Siyawusch-Epen.

Zu den Spuren dieser sonst entweder überhaupt nicht oder nur durch Nachrichten fremder Autoren bekannten sogdischen Literatur gehören auch jene Fresken, die Szenen aus den griechischen Fabeln des Äsop und den indischen des Pantschatantra darstellen, von denen beiden auch Fragmente in sogdischer Sprache erhalten sind.

Dieses Zusammentreffen griechischer, römischer und indischer Einflüsse erstreckt sich neben der Literatur und Kunst auch auf das Gebiet der Wissenschaft, vor allem auf Mathematik, Astronomie und Geographie, die in der Kultur Mittelasiens einen hohen Rang einnahmen. Sie erreichten dort in frühislamischer Zeit eine Höhe, die zu derselben Zeit in anderen Ländern des Islams und im Abendland noch nicht vorhanden war. Hier besaß man im Gegensatz zum byzantinischen Reich und zum Abendland noch das vollständige Werk des Ptolemaios und des Euklid und hatte bereits die Fortschritte der indischen Wissenschaft, wie das Rechnen mit der Null und die zehn Zahlzeichen, übernommen.

Auf dieser Grundlage wurden nach einer Periode des Sammelns die Fortschritte der Naturwissenschaft, die man in Mittelasien in islamischer Zeit erreichte, erst möglich. Es kam zu den großen Leistungen der Gelehrten in Mittelasien, von denen allein vier aus Chwarezm stammten: der Astronom, Mathematiker und Geograph Mohamed ibn Musa in der ersten Hälfte des neunten Jahrhunderts und der ebenfalls von dort stammende Enzyklopädist Ahmed ibn Yusuf, Verfasser eines „Schlüssel der Weisheit“ im zehnten Jahrhundert. Sein jüngerer Zeitgenosse war Al Biruni, als Astronom, Geograph und Historiker gleich berühmt. Auch der Verfasser des ›Ḥudūd al ʿĀlam‹, eines geographischen Werkes des zehnten Jahrhunderts, stammte aus Chwaresm. Der Philosoph und Mediziner Avicenna (= Ibn Sina), ein Zeitgenosse Al Birunis, kam aus der Gegend von Buchara. Alle diese Gelehrten schrieben Arabisch. Es bleibt ungewiß, ob ihre Resonanz die gleiche gewesen wäre, wenn ihre Werke in sogdischer oder chwaresmischer Sprache geschrieben worden wären. Man kann wohl sagen, daß das Arabische ihnen erst das Tor zur Welt geöffnet hat.

BIBLIOGRAPHIE

1. Vorläufer der Seidenstraße und Kultureinflüsse, die die Straße in ihrer ganzen Ausdehnung erfassen

a) Interpretationen des archäologischen Materials

Egami, Namio: Die alte Zivilisation Nordeurasiens, Kioto 1948 (japanisch).

Falke, O. v.: Kunstgeschichte der Seidenweberei, Berlin ^{4}1921.

–: Aus der Frühzeit der Seide, Ciba-Rundschau 1/11.

Henning, R.: Zur Einführung der Seidenraupeneier in Byzanz, Byzantinische Zeitschrift 33, München 1933.

Hundt, H. J.: Vorgeschichtliche Seidenfunde, Jahrbuch des Römisch-Germanischen Zentralmuseums, Jahrgang 16, Mainz 1971. (Die Arbeit behandelt die Seidenreste am Hohenmichele und am Kerameikos in Athen.)

Jettmar, K.: Die frühen Steppenvölker, Baden-Baden 1964.

Kishibe, Shigeo: The Origin of the K'ung-hou (chines. Harp), Toyo Gakuo Kenkyu, Nr. 16 u. 17, 1962.

Laufer, B.: Sino-Iranica. Chinese contribution to the history of civilisation in ancient Iran, of Natural History, Anthropological series Field Museum XV, 3, Chicago 1919.

Nowgorodowa, Eleonora: Alte Kunst der Mongolei, Leipzig 1980.

Rostovtzeff, M.: The Animal Style in South Russia and China, Princeton 1929.

Sylvan, V.: Silk from the Yin Dynasty, The Museum of Far Eastern Antiquities, Bd. 9, Stockholm 1937.

Wada, H.: Prokops Rätselwort Serinda und die Verpflanzung des Seidenbaus von China nach dem oströmischen Reich, Diss. Köln 1970.

Watson, W.: Cultural Frontiers in Ancient East Asia, Edinburgh 1971.

b) Die Auswertung der literarischen Quellen

Grousset, R.: L'empire des steppes, Paris 1939.
Haussig, H. W.: Theophylakts Exkurs über die skythischen Völker, Byzantion 23, Brüssel 1953.
–: K voprosu o proischozdenii Gunnov, Vizantijskij Vremenik 38, Moskau 1977.

2. *Der europäische Teil der Seidenstraße in skythischer und sarmatischer Zeit*

a) Die Aussage der archäologischen Quellen

Liu, G.: The Silkworm and Chinese Culture, Osiris 10, 1952.
Minns, E. H.: Scythian and Greeks, Cambridge 1913.
Párducz, M.: Denkmäler der Sarmatenzeit Ungarns III, Archaeologia Hungarica 30, Budapest 1950.
Potratz, J.: Die Skythen in Südrußland, Basel 1963.
Rolle, R.: Totenkult der Skythen (Das Steppengebiet), Bd. 1 u. 2, Berlin 1979 (Vorgeschichtl. Forschungen 18).
Rostovtzeff, M.: Skythien und der Bosporus (deutsche Übersetzung), Bd. 1 u. 2, Berlin 1929 und 1931.
Schefold, K.: Der skythische Tierstil in Südrußland, Eurasia Septrionalis Antiqua 12, 1938.
–: Die iranische Kunst der Pontusländer (Südrußland und Thrakien), Handbuch d. Archäologie, 6. Abt., 2. Textband, München 1954.
Sinicin, I. V.: Sarmatskaja kul'tura nižnego Povolžja (Die sarmatische Kultur des unteren Wolgagebietes), Sovetskaja Archeologija, 1946.
Toll, N.: Zametki o kitajskom šelke na juge Rossii, Seminarium Kondakovianum, Bd. 1, Prag 1927. (T. behandelt die Seidenreste in Kertsch.)
Turajev, B.: Objets égyptiens et égyptisants trouvés en Russie Méridionale, Russkaja Archeologija 18, 1911.
Widengren, G.: Some Remarks on Riding Costume and Articles of Dress among Iranian Peoples in Antiquity, Arctica (= Studia Ethnographica Upsaliensis XI), Uppsala 1956.

b) Die Angaben über Skythen und Sarmaten in literarischen Quellen und die Herkunft der von ihnen gesprochenen Sprachen

Harmatta, J.: Studies on the History of the Sarmatians, Budapest 1950.
–: Studies in the History and Language of the Sarmatians, Szeged 1970.
Haussig, H. W.: Die Historien Herodots (Kommentar), Stuttgart [4]1979.
Vasmer, M.: Untersuchungen über die ältesten Sitze der Slaven, Bd. 1: Die Iranier in Südrußland, Leipzig 1923.
Zgusta, L.: Die Personennamen griechischer Städte der nördlichen Schwarzmeerküste (Die ethnischen Verhältnisse, namentlich das Verhältnis der Skythen und Sarmaten im Lichte der Namenforschung), Nakladeství, Československé Akademie Věd, Prag 1955.

3. Der europäische Teil der Seidenstraße im Zeitalter des Vordringens der Hunnen, Awaren und Chazaren

a) Die Aussage der Funde aus der Zeit der Hunnen, Awaren und Chazaren

Alföldi, A.: Funde aus der Hunnenzeit und ihre ethnische Sonderung, Budapest 1932.
Evtjuchova, L. A.: Kamennye izvajanija južnoj Sibiri i Mongolii, Materialy i Issledovanija po Archeologii Sibiri I, Materialy i Issledovanija po Archeologii SSSR 24, Moskau 1952.
Fettich, N.: Bronzeguß und Nomadenkunst auf Grund der Ungarländischen Denkmäler, Skythika, Bd. 2, Prag 1929.
–: Archäologische Studien zur Geschichte der späthunnischen Metallkunst, Archaeologia Hungarica 31, Budapest 1951.
Lázló, G.: Études archéologiques sur l'histoire de la société des Avars, Archaeologia Hungarica, S. N., 34.
Pletneva, S. A.: Die Chazaren, Leipzig 1978.
Werner, J.: Beiträge zur Archäologie des Attilareiches, Bayerische Akademie der Wissenschaften, Phil-Hist. Kl. Abhandl., N. F., Heft 38 A und B, München 1956.
–: Nomadische Gürtel bei Persern, Byzantinern und Langobarden, Atti del convegno internazionale sul tema: La civiltà dei Langobardi in Europa, Roma e Cividale del Friuli, Roma 1974.

b) Die Interpretion der Sprachreste und der Aufzeichnungen über die Hunnen, Awaren und Chazaren

Artamonov, M. I.: Istorija chazar, Leningrad 1962.

Harmatta, J.: La societé des Huns à l'époque d'Attila, Recherches internationales à la lumière du marxisme 2, 1958.

Haussig, H. W.: Die Hunnen in Osteuropa, Teil 1: Die bulgarische Fürstenliste, Baden-Baden 1958.

–: Der Seidenhandel über die Chazaren mit Byzanz und Skandinavien, Acta Universitatis Upsaliensis, Figura, N. S., 19, 187 ff.

–: Das Problem der Herkunft der Hunnen, Materialia Turcica, Bochum 1978.

–: Zur Lösung der Awarenfrage, Byzantinoslavica 34, Prag 1973.

Jusupov, T. V.: Vvedenie v Bulgaro-Tatarkuju Ėpigrafiku, Akademija Nauk SSSR, Moskau – Leningrad 1960.

Maenchen-Helfen, O. J.: Die Welt der Hunnen (deutsche Ausgabe von R. Göbl), Wien – Köln – Graz 1978.

Markwart, J.: Osteuropäische und ostasiatische Streifzüge, Leipzig 1903.

Menges, K. H.: Altaic Elements in the Proto-Bulgarian Inscriptions, Byzantion 21, Brüssel 1951.

–: The Oriental Elements in the Vocabulary of the Oldest Russian Epos, the Igor Tale (Supplement to ›Word‹ Monograph 1), New York 1951.

Moravcsik, J.: Zur Geschichte der Onoguren, Ungar. Jahrbücher 1930.

–: Byzantinoturcica, Bd. 1 u. 2, Berlin ²1958.

4. Der Einfluß der Seidenstraße auf Mittelasien, die Sogdiana und Baktrien in vorislamischer Zeit

a) Die Auswertung der Bodenfunde

Auboyer, J.: L'Afghanistan et son art, Paris 1968.

Belenitsky, A.: Kunst der Sogden, Leipzig 1980.

Bernard, P., und H. P. Francfort: Etudes de géographie historique sur la plaine d'Ai Khanum, Paris 1978.

Bernet-Kempers, A. J.: Die Begegnung der griechisch-römischen Kunst mit dem indischen Kulturkreis, Handbuch der Archäologie, 6. Abt., 2. Textband, München 1954.

Dalton, O. M.: The Treasure of Oxus, ²1926.

Francfort, H. P.: Les fortifications en Asie Centrale de l'âge dur bronze à l'époque kouchane, Travaux de l'unité de recherches archéologiques 10, Monographies 4, Paris 1979.
Frumkin, G.: Archeology in Soviet Central Asia, Handbuch der Orientalistik, Hrsg. von B. Spuler, Abt. 7, Bd. 3, Abschnitt 1.
Fussmann, G., und Le Berre: Monuments bouddhiques de la région de Cabul 1: Le monastère de Gul Dara, Paris 1976.
Ghirshman, R.: Bégram, Recherches archéologiques et historiques sur les Kouchans, Mémoires de la Délégation archeologiques française en Afghanistan 12, Cairo 1946.
Kruglikova, I. T., und V. S. Darianidy: La Bactriane ancienne dans l'optique de nouvelles recherches archéologiques, Kushan Culture and History, Kabul 1971.
–: Les fouilles de la Mission Archéologique Soviéto-Afghane sur le site Gréco-Kushan de Dilberdjin en Bactriane (Afghanistan), Académie des Inscriptions & Belles-Lettres, Comptes Rendus, Paris 1977.
–: Drewnaja Baktria (Das alte Baktrien; mit französ. Zusammenfassung) 2, Moskau 1979.
Mémoires de la Délégation archéologique française en Afghanistan, Paris, Bd. 2 (1928) bis 22 (1976) mit Beiträgen über Aî Khanoum, Bamyan, Hadda, Khairkhaneh, Shotorak und Qunduz von Barthoux, Curiel, Dagens, Fussman, Ghirshman, Godard, Hackin und Meunié.
Mizuno, S., J. M. Casal, B. Rowland, D. Schlumberger und L. Yoshikawa, Ancient Art of Afghanistan, New York 1966.
Pugačenkova, G. A.: Iskusstvo Baktrii ėpochi Kusan (Die Kunst Baktriens in der Epoche der Kuschan; mit englischer Zusammenfassung), Moskau 1963.
Pugačenkova, G. A., und L. I. Rempel: Istorija iskusstvo Uzbekistana (Geschichte der Kunst Usbekistans), Moskau 1965.
Pugačenkova, G. A.: Iskusstvo Turkmenistana (Die Kunst Turkmenistans), Moskau 1967.
Rowland, B.: Ancient Art of Afghanistan, New York 1966.
Staviski, B.: Kunst der Kuschan, Leipzig 1980.
Tolstow, S. P.: Auf den Spuren der altchoresmischen Kultur, Berlin 1953.

b) Sprachen, Literaturen und Geschichte Mittelasiens in vorislamischer Zeit

Altheim, F., und R. Stiehl: Geschichte Mittelasiens im Altertum, Berlin 1970.

Altheim, F.: Weltgeschichte Asiens im griechischen Zeitalter, Bd. 1 u. 2, Halle (Saale) 1947 und 1948.

Benveniste, E.: La ville de Cyreschata, Journal Asiatique, Paris 1943–1945.

Chavannes, E.: Les pays d'occident d'après le Heou Han Chou, T'oung Pao, Ser. II, Vol. 8, Paris 1907.

Daffina, P.: L'immigrazione dei Saka nella Drangiana, Rom 1967.

Enoki, K.: On the Nationality of the Ephthalites, Memoirs of the Toyo Bunko 18, Tokio 1959.

Foucher, A.: La vieille route de l'Inde de Bactres à Taxila. Mémoires de la Délégation archéologique française en Afghanistan 1, Paris 1947.

Gentelle, P.: Étude géographique de la plaine d'Ai Khanoum et son irrigation depuis les temps antiques, Paris 1978.

Göbl, R.: Dokumente zur Geschichte der iranischen Hunnen in Baktrien und Indien, Bd. 1–4, Wiesbaden 1964.

Handbuch d. Orientalistik, hrsg. von B. Spuler. Vierter Band: Iranistik, 1. Abschnitt: Linguistik – Mitteliranisch (W. Henning) und Sakisch (H. W. Bailey). Zu den Literaturen: die Beiträge von M. Boyce: Mittelpersisch und Manichäisch, von A. v. Gabain: Buddhistisch, und O. Hansen: Christlich. Zur Geschichte Mittelasiens vgl. hier in Abschnitt 5 die Beiträge von K. Jettmar: Mittelasien und Sibirien in vortürkischer Zeit, H. W. Haussig: Žou-Žuan, Awaren, Hephthaliten, B. Spuler: Chwarezm und Türken (552 bis 745).

Harmatta, J.: Sogdian Sources for the History of Pre-Islamic Central Asia, Budapest 1977.

–: (Hrsg.): Prolegomena to the Sources on the History of Pre-islamic Central Asia, Budapest 1979.

Haussig, H. W.: Zur Lösung der Awarenfrage, Byzantinoslavica 34, Prag 1973.

–: Über die Resonanz der oströmischen Gesandtschaften bei den Türken in der zweiten Hälfte des 6. Jahrhunderts in Zentral- und Ostasien, Oriens Extremus, Bd. 19, Heft 1/2, 1972.

–: Byzantinische Quellen über Mittelasien in ihrer historischen Aussage bei J. Harmatta (Hrsg.): Prolegomena . . . (s. o.!)

Herrmann, A.: Die Hephthaliten und ihre Beziehungen zu China, Asia Major, 1925, 564 ff.

Junge, J.: Saka-Studien. Der ferne Nordosten im Weltbild der Antike, Klio, Beiheft 41, Leipzig 1939.

Litvinsky, B. A.: Outline History of Buddhism in Central Asia, Moskau 1968.

Markwart, J.: Wehrot und Arang. Untersuchungen zur mythischen und geschichtlichen Landeskunde von Ostiran, hrsg. von H. H. Schaeder, Leiden 1938.
–: Eranšahr nach der Geographie des Ps. Xorenac'i, Abh. d. Königl. Ges. d. Wiss. zu Göttingen, phil.-hist. Kl., N. F. Bd. III, Nr. 2, 1901.
Mitchiner, M.: Indo-Greek and Indo-Scythian Coinage, Bd. 1 bis 9, London 1975 bis 1976 (Behandelt neben Nordwestindien auch die Münzprägungen in Baktrien und der Sogdiana).
Narain, A. K.: The Indo-Greeks, Oxford 1957.
Nöldeke, Th.: Geschichte der Perser und Araber zur Zeit der Sasaniden. Aus der arabischen Chronik des Tabari übersetzt, Leiden 1879.
Schafer, E.: The Golden Peaches of Samarkand, Berkeley – Los Angeles – Tokio 1963.
Schoff, W. H.: Parthian Stations by Isidore of Charax. An account of the overland trade route between the Levant and India in the first century B.C., London 1914.
Shiratori, K.: A Study of Su-t'ê or Sogdian, Memoirs of the Toyo Bunko 2, 1942.
Tomaschek, W.: Zur historischen Topographie von Persien, I.: Die Straßenzüge der Tabula Peutingeriana, Sitzungsberichte der phil.-histor. Klasse d. kaiserl. Akademie d. Wissenschaften CII, Wien 1883, S. 145–231 (S. 3–89); II.: Die Wege durch die persische Wüste, ebd. CVII, Wien 1885, S. 561–652 (S. 3–94).
Zürcher, E.: The Yüeh-chi and Kaniska in the Chinese Sources, in: Papers on the Date of Kaniska, hrsg. von A. L. Basham, Leiden 1968.

5. Die Routen der Seidenstraße in Zentralasien (Sin-kiang und Dzungarei) innerhalb der Grenzen des russischen und mongolischen Altai im Norden und des Kun-lun-Gebirges im Süden

a) Das Zeugnis der Bodenfunde (Architektur, Plastik und Malerei)

Bussagli, M.: Die Malerei in Zentralasien, Genf 1963.
Conrady, A.: Die chinesischen Handschriften und sonstige Kleinfunde Sven Hedins in Lou-lan, Bd. 1 u. 2, Stockholm 1920.
Cultural relics unearthed in Sin-kiang, Museum of the Sin-kiang Uigur Autonomous Region, Peking 1975 (in uigurischer und chinesischer Sprache, mit englischer und französischer Zusammenfassung).

Diakonova, N. V., und S. S. Sorokin: Les antiquités du Khotan, Leningrad 1960.
Gropp, G.: Archäologische Funde aus Khotan Chinesisch Ostturkestan, Die Trinkler-Sammlung im Übersee-Museum, Bremen 1974.
Grünwedel, A.: Altbuddhistische Kultstätten in Chinesisch-Turkestan, Berlin 1912.
–: Alt-Kutscha, Berlin 1920.
Hambis, L. (Hrsg.): Mission Paul Pelliot, Documents archéologiques. Bd. 1 u. 2: Toumchouq, Bd. 3 u. 4: Koutcha, Bd. 13: Tissus de Touen-houang, Bd. 14 u. 15: Bannières et peintures de Touen-hoang, Paris 1974.
Härtel, H.: Indische und zentralasiatische Wandmalerei, Berlin 1959.
Jettmar, K.: The Altai before the Turks, Bulletin of the Museum of Far Eastern Antiquities 23, Stockholm 1951.
Kumagai, N. A.: A Painted Casket from Kutscha, Bijusu Kenkuo Mara, Tokio 1957 (japanisch).
Le Coq, A. v.: Chotscho (Funde d. ersten königlich Preußischen Expedition nach Turfan in Ost-Turkestan), Berlin 1913.
–: Die buddhistische Spätantike in Mittelasien, 7 Bände, Berlin 1922–1933.
–: Bilderatlas zur Kunst und Kulturgeschichte Mittelasiens, Berlin 1925.
–: Auf Hellas Spuren, Leipzig 1926.
Lüders, H.: Textilien im Alten Turkistan, Abhandl. d. Preuß. Akademie d. Wissenschaften, Phil. Hist. Klasse, Nr. 3, Berlin 1936.
Monumenta Serindica (Hrsg. T. Ueno), 5 Bände, Kioto 1962 (japanisch).
Ohtani: Mission on the Silk Road 1902–1914, Kioto, ohne Jahr.
Pelliot, P.: Les grottes de Touen-Houang, 6 Bände, Paris 1914–1924.
Rowland, B.: Zentralasien, Kunst der Welt, Baden-Baden 1970.
Rudenko, S.: Frozen Tombs of Siberia, London 1970.
Saunders, D. A.: Mudrâ. A Study of Symbolic Gestures in Japanese Buddhist Sculpture, Bollingen Series 58, New York 1960.
The Silk Road. Fabrics from the Han to the T'ang Dynasty, Edited by the Museum of the Sinkiang-Uighur Autonomous Region and the Group in Charge of the Exhibition of Cultural Relics, Urumtschi 1972.
Stein, A.: Innermost Asia. Detailed report of explorations in Central Asia, Kan-su and Eastern Iran, 5 Bände, Oxford 1928.
–: Sand Buried Ruins of Khotan, Oxford 1907.
–: Ruins of Desert Cathay, 2 Bände, London 1912.
–: Serindia, 5 Bände, Oxford 1921.
–: Ancient Chinese Figured Silks Excavated . . . at Ruined Sites of Central Asia, Burlington Magazine, London 1920.
Waldschmidt, E.: Gandhara, Kutscha, Turfan, Leipzig 1925.

b) Die Seidenstraße in Zentralasien in historischer und geographischer Sicht

Bailey, H. W.: Saka of Khotan and Wakhan in Pratidanam, Studies presented F. B. J. Kniper, Leiden 1968.

–: The Kingdom of Khotan, Papers on Far Eastern History 4, 1961.

Berthelot, A.: L'Asie ancienne Centrale et Sud-Orientale d'après Ptolémée, Paris 1930.

Chavannes, E.: Les documents chinois découverts par Aurel Stein dans les sables du Turkestan oriental, Paris 1913.

Gabain, A. v.: Das Leben im uigurischen Königreich von Qočo (820–1250), Veröffentl. d. Societas Uralo-Altaica, 2 Bände, Wiesbaden 1973.

Haloun, G.: Zur Uë-tsi-Frage (gemeint sind die Yüeh-chih), Zeitschrift der Morgenländischen Gesellschaft 91, 1937.

Hansen, O., und F. Altheim: Die Berliner Hephthalitenfragmente, Aus Spätantike und Christentum, Tübingen 1951.

Harmatta, J.: The Archaeological Evidence for the Date of the "Sogdian Ancient Letters", Acta Antiqua 24/1, Budapest 1976.

Haussig, H. W.: Die Beschreibung des Tarimbeckens bei Ptolemaios, Zeitschrift der Morgenländischen Gesellschaft, N. F. 34, Wiesbaden 1959.

Herrmann, A.: Die alten Seidenstraßen zwischen China und Syrien 1, Berlin 1911.

Hirth, F.: China and the Roman Orient, 1885.

Hulsewé, A. F. P.: China in Central Asia. The Early Stage, 129 B.C.–A.D. 23. An annoted translation of chapters 61 and 96 of the history of the Former Han dynasty, Leiden 1979.

Huth, A.: Die Musikinstrumente Ost-Turkestans bis z. 11. Jahrhundert n. Chr., Diss. Berlin 1928.

Jäger, F.: Leben und Werke des P'ei Kiu, chinesische Kolonialgeschichte (älteste chinesische Beschreibung der Routen durch das Tarimbecken nach Mittelasien), Ostasiatische Zeitschrift, Okt. 1921.

Kharosthi Inscriptions, discovered by Sir Aurel Stein in Chinese Turkestan. Transcribed and edited by A. M. Boyer, E. J. Rapson and E. Senart, Oxford 1920–29.

Kümmel, O.: Die ältesten Beziehungen zwischen Europa und Ostasien nach den Ergebnissen neuerer Ausgrabungen in China, Deutsche Forschung. Aus der Arbeit der Notgemeinschaft der Deutschen Wissenschaft, Heft 5, Berlin 1928.

Lévi, Sylvain: Le Tokharien B, la langue de Koutcha, Journal Asiatique 1913, 311 ff. (Geschichte Kutschas vom 1. Jh. v. Chr. bis zum 11. Jh.)

Liu, Mau-tsai: Kutscha und seine Beziehungen zu China vom 2. Jh. v. Chr. bis zum 6. Jh. n. Chr., Wiesbaden 1969.
Loewe, M. A. N.: Records of Han Administration, Cambridge 1967.
Lüders, H.: Weitere Beiträge zur Geschichte und Geographie von Ostturkestan. Sonderausgabe aus den Sitzungsberichten d. Preuß. Akademie d. Wissenschaften, Phil. hist. Klasse, 1930, I.
–: Zur Geschichte und Geographie Ostturkestans, SPAW, Phil. Kl., Berlin 1922.
Samolin, W.: East Turkistan to the Twelfth Century, Den Haag 1964.
Sinor, D.: The Inner Asian Warriors, Journal of the American Oriental Society 102, 2, 1981.
Uray, G.: The Old Tibetan Sources of the History of Central Asia up to 751 A.D.: A survey in Harmatta Prolegomena to the sources on the History of Pre-Islamic Central Asia, Budapest 1979.

6. *Die Wirkung der Seidenstraße auf China und seine Randgebiete im Nordwesten*

a) Denkmäler über der Erde und Funde im Boden

Chêng Chên-to: Mai-chi-shan Shih-ku (Der Mai-chi-shan Höhlentempel), Peking 1934 (chinesisch).
Dittrich, Edith: Grabkult im Alten China, Taschenbücher des Museums für Ostasiatische Kunst der Stadt Köln 2, 1981.
Finsterbusch, K.: Verzeichnis und Motivindex der Han-Darstellungen, 2 Bände, Wiesbaden 1966 und 1971.
Foreign Languages Press: Murals from the Han to the T'ang Dynasty, Peking 1974.
–: New Archaeological Finds in China II. More Discoveries during the Cultural Revolution, Peking 1978.
Gyllensvärd, B.: Chinese Gold and Silver, Göteborg 1928.
Honey, W. B.: The Ceramic Art of China and Other Countries of the Far East, London 1945.
Lee, Sherman E.: A History of Far Eastern Art, London 1964.
Loehr, M.: Ritual Vessels of Bronce Age in China, New York 1968.
Mizuno, S., und T. Nagahiro: Unko Sekkutsu. Yün-kang, 16 Bände, Kioto 1952 folgende (japan.).
–: A Study of the Buddhist Cave Temples at Lung-mên, Honan, Tokio 1941.

Neue Archäologische Funde in China (Chines.), Peking 1974.
Sickman, M., und A. C. Soper: The Art and Architecture of China, London 1956.
Soame, J., und W. Watson: Chinesische Kunst, Gold, Silber, Bronze, Email, Lack, Holz, Fribourg 1963.
Sommerström, B.: Archaeological Researches in the Edsen-Gol Region, Band 1 u. 2, Stockholm 1956 und 1958.
Soper, A. C.: Literary Evidence of Early Buddhist Art in China, Artibus Asiae, Ascona 1959.
Sullivan, M.: The Cave Temples of Maichishan, London 1969.

b) Die Aussage der historischen und sprachlichen Quellen

Bazin, L.: Recherches sur les parlers T'o-pa Wei, T'oung Pao, 39, 4–3, Leiden 1950.
Boodberg, A. P.: The language of the T'o-pa Wei, HJS I, 1936.
Chavannes, E.: Documents sur les Tou-kiue (Turcs) occidentaux, suivi des notes additionelles. Reprint Paris 1950. Gedruckt nach der Ausgabe der Academie Impériale des Sciences, St. Petersburg 1900.
–: Notes additionelles, T'oung Pao, Ser. II, Bd. 5, Leiden 1904.
Cho-yun Hsu: Ancient China in Transition, Stanford University Press 1965
Dubs, H. H.: A Military Contact between Chinese and Romans in 36 B.C., T'oung Pao, Bd. 26, Paris 1942.
Eberhard, W.: Das Toba-Reich Nordchinas, eine soziologische Untersuchung, Leiden 1949.
–: Die Kultur der alten zentral- und westasiatischen Völker nach chinesischen Quellen, Zeitschrift für Ethnologie 73, 1941, 215–275.
Eberhard, A. u. W.: Die Mode der Han und Chin-Zeit, Antwerpen 1936.
Fuchs, W.: Das Turfangebiet. Seine äußere Geschichte bis in die T'ang-Zeit, Ostasiatische Zeitschrift, N.F. 3/12, 1926.
Gernet, J.: Les aspects économiques du bouddhisme dans la société chinoise du Ve au Xe siècle, Saigon 1956.
De Groot, J. J. M.: Die Hunnen der vorchristlichen Zeit, Bd. 1 u. 2, Berlin 1921 und 1926.
Haloun, G.: Zur Uë-tsi (Yüeh-chih)-Frage, Zeitschrift der Morgenländischen Gesellschaft 91, 1937.
Karlgren, B.: Grammata Serica Recensa, Stockholm 1957.

Karlgren, B.: Analytic Dictionary of Chinese and Sino-Japanese, Paris 1923.
–: Yin and Chou in Chinese Bronzes, BMFEA 1937 und die unmittelbar folgenden Jahrgänge der Zeitschrift.
Loewe, M. A. N.: Crisis and Conflict in Han China, London 1974.
Münke, W.: Die klassische chinesische Mythologie, Stuttgart 1978.
Needham, J.: Science and Civilisation in China, Bd. 1 bis Bd. 4, Cambridge 1961 bis 1969.
Okazaki: Über die Kleidung der Grenzsoldaten der Han-Zeit (jap.), Toyoyoshi Kenkyu, Bd. 12, H. 3, Tokio 1952.
Swann, N. L.: Food and Money in Ancient China, Princeton 1950.
Yetts, W. P.: Symbolism in Chinese Art, The China Society, Leiden 1912.
Ying-shih, Y.: Trade and Expansion in Han China, (University of California Press) 1967.
Zürcher, E.: The Buddhist Conquest of China, Bd. 1 u. 2, Leiden 1972.

7. Der Einfluß der durch die innere Mongolei, Nordchina und Korea nach Japan führenden Nordostroute der Seidenstraße

a) Die Zeugnisse der Gräber und der Schatzhäuser

Aalto, P.: Materialien zu den Alttürkischen Inschriften der Mongolei, Journal de la Société Finno-Ougrienne 60, Helsinki 1958.
Bang, W., und A. von Gabain: Türkische Turfan-Texte, Bd. I (1929) bis VIII (1954) (Bd. VI und VII mit G. Rachmati).
Bazin, L.: Les calendriers Turc anciens et medievaux, Lille 1974.
Bernstam, A. N.: Uigurskie juridičeskie dokumenty, Moskau – Leningrad 1940.
Chavannes, E.: Les monuments de l'anciens royaume coréen de Kao-keou-li, T'oung Pao, Bd. 9, Paris 1908, 236 ff.
Hamada, K., und S. Umehara: A royal tomb "Kinkan-Tsuka" or the Gold Crown Tomb at Keishu and its treasures, I.: Text and Plates, Government General of Chosen, Special Reports of the Service of Antiquities, Chosen 1924 (Japanisch mit engl. Zusammenfassung).
Harada, Y.: The Interchange of Eastern and Western Cultures as Evidenced in the Shô-sô-in, Treasures, Memoirs of the Research-Department of the Toyo Bunko, Nr. 11, Tokio 1952.
–: Lo-lang, Tokio 1930 (japan.).

Hayashi, Ryoichi: The Silk Road and the Sho-so-in. Engl. Übersetzung von R. Ricketts, New York – Tokio 1975.
Ikeuchi, H., und S. Umehara: T'ung-kou. Kao-kou-liang tombs with wall paintings in Chi-an districts, Tokio und Hsin-ching 1940. (Um T'ung-kou, die alte bis 427 n. Chr. bestehende Hauptstadt des nordkoreanischen Königreiches Koguryo, lagen jene Gräber, deren Fresken frühe Zeugnisse eines aus dem Westen kommenden Einflusses sind.)
Ito, A.: Zur Chronologie der frühsillazeitlichen Gräber in Südkorea, A. Textband; B. Tafelband, Bayerische Akademie d. Wissenschaften, Phil. hist. Klasse, Abhandlungen, N.F. 71, München 1971.
Kim, Ch.: Korea, Kunst der Welt, Baden-Baden 1963.
Kiselev, S. V.: Drevnjaja istorija južnoj Sibiri (Die älteste Geschichte Südsibiriens), Moskau – Leningrad 1949.
Okinoshima: The Religious Treasures of Okinoshima, Tokio 1972.
Rudenko, S. I.: Die Kultur der Hsiung-nu und die Hügelgräber von Noin Ula. Übersetzung von H. Pollens, Bonn 1969. Russ. Ausgabe: Kul'tura chunnov i noinulskie kurgany, Moskau – Leningrad 1962.
Sakeuchi, H.: A Study of Lo-lang and Taifang, Memoires of the Research Department of The Toyo Bunko, Tokio 1930, 79 ff.
Sansom, G. B.: An Outline of Recent Japanese Archaeological Research in Korea, Transaction Asiatic Society of Japan, 1929.
Tamura, J., und Kobayashi, J.: Tombs and Mural Paintings of Ch'ing-ling, Liao Imperial Mausoleums of Eleventh Century A.D. in Eastern Mongolia, 2 Bände, Kioto 1953.

b) Literarische Zeugnisse aus dem nördlichen und nordöstlichen Randgebiet Chinas und Darstellungen ihres politischen und religiösen Hintergrunds

Clauson, G. A.: The Ongin Inscription, JRAS, London 1957.
Giraud, R.: L'empire des Turcs Célestes, Paris 1960.
Harva, U.: Die religiösen Vorstellungen der altaischen Völker, Helsinki 1938.
Haussig, H. W.: Das Problem der Herkunft der Hunnen, Materialia Turcica 3, Bochum 1978.
Kljastornyj, S. K.: Drevnetjurkskie runičeskie pamjatniki kak istočnik po istorii Srednej Azii, Moskau 1964.
Kljatornyj, S. G., und V. A. Livšič: The Sogdian Inscription of Bugut Revi-

sed, Acta Orientalia Academiae Scientiarum Hungaricae 26/1, Budapest 1972.
Liu Mao-tsai: Die chinesischen Nachrichten zur Geschichte der Osttürken (T'u-küe), 2 Bände, Wiesbaden 1958.
Maenchen-Helfen, O. J.: Huns and Hsiung-Nu, Byzantion 17, 1945.
Malov, S. E.: Pamjatniki Drevnetjurkskoj pis'mennosti Mongolii i Kirgizii, Moskau – Leningrad 1959.
–: Drevnetjurkskoj nadgrobija s nadpisjami bassejna r. Talas, Izvestija Akad. Nauk SSSR, Nr. 10, 1929.
Marquart, J.: Die Chronologie der alttürkischen Inschriften, Leipzig 1898.
Minorsky, V.: Tamin ibn Bahr's Journey to the Uyghurs. BSOAS XII 2.
Namik Orkun, Hüseyn: Eski Türk yazitlari (Die alttürkischen Inschriften), 3 Bände, Ankara 1936 bis 1941.
Pulleyblank, E. G.: The Consonantal System of Old Chinese, Teil II, Appendix: The Hsiung-nu-Language, Asia Major, 9, N. S., 1962, 239–265.
Ramstedt, G. J.: Zwei uigurische Runeninschriften in der Nord-Mongolei, Journal de la Société Finno-Ourgrienne 30, 3, Helsingfors 1913.
Schreiber, G.: Das Volk der Hsien-pi zur Han Zeit, Monumenta Serica XII, 1947.
Thomsen, V.: Alttürkische Inschriften aus der Mongolei in Übersetzung und mit Einleitung (aus der dänischen Ausgabe der ›Samlede Avhandlinge‹ von H. H. Schaeder), ZDMG 1924/25, 121–175.
Uchida Gimpu: Kyôdoshi kenkyû (Studien über die Geschichte der Hunnen), Tokio 1953.
Wittfogel, G., und Fêng Chia-Shêng: History of Chinese Society, Liao, New York 1949.

8. Die Verbreitung der großen Religionen auf den Routen der Seidenstraße

a) Die Religion Buddhas

Bagchi, P. C.: India and Central Asia, Kalkutta 1955.
–: Expansion of Buddhism. Central Asia and China in "2500 Years of Buddhism", Delhi 1956.
Beal, S.: The Life of Hiuen-Tsiang by the Shaman Hwui, London 1914.
Chavannes, E.: Voyage de Song Yun dans l'Udyâna et le Gandhara 518–522, BEFEO, Hanoi 1903.

Dutt, E.: Buddhist Monks and Monasteries of India, Their History and Their Contribution to Indian Culture, London 1962.
Fuchs, W.: Huei-ch'aos Pilgerreise durch Nordwest-Indien und Zentralasien um 726, APAW, Phil. Hist. Kl., Berlin 1928.
Gabain, A. v.: Buddhistische Türkenmission, Weller-Festschrift, Leipzig 1954.
–: Der Buddhismus in Zentralasien, Handbuch der Orientalistik, Bd. 8/2, Leiden 1961.
Giles, H. A.: The Travels of Fa-hsien, or Record of the Buddhistic Kingdoms, Re-translated, Cambridge 1923, London ³1959.
Grousset, R.: Sur les traces du Bouddha, Paris 1929, engl. Übersetzung: London 1932.
I-Tsing: A Record of the Buddhist Religion as Practised in India and the Malay Archipelago (A. D. 671–695), Oxford 1896.
Koshelenko, G.: The Beginning of Buddhism in Margiana, Acta Antiqua 14/1–2, Budapest 1966.
Lévi, K. S., und E. Chavannes: L'itinéraire d'Ou-k'ong 751–790, Journal Asiatique, Paris 1895, 34–384.
Litvinsky, B. A.: Outline History of Buddhism in Central Asia, Dushanbe 1968.
Schlumberger, D.: Une nouvelle inscription grecque d'Aśoka, Paris 1964.
–: A Bilingual Graeco-Aramaic Edict by Aśoka, Rom 1964.
Waley, A.: The Real Tripitaka (Die Pilgerreise des Hsüan-Tsang), London 1952.
Zürcher, E.: The Buddhist Conquest of China, Bd. 1 u. 2, Leiden 1972.

b) Die Missionare im Dienst der Lehre Manis

Asmussen, J. P.: Xuastvanift. Studies in Manichaeism, Kopenhagen 1965.
Bang, W.: Manichäischer Laien-Beichtspiegel, Muséon 36, 1923.
Böhlig, A.: Der Manichäismus. Unter Mitwirkung von J. P. Asmussen eingeleitet, übersetzt und erläutert, Zürich – München 1980.
Boyce, M.: The Manichaean Hymn-Cycles in Parthian, Oxford 1954.
Chavannes E., und P. Pelliot: Un traité manichéen retrouvé en Chine, Journal Asiatique, Paris 1911, 499–617.
Gabain, A. v., und W. Winter: Türkische Turfantexte IX. Ein Hymnus an den Vater Mani auf „Tocharisch" B mit alttürkischer Übersetzung, Berlin 1958.

Haloun, G., und W. B. H. Henning: The Compendium of the Doctrines and Styles of the Teaching of Mani, the Buddha of Light, Asia Major N. S., 3, London 1952.

Henning, W. B.: Mitteliranische Manichaica aus Chinesisch Turkestan, aus dem Nachlaß von F. C. Andreas, hrsg. von W. Henning, 1–3, Berlin 1932–34.

Hoffmann, H.: Manichaeism and Islam in the Buddhist Kâlacakra-System, Proceedings of the 9th International Congress for the History of Religions, Tokio 1960, 96.

Le Coq, A. v.: Türkische Manichaica aus Chotscho 1–3, Berlin 1912 bis 1922.

Müller, F. W. K.: Mahrnamag. Ein Doppelblatt aus einem manichäischen Hymnenbuch, APAW, Berlin 1912.

Puech, H. C.: Le Manichéisme, son fondateur, sa doctrine, Paris 1949.

Sundermann, W.: Mitteliranische manichäische Texte kirchengeschichtlichen Inhalts, Schriften zur Geschichte und Kultur des Alten Orients, Berliner Turfantexte 11, Berlin 1981.

Waldschmidt, E.: Religiöse Strömungen in Zentralasien. Zur Verbreitung der Christen und Manichäer in Ostturkestan, Berlin 1930.

Widengren, G.: Der Manichäismus, Wege der Forschung 168, Darmstadt 1977.

c) Die christliche Mission auf den Routen der Seidenstraße

Andreas, F. C.: Bruchstücke einer Pehlevi-Übersetzung der Psalmen aus der Sassanidenzeit, Sb BUW 1910, 869 ff. (Das aus der zweiten Hälfte des 5. Jh. stammende Fragment zeigt nach dem letzten Teil einer Zeile des griechischen Textes die mittelpersische Übersetzung.)

Bang, W.: Georgspassion, Muséon 1926, 41–75.

Bonin, Ch. E.: Note sur les anciennes chrétiens nestoriennes de l'Asie Centrale, Journal Asiatique 1, Paris 1900, 584 ff.

Chwolson, D.: Syrisch-nestorianische Grabinschriften aus Semirjetschie. Beilage von W. Radloff: Über das türkische Sprachmaterial dieser Grabinschriften, Mém. Ac. S. Petersburg 1890 I. Neue Folge 1897.

Drüll, D.: Der Codex Cumanicus. Entstehung und Bedeutung, Stuttgart 1979.

Haussig, H. W.: La missione cristiana nell'Asia Centrale ed Orientale nei secoli VI e VII e sue testimonianze archeologiche e letterarie, Bologna 1979.

Le Coq, U. v.: Ein christliches und ein manichäisches Manuskriptfragment in türkischer Sprache aus Turfan (Chinesisch Turkestan), SB BUW 1922.
–: Türkische Manichaica aus Chotscho III nebst einem christlichen Bruchstück aus Bulaniq, Abh. BUW, Berlin 1922.
Moule, A. C.: Christians in China before the Year 1550, London 1930.
–: The Nestorians in China, JRAS, 1939, 116 ff.
Müller, F. W. K.: Uigurica (I). I: Die Anbetung der Magier, ein christliches Bruchstück, Abh. BUW, Berlin 1908.
–: Handschriften in Estrangelo-Schrift (Die Schrift der Nestorianer) aus Turfan (Chinesisch Turkestan), Sb BUW 1904, 348 ff.
–: Neutestamentliche Bruchstücke in sogdischer Sprache, 1907, 260 ff.
Nau, Fr.: L'expansion nestorienne en Asie, Annales du Musée Guimet, Bibl. de vulgarisation, 40, Paris 1914, 193 bis 388.
Pelliot, P.: Chrétiens d'Asie Centrale, T'oung Pao, Paris 1914, 623 ff.
–: Sceaux-amulettes de bronze avec croix etc., Revue des Arts asiatiques 1931, 1 ff.
Saeki, P. Y.: The Nestorian Documents and Relics in China, Tokio 1937.
Spuler, B.: Die nestorianische Kirche, Handbuch d. Orientalistik, Abt. 1, Bd. 8, Abschn. 2: Religionsgeschichte des Orients in der Zeit d. Weltreligionen, Leiden 1961.

d) Die Entwicklung des Islams auf den Routen der Seidenstraße

Arberry, A. J.: Sufism. An account of the mystics of Islam, London [6]1979.
–: Religion in the Middle East. Three religions in concord and conflict, 2 Bände, Cambridge 1976.
Barthold, W.: Turkestan v ėpochu mongol'skago nasestvija, Bd. 1 und 2, St. Petersburg 1900. Engl. Übersetzung gekürzt durch V. Minorsky: Turkestan down to the Mongol Invasion, London 1928.
Brown, J. P.: The Darvishes or Oriental spiritualism. With introduction and notes by H. A. Rose, 1927, Neudruck 1968.
Corbin, H.: Corps spirituel et terre céleste. De l'Iran mazdéen à l'Iran sh'ite, 2., überarb. Aufl., Paris 1979.
–: En Islam iranien. Aspects spirituels et philosophiques, Neudruck, 4 Bände, Paris 1978.
Gabriel, A.: Religionsgeographie von Persien, Wien 1971.
–: Die religiöse Welt des Iran. Entstehung und Schicksal von Glaubensformen auf persischem Boden, Wien – Köln 1974.

Sachedina, A. A.: Islamic Messianism. The idea of Mahdi in Twelver Shi'ism, Albany 1981.
Schimmel, A.: Mystische Dimensionen des Islam, Aalen 1979.
Sprenger, A.: Die Post- und Reiserouten des Orients. Mit Karten nach einheimischen Quellen, Heft 1, Leipzig 1864. Neudruck 1966: Abhandlungen für die Kunde des Morgenlandes 3. III.
Spuler, B.: Iran in früh-islamischer Zeit, Akademie der Wissenschaften Göttingen – Veröffentl. d. Orientalischen Kommission 2, Wiesbaden 1952.

NACHTRAG 1992*

Anläßlich der zweiten Auflage meines Buches habe ich allen zu danken, die anhand der ersten Auflage aufgrund ihrer besonderen Kenntnis der Materie dazu wichtige Bemerkungen aus ihrem Fachbereich gemacht haben. Vor allem möchte ich meinem alten Lehrer in den altaischen Sprachen, K.H. Menges, zuletzt Professor an der Columbia-Universität in New York, für entscheidende Hinweise meinen Dank aussprechen.

Nur zu einem Einwand eines der Rezensenten meines Buches möchte ich Stellung nehmen: Er hat sich dagegen gewandt, den von Herodot überlieferten Namen eines hyperboräischen Priesters des Apollo, *Abaris*, als Singularform des Volksnamens *Abaroi* (Awaren) aufzufassen. Für den Zusammenhang zwischen den beiden Namen hat sich bereits 1935 G. Moravcsik in seiner Abhandlung ›Abaris, Priester von Apollon‹ im Jahrgang 1935 der Zeitschrift ›Körösi Scoma Archivum‹ (S. 116ff.) ausgesprochen. Der Einwand meines Kritikers besagt, daß die Awaren erst im 6. Jh. n. Chr. in die Geschichte eintreten und daß die Spanne zwischen diesem Zeitraum und der Nennung ihres Namens bei Herodot zu groß sei, als daß es im 6. oder 5. Jh. v. Chr. bereits ein Volk dieses Namens gegeben haben kann, dessen Name dann tausend Jahre verborgen geblieben wäre, und daß hier also kein Zusammenhang bestehen könne.

Der Name *Awaren* ist aus griechischen, chinesischen, syrischen und alttürkischen Quellen oder Überlieferungen bekannt. Die Überlieferung ist nicht kontinuierlich. Es gibt Zeiträume, in denen der Name und sein historischer Zusammenhang fehlen.

Der gegenwärtige Forschungsstand geht von der Gleichheit der überlieferten Namensformen aus, läßt aber die Frage der ethnischen

* Neuere Literatur findet sich in der Bibliographie meines Buches ›Archäologie und Kunst der Seidenstraße‹ (Darmstadt 1992).

Identität unbeantwortet, über die uns auch die bisher bekannten Quellen im unklaren lassen. Sie füllen diese Lücke durch ethnische Beschreibungen aus. Ob es sich bei der jeweiligen Nennung des Namens *Awaren* immer um dasselbe Volk gehandelt hat, ist ungewiß.

Chinesische Quellen überliefern für ein Volk, das im Nordosten ihrer Reiche wohnte, den Namen *Wu-huan*. G. Herrmann hat die Wu-huan auf seinen Karten ›Han-Dynastie‹ und ›Die Drei Reiche‹ für die Zeit 220 v. Chr. bis 265/280 n. Chr. an dieser Stelle neben den Hsien-pi eingesetzt. *Wu-huan* kann nach Pulleyblank eine *Awar* lautende fremde Form wiedergeben. (Mit den Juan-Juan haben die Wu-huan nichts zu tun.)

Nach einer anderen Gruppe chinesischer Quellen gehörten die Awaren, die von ihnen unter dem Namen *A-pa* erwähnt werden, ebenso wie die zusammen mit ihnen genannten Hunnen, zu jenen Oguren, die sich um 603 n. Chr. gegen Tardu, den Qagan der Nordtürken, erhoben hatten. Schon 558 n. Chr. hatte ein anderer Teil dieser Awarengruppe die Wohnsitze in Zentralasien verlassen und sich in Osteuropa niedergelassen. Sie werden zusammen mit dem sonst unbekannten Volk der Purim in der köktürkischen Inschrift für Kül tegin erwähnt. (Auch bei ihnen besteht kein Zusammenhang mit den Juan-Juan.)

Die Angaben der chinesischen Quellen werden durch Theophylakt Simokattes bestätigt, ein Autor, der 630 n. Chr. eine Geschichte der Zeit des Kaisers Maurikios (582–602) geschrieben hat und der sehr genau über die Entstehung des Namens *Awaren* unterrichtet war. Auch nach seinen Informationen hätte das Volk, das diesen Namen trug, ursprünglich zu den Oguren gehört und hätte sich dann nach seinen früheren Herren *War* und *Chun* genannt. (Nach den chinesischen Quellen hätten diese Ogurenstämme den Namen *Awaren* im Nordosten Zentralasiens erhalten, ein Gebiet, in das auch jener Aristeas gekommen sein soll, aus dessen Aufzeichnungen Herodot Informationen entnommen hatte.)

Die Übernahme des Namens wird ebenfalls von einer anderen Quelle berichtet. Das Problem spielte auch bei den türkisch-byzantinischen Verhandlungen in der zweiten Hälfte des 7. Jh. eine Rolle. Die Türken, Gesandte eines der damaligen türkischen Großkhane, der unter dem Namen *Sizabul* bekannt ist, erklärten auf Fragen nach den Awaren, daß ein Teil von ihnen nach Westen ausgewandert sei. Sie hätten den Namen *Awaren* von jenen Völkern erhalten, durch deren Gebiet sie gezogen seien.

Awaren war im übrigen für die Quellen eine Allgemeinbezeichnung wie *Skythen* für die Bewohner Südrußlands oder *Serer* für die Zentralasiens. Die Festlegung auf einen bestimmten Stamm war damit nicht immer gegeben. Namen wie diese hatten vor allem eine geographische Bedeutung und bezeichneten rein geographisch einen bestimmten Raum, wie man z.B. vor Herodot Zentralasien zu einem Teil mit den Wohnsitzen der Issedonen verband. Für das Ende des 5. Jh. bis in das 7. Jh. läßt sich das von den Awaren (A-pa) bewohnte Gebiet nur indirekt aufgrund der von ihnen angegriffenen Städte bestimmen. Hiernach wird man an den Westen der chinesischen Provinz Kan-su zu denken haben.

Ich weiß, daß diese kurze Abhandlung das vorliegende Problem nicht voll ausschöpfen kann. Ich werde auf diesen Fragenkomplex demnächst in einer ausführlichen Darstellung eingehen.

INDEX

Namen und Bezeichnungen in fremden Sprachen

Sachen